Mes jours d'aventure

La chute de la France, 1870-71

Ernest Alfred Vizetelly

Writat

Cette édition parue en 2024

ISBN : 9789359941189

Publié par
Writat
email : info@writat.com

Contenu

PRÉFACE

Bien que ce volume soit en grande partie de caractère autobiographique, on y trouvera également une variété d'informations générales concernant la guerre franco-allemande de 1870-1871, plus particulièrement en ce qui concerne la deuxième partie de cette grande lutte, la soi-disant « Guerre populaire » qui suivit le krach de Sedan et la chute du Second Empire français. Si j'ai incorporé ce sujet historique dans mon livre, c'est parce que j'ai remarqué à plusieurs reprises au cours de ces dernières années que, même si les Anglais connaissent les principaux faits du désastre de Sedan et des événements marquants ultérieurs tels que le siège de Paris et la capitulation De Metz, ils savent généralement très peu de choses sur la manière dont la guerre était généralement menée par les Français sous la quasi-dictature de Gambetta. Si l'Angleterre devait un jour être envahie par une force hostile importante, nous, avec notre armée régulière très limitée, serions probablement obligés de nous appuyer largement sur des éléments similaires à ceux qui furent appelés sur le terrain par le gouvernement de la Défense nationale française de 1870 après les armées régulières. de l'Empire avait été soit écrasé à Sedan, soit étroitement investi à Metz. C'est pour cette raison que j'ai toujours porté un vif intérêt à notre force territoriale, conscient des lourdes responsabilités qui lui incomberaient si un ennemi puissant prenait pied dans ce pays. On trouvera dans le présent ouvrage quelques indications sur ces responsabilités.

Mais d'une manière générale, je n'ai donné qu'une esquisse de la dernière partie de la guerre franco-allemande. Entrer dans les détails d'une infinité de sujets eût nécessité l'écriture d'un ouvrage beaucoup plus long. Cependant, j'ai fourni, je pense, beaucoup d'informations précises sur les événements dont j'ai été réellement témoin, et à cet égard, j'ai peut-être pu jeter quelques éclairages utiles sur la guerre en général ; car bien des choses semblables à celles que j'ai vues se sont produites dans des circonstances plus ou moins semblables dans d'autres parties de la France.

Les gens qui savent que je connais les défauts des Français à cette époque déjà lointaine et que j'ai observé, d'aussi près que la plupart des étrangers peuvent observer, l'évolution de l'armée française à cette époque ultérieure, m'ont souvent demandé ce que , à mon avis, serait le résultat d'une autre guerre franco-allemande. Pendant de nombreuses années, j'ai pleinement anticipé une nouvelle lutte entre les deux puissances et je me suis tenu prêt à faire mon devoir de correspondant de guerre. J'ai longtemps pensé aussi que le signal de cette lutte serait donné par la France. Mais je ne suis plus de cet avis. Je crois pleinement que tous les hommes d'État français dignes de ce nom se rendent compte qu'il serait suicidaire pour la France de provoquer une guerre avec son redoutable voisin. Et en même temps, j'avoue franchement que je ne sais pas ce que certains journalistes entendent par ce qu'ils appellent la « Nouvelle-France ». À mon avis, il n'y a pas de « Nouvelle-France » du tout. Il y avait autant d'esprit, autant de patriotisme, au temps de MacMahon, au temps de Boulanger et à d'autres époques, qu'il y en a aujourd'hui. La seule nouveauté réelle que je remarque dans la France d'aujourd'hui est la culture de nombreuses branches du sport et de l'exercice athlétique. Il y avait très peu de choses de ce genre quand j'étais un adolescent. Mais en admettant que les jeunes Français d'aujourd'hui soient plus sportifs, plus « en forme » que ceux de ma génération, en admettant en outre que l'organisation et l'équipement actuels de l'armée française soient largement supérieurs à ce qu'ils étaient en 1870, et De plus, comme les conditions de la guerre ont beaucoup changé, je pense que si la France s'engageait, sans aide, dans une lutte contre l'Allemagne, elle serait encore une fois vaincue, et par sa propre faute.

Elle sait parfaitement qu'elle ne peut pas recruter autant d'hommes que l'Allemagne ; et c'est dans un vain espoir de combler ce déficit qu'elle est récemment revenue d'un système de service militaire de deux à trois ans. Cette dernière lui donne certes un effectif plus important pour les premières éventualités d'une campagne, mais à tous autres égards ce n'est qu'une jonglerie, car elle n'ajoute pas une seule unité au nombre total des Français capables de porter les armes. La vérité est que, pendant quarante ans de prospérité, la France a eu l'intention de se suicider racialement. Durant toute cette période, seulement 3.500.000 habitants environ se sont ajoutés à sa population, qui est aujourd'hui encore inférieure à 40 millions ; tandis que celui de l'Allemagne a augmenté à pas de géant et s'élève à environ 66 millions. A l'heure actuelle, la natalité allemande est certes en baisse, mais la supériorité numérique que l'Allemagne a acquise sur la France depuis la guerre de 1870 est si grande que je pense qu'il serait impossible à celle-ci de triompher dans une rencontre si elle n'était pas assisté par de puissants alliés. Bismarck disait en 1870 que Dieu était du côté des grands bataillons ; et ces gros bataillons que l'Allemagne peut à nouveau fournir. Je considère donc qu'aucune guerre franco-allemande telle que la précédente ne peut se reproduire. L'Europe est désormais virtuellement divisée en deux camps, chacun composé de trois puissances, qui seraient toutes plus ou moins impliquées dans une lutte franco-allemande. Les alliés et amis des deux côtés en sont parfaitement conscients et, dans leur propre intérêt, sont tenus d'exercer une influence restrictive qui contribue au maintien de la paix. Nous en avons eu la preuve dans les limites imposées à la récente guerre balkanique.

D'un autre côté, c'est bien entendu l'inattendu qui arrive habituellement ; et tandis que l'Europe reste généralement armée jusqu'aux dents et que tant de jalousies sévissent encore, aucune puissance ne peut, par prudence, renoncer à ses armements. Nous, qui sommes la nation la plus riche d'Europe, dépensons pour nos armements, proportionnellement à notre richesse et à notre population, moins que toute autre grande puissance. Pourtant, certains d'entre nous voudraient que nous réduisions nos dépenses, nous exposant ainsi à une vulnérabilité qui tenterait un ennemi. Sans aucun doute, les armements d'aujourd'hui représentent de lourdes et graves charges pour les nations, de terribles obstacles au progrès social, mais ils constituent malheureusement notre seule véritable assurance contre la guerre, justifiant encore aujourd'hui, après tant de longs siècles, la vérité de l'ancien adage latin : *Si vis pacem, para bellum* .

Il me semble inutile de commenter ici la partie autobiographique de mon livre. Cela parlera, je pense, de lui-même. Il s'agit d'époques lointaines, et sur quelques points peut-être ma mémoire est légèrement défectueuse. Cependant, en préparant mon récit, j'ai constamment fait référence à mes anciens journaux, cahiers et premiers articles de journaux, et j'ai fait de mon mieux pour m'abstenir de toute exagération. Que cette histoire de certaines de mes expériences de jeunesse et de mes impressions sur les hommes et les choses vaut la peine d'être racontée ou non, c'est un point sur lequel je dois laisser mes lecteurs décider.

VAE

Londres, *janvier* 1914.

je

INTRODUCTION – QUELQUES PREMIERS SOUVENIRS

La famille Vizetelly - Ma mère et ses parents - The *Illustrated Times* et son personnel - Mon tempérament désagréable - Thackeray et ma première demi-couronne - Les jours d'école à Eastbourne - La reine Alexandra - Garibaldi - Quelques vieilles pièces et chansons - Nadar et le " Ballon géant - Mon arrivée en France - Mon précepteur Brossard - La tentative de Berezowski contre Alexandre II - Mon apprentissage du journalisme - Mon premier article - Je vois des célébrités françaises - Visites aux Tuileries - À Compiègne - Quelques mots avec Napoléon III - A Barbe "révolutionnaire".

Nous sommes dans une époque de « Réminiscences » et, bien que je n'aie jamais joué aucun rôle dans les affaires du monde, j'ai été témoin de tant de choses notables et rencontré tant de personnes remarquables au cours des soixante années que j'ai récemment achevées, qu'il est Il me serait peut-être permis d'ajouter encore un autre volume de souvenirs personnels aux nombreux déjà sortis de la presse. Lorsqu'on se lance dans une entreprise de ce genre, il est habituel, je m'en rends compte aux nombreux exemples qui m'entourent, de parler de sa famille et de son éducation. J'ai d'autant moins de raisons de m'écarter de cette pratique, qu'au cours du présent volume il me sera souvent nécessaire de me référer à certains de mes proches. Il y a quelques années, un éminent philosophe et auteur italien, Angelo de Gubernatis, a eu la bonté de m'inclure dans un dictionnaire des écrivains appartenant aux races latines et a déclaré, ce faisant, que les Vizetelly étaient d'origine française. C'était une erreur assez curieuse de la part d'un écrivain italien, la vérité étant que la famille était originaire de Ravenne, où certains de ses membres exerçaient diverses fonctions au Moyen Âge. Par la suite, après avoir participé à une conspiration, certains Vizzetelli s'enfuirent à Venise et s'y mirent à fabriquer du verre, jusqu'à ce qu'enfin Jacopo, dont je descends, vienne en Angleterre à l'époque spacieuse de la reine Elizabeth. Depuis cette époque jusqu'à la mienne, les hommes de ma famille épousaient invariablement des Anglaises, de sorte que très peu de sang italien peut couler dans mes veines.

Les alliances matrimoniales ont parfois plus qu'un intérêt personnel. Un point m'a particulièrement frappé en ce qui concerne ceux contractés par les membres de ma propre famille, c'est la diversité des comtés anglais d'où les hommes ont tiré leurs femmes et les femmes leurs maris. Des références au Cheshire, au Lancashire, au Yorkshire, au Staffordshire, au Warwickshire, au Leicestershire, au Berkshire, aux Bucks, au Suffolk, au Kent, au Surrey, au Sussex et au Devonshire, en plus du Middlesex, autrement dit Londres, apparaissent dans mes papiers familiaux. Nous sommes devenus liés aux

Johnston, Burslem, Bartlett, Pitts, Smith, Wards, Covells, Randalls, Finemores, Radfords, Hindes, Pollards, Lemprières, Wakes, Godbolds, Ansells, Fennells, Vaughans, Edens, Scotts et Pearces, et moi. fut le tout premier membre de la famille (après son arrivée en Angleterre) à prendre pour épouse une étrangère, elle étant la fille d'un propriétaire foncier de Savoie issu des Tissot de Suisse. Mon frère aîné Edward a ensuite épousé une Bourguignonne nommée Clerget, et mon demi-frère Frank a choisi comme épouse une Américaine, *née* Krehbiel, ces mariages ayant eu lieu parce que les circonstances nous ont amenés à vivre de nombreuses années à l'étranger.

Parmi les premières paroisses de Londres auxquelles la famille était liée se trouvait St. Botolph's, Bishopsgate, où mon prédécesseur, le premier Henry Vizetelly, fut enterré en 1691, alors âgé de cinquante ans, et où mon père, le deuxième Henry du nom, fut baptisé peu après sa naissance en 1820. St. Bride's, Fleet Street, fut cependant notre paroisse pendant de nombreuses années, comme en témoignent ses registres, bien qu'en 1781 mon arrière-grand-père résidait dans la paroisse de St. Ann's, Blackfriars, et en fut élu connétable. À cette date, le nom de famille, qui figure dans les anciens registres anglais sous diverses formes — Vissitaler, Vissitaly, Visataly, Visitelly, Vizetely, etc. — était par lui orthographié Vizzetelly, comme le montrent les documents conservés aujourd'hui à la bibliothèque de Guildhall ; mais quelques années plus tard, il abandonna le deuxième z, dans l'idée, peut-être, de donner au nom une apparence plus anglaise.

Mon arrière-grand-père était, comme son père avant lui, imprimeur et membre de la Papeterie. Il s'est marié deux fois et a eu de sa première femme deux fils, George et William, dont aucun n'a laissé de postérité. Le premier, je crois, est mort au service de l'honorable Compagnie des Indes orientales. Cependant, en juin 1775, mon arrière-grand-père épousa Elizabeth, fille de James Hinde, papetier, de Little Moorfields, et eut d'elle d'abord une fille Elizabeth, de laquelle descendent certains des Burslems et des Godbolds ; et, deuxièmement, des jumeaux, un garçon et une fille, baptisés respectivement James Henry et Mary Mehetabel. Le premier est devenu mon grand-père. En août 1816, il épousa, à St. Bride's, Martha Jane Vaughan, fille d'un propriétaire de diligence de Chester, et eut d'elle une fille, décédée célibataire, et quatre fils : mon père, Henry Richard, et mon oncles James, Frank et Frederick Whitehead Vizetelly.

Un récit de mon grand-père est donné dans les « Regards en arrière sur soixante-dix ans » de mon père, et je n'ai pas besoin d'y ajouter quelque chose ici. Je dirai seulement que, comme ses prédécesseurs immédiats, James Henry Vizetelly était imprimeur et homme libre de la ville. Versificateur habile, et si habile comme acteur amateur qu'à certaines occasions il remplaça sur les planches Edmund Kean lorsque ce dernier était désespérément ivre, il mourut en 1840, laissant ses deux fils aînés, James et Henry, poursuivre l'imprimerie. , qui fut alors établie dans des locaux occupant le site du bâtiment du *Daily Telegraph* à Fleet Street.

En 1844, mon père épousa Ellen Elizabeth, fille unique de John Pollard, MD, membre de l'ancienne famille du Yorkshire des Pollards de Bierley et Brunton, maintenant principalement représentée, je crois, par les Pollards de Scarr Hall. L'épouse de John Pollard, Charlotte Maria Fennell, appartenait à une famille qui donnait des officiers à la marine britannique, dont l'un servait directement sous les ordres de Nelson, et du clergé à l'Église d'Angleterre. Les Fennell étaient liés aux sœurs Brontë par la mère de ces dernières ; et l'un d'eux était étroitement lié au Shackle qui a fondé le premier journal *John Bull* . C'étaient donc mes parents du côté maternel. Ma mère a donné à mon père sept enfants, dont j'étais le sixième, étant aussi le quatrième fils. Je suis né le 29 novembre 1853 dans une maison appelée Chalfont Lodge à Campden House Road, Kensington, et je me souviens bien de la grande conflagration qui a détruit le beau et vieux manoir historique construit par Baptist Hicks, autrefois mercier à Cheapside et finalement vicomte. Campden. Mais une autre scène qui m'a plus particulièrement hanté tout au long de ma vie est celle de la mort subite de ma mère dans le wagon-salon d'un train express sur la ligne Londres-Brighton. Même si sa santé était fragile, personne ne pensait que sa fin était si proche ; mais au beau milieu d'un voyage à Londres, alors que le train roulait à toute vitesse et qu'aucune aide ne pouvait être obtenue, une soudaine faiblesse l'envahit, et en quelques minutes elle mourut. J'étais très jeune à l'époque, à peine cinq ans, et pourtant tout se présente encore devant moi avec toute la vivacité d'un souvenir impérissable. Encore une fois, je vois ce beau front intellectuel et ces yeux brillants, j'entends cette voix musicale et je ressens le doux contact de cette main maternelle aimante. C'était une femme de talent, aimant mettre les mots en musique, parlant un français parfait, car elle avait été en partie éduquée à Evreux en Normandie, et n'ayant pas peu de connaissances en littérature grecque et latine, comme le montrent ses annotations sur un exemplaire de Le "Dictionnaire classique" de Lemprière qui est maintenant en ma possession.

Environ dix-huit mois après ma naissance, c'est-à-dire en pleine guerre de Crimée, mon père a fondé, en collaboration avec David Bogue, un éditeur bien connu de l'époque, une revue appelée Illustrated *Times* , qui a rivalisé avec succès pendant plusieurs années avec l' *Illustrated London News* . Il était publié à trois pence l'exemplaire, et un vieux mémorandum des imprimeurs que j'ai maintenant sous les yeux montre que dans les premières années du journal, la moyenne des tirages était de 130 000 exemplaires par semaine - un chiffre notable pour cette période, et qui était considérablement dépassé quand il y avait vraiment des tirages. un événement important s'est produit. Mon père en était le rédacteur en chef et le directeur, son principal coadjuteur étant Frederick Greenwood, qui fonda ensuite la *Pall Mall Gazette* . Je ne pense pas que les liens de Greenwood avec l' *Illustrated Times* et avec l'autre journal de mon père, le *Welcome Guest* , soient mentionnés dans aucun des récits de sa carrière. L'équipe littéraire comprenait quatre des frères Mayhew : Henry, Jules, Horace et Augustus, dont deux, Jules et Horace, devinrent les parrains des premiers enfants de mon père par sa seconde épouse. Puis il y avait aussi William et Robert Brough, Edmund Yates, George Augustus Sala, Hain Friswell, WB Rands, Tom Robertson, Sutherland Edwards, James Hannay, Edward Draper et Hale White (père de « Mark Rutherford »), ainsi que plusieurs artistes et graveurs, tels que Birket Foster, "Phiz". Portch, Andrews, Duncan, Skelton, Bennett, McConnell, Linton, Londres et Horace Harrall. J'ai vu tous ces hommes dans mes premières années, car mon père était très hospitalier et ils étaient souvent invités à Chalfont Lodge.

Après la mort de ma mère, ma grand-mère, *née* Vaughan, prit la direction de l'établissement et je devins bientôt la terreur de la maison, développant un caractère des plus violents et acquérant le vocabulaire du portier le plus grossier du marché. Mon entêtement était probablement inné (presque tous les Vizetelly avaient leur propre volonté impulsive), et mon langage fleuri était capté par le fait de flâner perversement pour écouter chaque fois qu'il y avait une dispute dans Church Lane, que je devais traverser sur mon véhicule. chemin vers ou depuis Kensington Gardens, mon lieu de villégiature quotidien. Dès mon plus jeune âge, j'ai commencé à intimider mon jeune frère, j'ai défié ma grand-mère, j'ai insulté le médecin de famille parce qu'il aimait trop prescrire des poudres grises à mon avantage particulier, et j'ai eu un comportement abominable envers l'excellente Miss Lindup de Sheffield Terrace, qui s'efforçait d'instruire moi dans les rudiments de la lecture, de l'écriture et du calcul. J'ai souvent étonné ou consterné les hommes de lettres et les artistes qui étaient les invités de mon père. Je détestais qu'on me demande continuellement ce que j'aimerais être quand je serai grand, et la moindre plaisanterie me jetait dans un parfait paroxysme de passion. Cependant, même si j'étais irrité par l'autorité des autres, j'étais très enclin à l'exercer moi-même - à tel point, en effet, que les serviteurs de mon père parlaient généralement de moi comme de « jeune maître », indépendamment de l'existence de mon frères aînés.

Ayant déjà une mémoire persistante, je devais apprendre diverses « récitations », et de temps en temps j'étais appelé à sortir de derrière les rideaux de la salle à manger et à répéter « Je m'appelle Norval » ou « L'Armada espagnole », pour le moment. délice des amis de mon père pendant qu'ils s'attardaient autour de leur vin. Un désastre s'ensuivait généralement, provoqué soit par quelque plaisanterie géniale, soit par des critiques bien intentionnées de la part d'hommes tels que Sala et Augustus Mayhew, et j'étais finalement emmené – tout en émettant des protestations incohérentes – pour être sévèrement fustigé et mis au lit.

Parmi les véritables célébrités qui visitaient occasionnellement Chalfont Lodge se trouvait Thackeray, que je peux encore imaginer assis d'un côté de la cheminée, tandis que mon père était assis de l'autre, moi étant installé sur le foyer entre eux. Pourvu que je sois laissé à moi-même, je pourrais me comporter assez décemment, gardant discrètement le silence et, en fait, écoutant attentivement la conversation des amis de mon père, et acquérant ainsi un mélange de connaissances très étrange. J'étais, je crois, un petit type pâle, aux cheveux blonds et longs, au visage mélancolique, et aucun observateur occasionnel n'aurait imaginé que ma nature était en grande partie composée d'éléments qui entrent dans la composition des brigands italiens, des pirates scandinaves et des Gallois sauvages. . Thackeray, en tout cas, ne semblait pas avoir une mauvaise opinion du petit garçon qui était assis si tranquillement à ses pieds. En effet, un jour, lorsqu'il nous a croisé moi et mon jeune frère Arthur, accompagnés de notre dévouée assistante Selina Horrocks, dans les jardins de Kensington, il a mis en pratique son propre dicton selon lequel on ne peut jamais voir un écolier sans éprouver le besoin de tremper la main dans l'eau. sa poche. En conséquence, il m'a offert la première demi-couronne que j'ai jamais possédée, car, bien que les cadeaux de mon père fussent fréquents, ils étaient petits. Il était entendu, je crois, que je partagerais la demi-couronne susmentionnée avec mon frère Arthur, mais malgré les nombreuses remontrances de la fidèle Selina, une digne femme de l'Ouest, qui avait largement pris la place de ma mère, je Je me suis approprié le cadeau dans son intégralité et je suis tombé extrêmement malade à cause de mes nombreux achats indiscrets dans un stand de vente au détail qui se trouvait, si je me souviens bien, à un coin du célèbre Kensington Flower Walk. Cet incident a dû se produire tard dans la vie de Thackeray. Mon souvenir enfantin de lui est celui d'un très grand monsieur aux yeux rayonnants.

Le règne de ma grand-mère dans la maison de mon père ne fut pas de grande durée, puisqu'en février 1861, il contracta un second mariage, prenant à cette occasion pour épouse une « belle fille de Kent » [Elizabeth Anne Ansell, de Broadstairs ; mère de mon demi-frère, le Dr Frank H. Vizetelly, rédacteur en chef du "Standard Dictionary", New York.] à l'entrée de laquelle j'étais d'abord violemment opposé, mais qui m'a rapidement conquis par son affection incessante et gentillesse, devenant finalement le meilleur et le plus fidèle ami de ma jeunesse et de ma première virilité. Ma situation a cependant changé peu après ce mariage, car comme j'avais maintenant presque huit ans, il a été jugé approprié que je sois envoyé dans un pensionnat, à la fois pour améliorer mon esprit et pour me débarrasser de quelques absurdités. moi, ce qui fut d'ailleurs promptement accompli grâce à la gentillesse pugnace de mes camarades d'école. Parmi ces derniers, il y en avait un, mon aîné de quelques années, qui devint un journaliste très distingué. Je fais référence au regretté Horace Voules, si longtemps associé au journal de Labouchere, *Truth*. Mon frère Edward était également dans la même école, et mon frère Arthur y est arrivé un peu plus tard.

Elle était située à Eastbourne, et on a beaucoup écrit à son sujet dans des ouvrages récents sur l'histoire de cette station d'eau bien connue, qui, lorsque j'y fus envoyé pour la première fois, comptait moins de 6,000 habitants. Située dans la vieille ville ou le village, à une distance d'au moins un mile de la mer, l'école occupait un bâtiment appelé « Les Pignons » et était une émanation d'une ancienne école ancienne reliée à la célèbre église paroissiale. À mon époque, cette « académie » était dirigée comme une entreprise privée par un certain James Anthony Bown, un vieux monsieur corpulent aux connaissances considérables.

J'étais inhabituellement précoce à certains égards, et même si je me suis souvent retrouvé dans des ennuis en jouant des tours espiègles - comme, par exemple, lorsque je me suis associé à d'autres pour attacher un odieux maître français à sa chaise au moyen de la cire de cordonnier, ruinant ainsi une belle pantalon à revers qu'il venait d'acheter - je ne négligeai pas mes leçons, mais obtins un certain nombre de « prix » avec une grande facilité. Quand j'avais à peine douze ans, aucun de mes camarades d'école – et certains avaient seize ou dix-sept ans – ne pouvait rivaliser avec moi en latin, langue dans laquelle Bown finit par me prendre à part. J'ai également remporté trois ou quatre prix pour « avoir excellé » dans mes cours successifs de grammaire anglaise, comme le prescrivait la célèbre Lindley Murray.

Malgré mes méfaits (dont certains, heureusement, ne m'ont jamais été rapportés), je suis devenu, je pense, un peu le favori du digne James Anthony, car il me prêtait des livres intéressants à lire, me faisait parfois souper. dans ses propres quartiers, et il avait de temps en temps la bonté d'ignorer l'état enflé de mon nez ou la noirceur d'un de mes yeux lorsque j'avais une bagarre avec un camarade d'école ou un jeune clochard du village. Nous nous disputions habituellement avec les gars du village à Love Lane le dimanche soir, après avoir franchi le mur du terrain de jeu. J'ai reçu d'abord le surnom de Moïse, en tombant parmi des joncs en jouant une balle au cricket ; et deuxièmement celui des Nez, parce que mon organe nasal, comme celui de Cyrano de Bergerac, prit soudain des proportions énormes, de telle sorte qu'il contenait suffisamment de matière pour deux nez de dimensions ordinaires. Sa taille était en grande partie responsable de mes défaites au combat, car j'avais du mal à garder un organe aussi proéminent et à empêcher que mon sang ne soit exploité.

Ayant des générations d'encre d'imprimerie mêlée à mon sang, je ne pus échapper au sort méchant qui fit de moi un écrivain d'articles et de livres. En collaboration avec un ami nommé Clement Ireland, j'ai tenu un journal scolaire manuscrit, qui comprenait des histoires de pirates et de voleurs de grands chemins, illustrées de dessins sinistres dans lesquels l'encre rouge était abondamment utilisée afin d'imaginer le sang qui coulait si librement à travers les différents contes. Ma grand-mère Vaughan était une lectrice invétérée du *London Journal* et du *Family Herald* , et chaque fois que je rentrais chez moi pour mes vacances, je me jetais sur ces journaux et dévorais certaines des histoires de l'auteur de "Minnegrey", ainsi que celle de Miss Braddon. "Aurora Floyd" et "Henry Dunbar". La lecture des livres d'Ainsworth, Scott, Lever, Marryat, James Grant, GPR James, Dumas et Whyte Melville m'a donné du matériel supplémentaire pour raconter des histoires ; et ainsi, concoctant de merveilleux mélanges de toutes sortes de fictions, je filais de nombreux fils à mes camarades d'école dans le dortoir dans lequel je dormais - fils qui étaient parfois fournis en plusieurs versements, étant entretenus pendant une semaine ou plus.

Mes vacances d'été se passaient généralement à la campagne, mais à d'autres moments, j'allais à Londres et j'avais droit à des sites intéressants. À Kensington, dans mes premières années, j'ai souvent vu la reine Victoria et le prince consort avec leurs enfants, notamment la princesse royale (l'impératrice Frederick) et le prince de Galles (Édouard VII). Lorsque ce dernier épousa la « fille du roi des mers venue d'outre-mer » – depuis lors notre admirée et gracieuse reine Alexandra – et qu'ils traversèrent ensemble les rues bondées de Londres en route vers Windsor, je suis venu spécialement d'Eastbourne pour être témoin. ce progrès triomphal, et même maintenant, je peux imaginer le jeune prince avec son visage rond et potelé et ses petites moustaches latérales, et la vision d'une beauté souriante presque en larmes, en bleu et blanc, qui a balayé mes yeux avides d'enfant.

Pendant les vacances de Pâques 1864, Garibaldi vint en Angleterre. Mon oncle, Frank Vizetelly, était le principal artiste de guerre de cette période, le prédécesseur, en fait, de feu Melton Prior. Il connaissait bien Garibaldi, l'ayant rencontré pour la première fois pendant la guerre de 1859, puis l'ayant accompagné lors de sa campagne à travers la Sicile, puis à Naples, et séjournant ensuite avec lui à Caprera. Et ainsi mon oncle nous a emmenés, moi et son fils, mon cousin Albert, à Stafford House (où il avait l' *entrée*), et le Libérateur à l'air grave nous a tapoté la tête, nous a appelés ses enfants et, à la demande de Frank Vizetelly, nous a donné des photographies. de lui même. Je n'imaginais alors pas que je le reverrais ensuite en France, à la fin de la guerre avec l'Allemagne, pendant laquelle mon frère Édouard faisait partie de ses officiers d'ordonnance.

Mon père, étant à la tête d'un important journal londonien, recevait souvent des billets pour tel ou tel théâtre. Ainsi, pendant mes vacances d'hiver, j'ai vu beaucoup de vieilles pantomimes à Drury Lane et ailleurs. Je me souviens aussi très bien de « Lord Dundreary » de Sothern et d'une pièce intitulée « La devise du duc », basée sur le roman de Paul Féval, « Le Bossu ». J'ai souvent

assisté aux divertissements donnés par les German Reeds, Corney Grain et
Woodin, l'astucieux artiste du changement rapide. Je me souviens également
de Léotard, l'acrobate à l'Alhambra, et de diverses représentations au vieux
Panthéon, où j'ai entendu des chansons populaires comme « Le capitaine aux
moustaches » et « La charmante jeune veuve que j'ai rencontrée dans le train
». Les chansons nègres faisaient souvent fureur pendant mon enfance, et
certaines d'entre elles, comme « Dixie-land » et « So Early in the Morning »,
persistent encore dans ma mémoire. Et puis il y avait aussi des chansons telles
que « Billy Taylor », « I'm Afloat », « I'll hang my Harp on a Willow Tree », et
une composition insensée qui contenait les lignes :

"Quand une dame s'enfuit
sur une échelle de cordes, elle peut y aller, elle peut y aller, elle peut aller à
Hong Kong pour moi!"

Cependant, à l'époque où j'étais écolier, le chant des chansons, à mon avis,
était celui que nous chantions invariablement à la fin des vacances. Je ne peux
pas dire si c'était particulier à Eastbourne ou s'il provenait d'une autre école.
Je sais seulement que le dernier verset était approximativement ainsi rédigé :

"Magistrorum est un borum,
Hic-haec-hoc a fait sa révérence. Crions : 'Ô cockalorum !' C'est le latin
pour nous maintenant. Alpha, bêta, gamma, delta, En route pour la Grèce,
car nous sommes libres, skelter, fondeur, pelter, nous sommes les gars de la
gaieté et de la folie ! »

A « cockalorum », notons-le, nous substituions fréquemment le nom de
quelque maître particulièrement odieux.

Pour revenir aux sites intéressants de mon enfance, j'ai un certain souvenir
de l'Exposition de 1862, mais je me souviens plus clairement d'une visite au
Crystal Palace vers la fin de l'année suivante, où j'y ai vu l'étrange rame en
forme de maison de le ballon "géant" dans lequel Nadar, photographe et
aéronaute, avait récemment effectué, avec sa femme et d'autres, un voyage
aérien mémorable et désastreux. Les lecteurs de Jules Verne se rappelleront
que Nadar figure en bonne place dans son « Voyage vers la Lune ». Un bon
nombre d'entre nous sont allés au Palais pour voir la voiture du "Géant", et
Nadar, mesurant plus de six pieds de haut, avec une grande crinière emmêlée
de cheveux blonds crépus, une moustache rousse et une chemise rouge *à la
Garibaldi*, nous a emmenés. à l'intérieur et nous a montré tous les logements
qu'il contenait pour manger, dormir et prendre des photos. Je ne pouvais pas
suivre ce qu'il disait, car je ne connaissais alors que quelques mots de français,
et je n'imaginais certainement pas que je m'élèverais un jour dans les airs avec
lui dans une voiture d'un type bien différent, celui du ballon captif qui , à des
fins d'observation militaire, il s'installe sur la place Saint Pierre à Montmartre,
lors du siège allemand de Paris.

Un moment vint où mon père abandonna son intérêt pour l' *Illustrated Times* et se rendit à Paris pour occuper le poste de représentant continental de l' *Illustrated London News* . Mon frère Edouard, alors étudiant à l'École des Beaux Arts, devient alors son assistant, et un peu plus tard je suis emmené outre-Manche avec mon frère Arthur pour rejoindre le reste de la famille. Nous avons vécu d'abord à Auteuil, puis à Passy, où j'ai été placé dans un externat appelé Institution Nouissel, où l'on préparait les jeunes à être admis dans les collèges d'État ou municipaux. Il y avait eu quelques tentatives pour m'apprendre le français à Eastbourne, mais cela avait rencontré peu de succès, en partie, je pense, parce que j'avais des préjugés contre les Français en général, les considérant comme une simple race de mangeurs de grenouilles que nous avions à juste titre frappés. Waterloo. Finalement, mes préjugés furent dans une certaine mesure surmontés par ce que j'entendis de notre instructeur, un sous-officier à la retraite, qui avait servi en Crimée, et qui nous racontait quelques anecdotes passionnantes sur la bravoure de « nos alliés » à l'Alma. et ailleurs. En fin de compte, les propos du vieux sergent m'ont donné « furieusement à penser » qu'il y avait peut-être du bon dans les Français après tout.

Chez Nouissel, j'ai acquis assez rapidement quelques connaissances de la langue, et j'ai ensuite été placé sous la garde d'un précepteur, un malin coquin nommé Brossard, qui m'a préparé au lycée Bonaparte (aujourd'hui Condorcet), où je suis finalement devenu élève, Brossard. je continue toujours à m'accompagner en vue de ma réussite aux différents examens, et à terme de l'obtention du *baccalauréat habituel* , sans lequel personne ne pourrait alors rien être du tout en France. De la même manière, il a entraîné Evelyn Jerrold, fils de Blanchard et petit-fils de Douglas Jerrold, tous deux liés par une étroite amitié avec les Vizetelly. Mais si Brossard était un homme intelligent, il était aussi un homme sans scrupules, et quoique je lui sois redevable par la suite de m'avoir présenté au vieux général Changarnier, dont il était parent, cela eût sans doute été tant mieux s'il ne l'avait pas présenté. moi à d'autres personnes avec lesquelles il était en relation. Il vécut quelque temps avec une femme qui n'était pas sa femme et l'abandonna pour une fille de dix-huit ans, qu'il abandonna également, pour se consacrer à un être en chair et en os qui montait un cheval à dos nu au Cirque de l'Île. 'Impératrice. Quand je lui ai été présenté pour la première fois « dans les coulisses », elle était à cheval sur une chaise et fumait une cigarette rose, et elle m'a appelé *mon petit* . Bref, l'atmosphère morale de la vie de Brossard n'était pas celle qui lui convenait pour être un mentor auprès de la jeunesse.

Permettez-moi maintenant de revenir un peu en arrière. Lors de la grande Exposition de Paris de 1867, j'étais dans ma quatorzième année. La ville était alors peuplée de membres de la royauté, dont beaucoup j'ai vu à une ou une autre occasion. J'étais au bois de Boulogne avec mon père lorsque, après une grande revue, un coup de feu fut tiré sur la voiture dans laquelle Napoléon III et son hôte, Alexandre II de Russie, étaient assis côte à côte. Je vis l'écuyer Raimbeaux galoper pour faire écran aux deux monarques, et je vis le coupable arrêté par un sergent de nos Royal Engineers, attaché à la section britannique de l'Exposition. Les deux souverains se levèrent dans la voiture pour montrer qu'ils n'étaient pas blessés, et l'on rapporta plus tard que l'empereur Napoléon dit à l'empereur Alexandre : « Si ce coup de feu a été tiré par un Italien, il m'était destiné ; si par un Polonais, il était destiné à Votre Majesté. Je ne saurais dire si ces paroles ont été réellement prononcées, ou si elles ont été inventées plus tard, comme cela arrive souvent, par quelque journaliste habile ; mais il s'est avéré qu'il s'agissait d'un Polonais nommé Berezowski, qui a ensuite été condamné à la déportation à perpétuité.

C'est à l'occasion de cet attentat contre le tsar que j'ai fait mon premier petit travail journalistique. Suivant les instructions de mon père, j'ai pris quelques notes et j'ai fait à la hâte un petit croquis des environs. Ceci et mes explications permirent à M. Jules Pelcoq, artiste d'origine belge, que mon père employait largement pour le compte de l' *Illustrated London News* , de réaliser un dessin qui parut sur la première page du numéro suivant de ce journal. Je ne pense pas qu'aucun autre journal au monde ait pu fournir une représentation picturale de la tentative de Berezowski.

J'en ai dit assez, je crois, pour montrer que j'étais un garçon précoce, peut-être même beaucoup trop précoce. Cependant, je travaillais très dur à cette époque. Mes heures à Bonaparte étaient de dix à midi et de deux à quatre. J'ai également dû préparer des cours à domicile pour le Lycée, suivre des cours spéciaux à Brossard, et encore des cours d'allemand auprès d'un tuteur nommé With. Puis aussi, mon frère Edouard ayant cessé d'être l'assistant de mon père pour se consacrer au journalisme à son compte, j'ai dû reprendre une partie de ses fonctions. Un de mes cousins, Montague Vizetelly (fils de mon oncle James, qui était le chef de notre famille), est cependant venu d'Angleterre pour aider mon père dans les travaux les plus sérieux, comme je pouvais, en raison de ma jeunesse, le faire. pas encore performé. Mon temps libre était en grande partie consacré à donner des instructions aux artistes ou à leur chercher des dessins. Tantôt je peux être à Montmartre, tantôt au Quartier Latin, rendant visite à Pelcoq, Anastasi, Janet Lange, Gustave Janet, Pauquet, Thorigny, Gaildrau, Deroy, Bocourt, Darjou, Lix, Moulin, Fichot, Blanchard. , ou d'autres artistes qui ont travaillé pour l' *Illustrated London News* . Parfois, un croquis était envoyé en Angleterre, mais le plus souvent, je devais expédier des dessins sur bois par chemin de fer. Si je n'ai jamais été moi-même qu'un dessinateur amateur, j'ai certainement développé un sens critique et acquis la connaissance de différentes méthodes artistiques, au cours de mes relations avec tant de *dessinateurs* des dernières années du Second Empire.

Peu à peu, des tâches plus sérieuses me furent confiées. Le dessin « Paris Fashions » paraissant alors chaque mois dans l' *Illustrated London News* fut pendant un certain temps préparé d'après certaines robes que Worth et d'autres costumiers célèbres confectionnaient pour les impératrices, les reines, les princesses, les grandes dames et les célébrités du théâtre ; et, accompagnant Pelcoq ou Janet lorsqu'elles allaient dessiner ces robes (aujourd'hui on se contentait d'en obtenir des photographies), je relevais de *la première* , ou parfois de Worth lui-même, tous les détails sur les matières et les styles, afin que la typographie descriptive, qui devait accompagner l'illustration, pourrait être exact.

C'est ainsi que j'ai fait mon apprentissage du journalisme. Mon père a naturellement révisé mon travail. Le premier article, tout à moi, qui parut sous forme imprimée concernait cette institution théâtrale notoire, la Claque. Je l'ai envoyé à *Once a Week* , que ES Dallas a ensuite édité, et sachant qu'il connaissait bien mon père et me sentant très méfiant quant aux mérites de ce que j'avais écrit, j'ai pris un *nom de plume* ("Charles Ludhurst"). pour l'occasion, il va sans dire que j'ai été ravi lorsque j'ai vu l'article imprimé, et plus encore lorsque j'ai reçu en échange quelques guinées, que j'ai rapidement dépensées en gants, en cravates et en canne. Ici, permettez-moi de dire que nous étions des jeunes gens plutôt fanfarons à Bonaparte. Nous n'étions pas obligés de porter des uniformes hideux et mal ajustés comme les autres Lycéens, mais nous nous efforcions de présenter une apparence très élégante. Nous avons donc pris l'habitude de porter des gants et de porter des cannes ou des cannes pour nous rendre au Lycée ou en revenir. J'ai même amélioré cela en achetant des « boutonnières » au marché aux fleurs à côté de la Madeleine, et cette idée « a fait son chemin », comme on dit, il y a eu un grand émoi un matin où presque la moitié de mes camarades de classe ont été retrouvés portant des fleurs... car c'était la Saint Henri, jour *de fête* du comte de Chambord, et notre proviseur et notre professeur s'imaginèrent que c'était de notre part une manifestation légitimiste séditieuse. Il y avait cependant parmi nous très peu de légitimistes, bien que les orléanistes et les républicains fussent nombreux.

J'ai dit que mon premier article portait sur la Claque, cet organisme créé pour encourager les applaudissements dans les théâtres, étant entendu que le spectateur parisien avait besoin d'être réveillé par tel moyen. Brossard m'ayant présenté au *sous-chef* de la Claque de l'Opéra Comique, j'obtenais souvent l'admission dans cette maison comme *claqueur* . Je suis même allé dans quelques autres théâtres au même titre. De plus, Brossard connaissait divers auteurs et journalistes et m'emmena au Café de Suède et au Café de Madrid, où je vis et entendis quelques-unes des célébrités de l'époque. J'imagine encore le grand Dumas, haut de voix et exubérant de gestes, pérorant devant une bande de jeunes « épongeurs » pour lesquels il dépensait ses derniers napoléons. Je vois aussi Gambetta, jeune, mince, brun et barbu, avec une lèvre inférieure pleine et sensuelle, assis à la même table que Delescluze, dont les cheveux et la barbe, autrefois roux, étaient devenus d'un blanc terne, dont la silhouette était émaciée et anguleuse. , et dont le visage jaunâtre et ridé semblait annoncer qu'il était possédé par quelque idée fixe. La Commune a ensuite montré quelle était cette idée. Encore une fois, je revois Henri Rochefort et Gustave Flourens ensemble : le premier droit et musclé, avec une grosse touffe de cheveux bouclés très foncés, des yeux brillants et des pommettes hautes et saillantes ; tandis que celui-ci, grand et chauve, avec de longues moustaches et une barbe flottante, vous regardait d'un air avide et impérieux, comme s'il allait vous donner quelque ordre.

J'ai également connu d'autres hommes qui ont contribué au renversement de l'Empire. Mon père, alors qu'il était engagé dans un procès coûteux au sujet d'une grande maison crénelée qu'il avait louée au Vésinet, prit Jules Favre pour avocat, et à diverses reprises je l'accompagnai chez Favre. Permettez-moi de dire ici que mon père, malgré tout son intérêt pour la littérature française, ne connaissait pas la langue. Il pouvait à peine s'y exprimer, et c'est pourquoi il avait toujours pour habitude d'avoir avec lui un de ses fils, nous ayant hérité des dons linguistiques de notre mère. La maîtrise du langage de Favre était grande, mais son éloquence n'était nullement enthousiasmante, et je me souviens bien que lorsqu'il plaidait en faveur de mon père, les trois juges de la Cour d'appel s'endormirent et ne se réveillèrent que lorsque l'avocat opposé à nous. a commencé à frapper du poing et à crier d'une voix tonitruante. Naturellement, comme les juges n'ont jamais entendu notre version de l'affaire, mais seulement celle de notre adversaire, ils ont tranché contre nous.

Des retranchements devinrent alors nécessaires de la part de mon père, et il envoya ma belle-mère, ses enfants et mon frère Arthur à Saint Servan en Bretagne, où il loua une maison qui fut appelée « La petite Amélia », du nom de la fille de George III. ce nom, qui, pendant quelque intervalle de paix entre la France et la Grande-Bretagne, alla séjourner à Saint Servan pour le bénéfice de sa santé. La majorité de notre famille s'y étant réparée et mon cousin Monty revenant en Angleterre dans le courant de 1869, je restai seul avec mon père à Paris. Nous résidions dans ce que je pourrais appeler une garçonnière, au n° 16 de la rue de Miromesnil, près de l'Elysée. La partie principale de la maison était occupée par le comte et la comtesse de Chateaubriand et leurs filles. La comtesse a bien voulu me prêter attention, et plus tard, lorsqu'elle partit pour Combourg à l'approche du siège allemand, elle m'a donné pleine permission d'utiliser, s'il le fallait, les charbons et le bois laissés dans les caves de Chateaubriand. .

En 1869, date à laquelle j'arrive aujourd'hui, j'étais dans ma seizième année, toujours aux études, et en même temps j'aidais de plus en plus mon père dans le cadre de son travail journalistique. Il a inclus dans ses « Regards en arrière

» quelques récits des installations qui lui ont permis d'obtenir une délimitation picturale adéquate de la vie de cour de l'Empire. Il a raconté l'histoire de Moulin, l'agent de police, qui veillait fréquemment à la sécurité personnelle de l'empereur et qui fournissait également des croquis des fonctions de la Cour à l'usage de l' *Illustrated London News* . Napoléon III ressemble à son grand-oncle sur au moins un point. Il comprenait parfaitement l'art de la publicité ; et, dans son désir d'être bien considéré en Angleterre, il était toujours prêt à favoriser les journalistes anglais. Si une certaine partie de la presse londonienne conserva tout au long du règne une attitude très critique à l'égard de la politique impériale, il est certain que certains correspondants parisiens furent en relations étroites avec le gouvernement de l'Empereur, et que certains d'entre eux furent effectivement subventionnés par celui-ci.

L'homme le mieux informé en ce qui concerne la Cour et les événements sociaux était sans aucun doute M. Felix Whiteburst du *Daily Telegraph* , dont je me souviens bien. Il avait l' *entrée* aux Tuileries et ailleurs, et il y avait des occasions où des informations très importantes lui étaient communiquées en vue de leur publication prochaine à Londres. Cependant, pour l'essentiel, Whitehurst se limite à relater des événements ou des incidents survenus à la Cour ou dans la haute société bonapartiste. Soucieux de ne pas offenser, il passait habituellement sous silence tout scandale qui survenait, ou l'écartait avec légèreté, avec la *désinvolture* d'un *roué* de la Régence. C'était en outre un homme extrêmement aimable, très condescendant envers moi lors de nos rencontres, comme cela arrivait parfois aux Tuileries même.

J'ai dû m'y rendre à plusieurs reprises pour rencontrer sur rendez-vous Moulin, l'artiste-détective, et cela m'a aidé il y a quelques années à écrire un livre qui a été plus d'une fois réimprimé. [Note] J'y ai utilisé de nombreuses notes prises par moi en 1869-70, notamment en ce qui concerne les appartements privés de l'Empereur et de l'Impératrice, les cuisines et les arrangements faits pour les bals et les banquets. Je ne sais pas à quel âge un jeune homme reçoit habituellement son premier costume, mais je sais que le mien a été confectionné à l'époque dont je parle. Je mesurais alors, je suppose, environ cinq pieds cinq pouces, et mon visage faisait supposer aux gens que j'avais dix-huit ou dix-neuf ans.

[Note : L'ouvrage en question s'intitulait « La Cour des Tuileries, 1852-1870 », par « Le Petit Homme Rouge », pseudonyme que j'ai utilisé depuis pour produire d'autres livres. "La Cour des Tuileries" a été fondée en partie sur des ouvrages déjà publiés, sur une quantité de notes et de mémoires rédigés par mon père, d'autres parents et moi-même, et sur certains papiers privés d'un des parents de ma femme, le général Mollard. , qui après s'être grandement illustré à Tchernaya et à Magenta, devint pour un temps aide de camp de Napoléon III.]

A l'automne 1869, je tombai assez malade à cause de mes études excessives - j'avais déjà commencé à lire le droit romain - et, bénéficiant de vacances, j'accompagnai mon père à Compiègne, où séjournait alors la Cour Impériale. Nous n'étions pas parmi les invités, mais il avait été convenu que toutes les facilités seraient données aux représentants de l' *Illustrated London News* afin que la *villegiatura de la Cour* puisse être entièrement décrite dans ce journal. Je n'ai pas besoin de récapituler mes expériences à cette occasion. Il y a un récit de notre visite dans les « Regards en arrière » de mon père, et j'ai inséré de nombreux détails supplémentaires dans ma « Cour des Tuileries ». Je dois cependant mentionner que c'est à Compiègne que j'ai échangé pour la première fois quelques mots avec Napoléon III.

Un jour, mon père étant malade (il faisait un froid intense), je me rendis au château [Nous dormions à l'Hôtel de la Cloche, mais avions l' *entrée* du château pratiquement à toute heure.] accompagné uniquement de notre jeune artiste. M. Montbard, que l'on surnommait actuellement "Apollon" dans le Quartier Latin, où il ravissait les *habitués* du Bal Bullier par un style de chorégraphie en comparaison duquel les réalisations vues plus tard au fameux Moulin Rouge auraient sombré dans l'insignifiance. Montbard dut faire quelques dessins le jour que j'ai cité, et il se trouva que, pendant que nous nous promenions avec M. de la Ferrière, le chambellan de garde, Napoléon III apparut soudain devant nous. Dès que je lui ai été présenté, il m'a parlé en anglais, me disant qu'il voyait souvent l' *Illustrated London News* et que les illustrations de la vie française et des améliorations parisiennes (auxquelles il prenait un si vif intérêt) étaient très habilement exécutées. Il m'a demandé aussi depuis combien de temps j'étais en France et où j'avais appris la langue. Puis, remarquant que l'heure *du déjeuner* était proche , il dit à M. de la Ferrière de veiller à ce que Montbard et moi soyons convenablement divertis.

Je ne pense pas avoir d'opinions politiques particulières à cette époque. Montbard, cependant, était républicain, voire un futur communard, et je sais qu'il n'apprécia pas son introduction quasi forcée au soi-disant « Badinguet ». Il parvint néanmoins à se montrer assez poli et permit à l'empereur d'inspecter le croquis qu'il faisait. Il devait y avoir une représentation théâtrale au château ce soir-là, et il était déjà convenu que Montbard en serait témoin. Cependant, en apprenant qu'il avait été impossible de fournir des sièges à mon père et à moi-même, en raison de la grande demande d'admission de la part des magnats locaux et des officiers de la garnison, l'Empereur eut la bonté de dire, après que je avait expliqué que l'indisposition de mon père l'empêcherait d'y assister : « Voyons, vous pourrez bien trouver une petite place pour ce jeune homme. Il n'est pas si grand, et je suis sûr que cela lui fera plaisir. M. de la Ferrière s'inclina, et c'est ainsi que j'assistai finalement à la représentation, étant assis sur un tabouret derrière des femmes extrêmement belles dont les épaules blanches détournaient à plusieurs reprises mon attention de la scène. En ce qui concerne Montbard, il y avait quelques petits ennuis, car M. de la Ferrière n'aimait pas l'aspect de sa « barbe révolutionnaire », dont la vue, disait-il, pouvait grandement alarmer l'Impératrice. Montbard cependant refusa avec indignation de la raser, et dix mois plus tard les « barbes révolutionnaires » prédominaient, la puissance et le faste de l'Empire ayant été balayés au milieu de tous les désastres de l'invasion.

II

LE DÉBUT DE LA GUERRE FRANCO-ALLEMANDE

Les plans de Napoléon pour une guerre avec la Prusse — La Garde Mobile et l'armée française en général — Son armement — Les « Blouses blanches » et les émeutes de Paris — L'Empereur et les élections de 1869 — Les affaires Troppmann et Pierre Bonaparte — Le capitaine l'hon. Dennis Bingham — Le ministère Ollivier — Les plans de campagne française — Frossard et Bazaine — Les négociations avec l'archiduc Albert et le comte Vimeroati — La guerre imposée par Bismarck — Je crie « A Berlin ! » — La Garde impériale et le général Bourbaki — Mon rêve de voir une guerre — Mon l'oncle Frank Vizetelly et ses campagnes — « Le siège de Pékin » — l'organisation des forces françaises — le service de renseignements — j'assiste au départ de Napoléon III et du prince impérial de Saint-Cloud.

Les années 1868 et 1869 furent très agitées en France. L'issue de la guerre du Schleswig-Holstein, puis de la guerre entre la Prusse et l'Autriche en 1866, avait alarmé de nombreux hommes politiques français. Napoléon III espérait une compensation territoriale en échange de sa neutralité à ces époques, et il est certain que Bismarck, en tant que premier ministre prussien, lui avait laissé supposer qu'il pourrait se dédommager de sa non-intervention dans les affaires précédentes. concours mentionnés. Cependant, après avoir atteint ses objectifs, la Prusse prêta une oreille réticente aux suggestions de l'empereur français et, à partir de ce moment, une guerre franco-allemande devint inévitable. Même si, si je me souviens bien, il y avait une parfaite « rage » pour Bismarck « ceci » et Bismarck « cela » à Paris – en particulier pour la couleur Bismarck, une nuance de brun havane – l'homme d'État prussien, qui avait si bien « manoeuvré » l'Homme du Destin était sans doute un individu très détesté et redouté parmi les Parisiens, du moins parmi tous ceux qui pensaient à l'avenir de l'Europe. La politique prussienne n'était cependant pas la seule cause d'inquiétude en France, car à la même époque l'opposition républicaine à l'autorité impériale ne cessait de se renforcer dans les grandes villes, et les concessions politiques par lesquelles Napoléon III cherchait à la désarmer ne faisaient que l'enhardir. pour formuler de nouvelles exigences.

En planifiant une guerre contre la Prusse, l'empereur était influencé à la fois par des considérations nationales et dynastiques. La montée de la Prusse, devenue chef de la Confédération de l'Allemagne du Nord, constituait sans aucun doute une menace non seulement pour l'ascendant français sur le continent, mais aussi pour les intérêts généraux de la France. D'autre part, le prestige de l'Empire ayant été sérieusement altéré, en France même, par les défaites diplomatiques que Bismarck avait infligées à Napoléon, il semblait que seule une guerre réussie, menée contre la Puissance dont la France avait reçu ces rebuffades successives , pourrait restaurer ledit prestige et assurer la pérennité de la dynastie Bonaparte.

Aujourd'hui encore, malgré d'innombrables révélations, de nombreux écrivains continuent de rejeter toute la responsabilité de la guerre franco-allemande sur l'Allemagne ou, pour être plus précis, sur la Prusse représentée par Bismarck. Mais c'est une grave erreur. Une épreuve de force était considérée des deux côtés comme inévitable, et les deux parties contribuèrent à sa réalisation. La part de Bismarck dans le conflit fut de précipiter les hostilités, en choisissant pour elles ce qu'il jugeait être un moment opportun pour son pays, et en empêchant ainsi l'empereur Napoléon de mûrir ses desseins. Ce dernier n'entendit déclarer la guerre qu'au début de 1871 ; l'homme d'État prussien l'a réalisé en juillet 1870.

L'Empereur s'engagea véritablement sur la voie de la guerre peu après 1866. Un grand conseil militaire fut réuni et diverses mesures furent élaborées pour renforcer l'armée. L'étape principale fut la création d'une force territoriale appelée Garde Mobile, qui devait rassembler plus d'un demi-million d'hommes. Le maréchal Niel, alors ministre de la Guerre, tenta de mettre à exécution ce projet, mais fut gêné par le manque d'argent. De nos jours, je pense souvent à Niel et à la Garde Mobile lorsque je lis parler de Lord Haldane, du colonel Seely et de nos propres « terriers ». Il me semble parfois que l'horloge recule de plus de quarante ans.

Niel mourut en août 1869, laissant sa tâche dans un état extrêmement inachevé, et le maréchal Le Boeuf, qui lui succéda, la persévéra avec beaucoup de timidité. L'armée régulière, cependant, a été maintenue dans un état assez bon, même si elle n'a jamais été aussi forte qu'elle le paraissait sur le papier. Il existait un système en vogue grâce auquel un conscrit doté de moyens pouvait éviter le service en fournissant un *remplaçant* . À l'origine, il était censé fournir lui-même son *remplaçant* ; mais, en fin de compte, il n'eut qu'à verser une somme d'argent aux autorités militaires, qui se chargeèrent de lui trouver un homme pour le remplacer. Malheureusement, dans des milliers de cas, pendant plusieurs années, les *remplaçants* n'ont jamais été fournis. Je ne prétends pas que l'argent ait été absolument détourné, mais il a été détourné vers d'autres fins militaires et, en conséquence, il y a toujours eu une pénurie considérable du contingent annuel.

Le confort des hommes était certainement bien entretenu. Mon ami particulier à Bonaparte était le fils d'un officier général, et j'ai visité plus d'une caserne ou d'un campement. Sans aucun doute, il y avait toujours une abondance de bonne nourriture saine. De plus, les hommes étaient bien armés. Toutes les autorités militaires sont d'accord, je crois, sur le fait que le fusil Chassepot, inventé vers 1866, était supérieur au fusil à aiguille Dreyse, qui était en usage dans l'armée prussienne. Il y avait aussi la mitrailleuse ou *mitrailleuse du colonel de Reffye* , en un sens l'ancêtre de la Gatling et de la Maxim. Elle a été conçue pour la première fois, je crois, en 1863 et, selon les déclarations officielles, trois ou quatre ans plus tard, il y avait plus d'une vingtaine de batteries *mitrailleuses* . Cependant, en ce qui concerne les autres munitions, celle des Français était inférieure à celle des Allemands, comme cela fut prouvé de manière concluante à Sedan et ailleurs. A bien des égards, l'œuvre de réforme de l'armée, conseillée publiquement par le général Trochu dans un pamphlet célèbre, et par d'autres officiers dans des rapports à l'empereur et au ministère de la Guerre, se déroulait à un rythme très lent, étant entravée par diverses considérations. Les jeunes gens des grandes villes n'acceptèrent pas favorablement l'idée de servir dans la nouvelle Garde Mobile. Ayant échappé au service dans l'armée régulière, en tirant des « numéros » exemptés ou en payant des *remplacements* , ils considéraient comme très injuste qu'ils soient appelés à servir, et il y eut à cette époque de graves émeutes dans diverses régions de France. de leur premier enrôlement en 1868. Beaucoup d'entre eux n'ont pas réalisé les nécessités du cas. Aucune grande vague de patriotisme n'a déferlé sur le pays. Le danger allemand n'était pas encore généralement apparent. En outre, de nombreux défenseurs de l'autorité impériale secouaient la tête en dépréciant ce projet d'enrôlement et d'armement d'un si grand nombre de jeunes hommes, qui pourraient soudainement devenir des révolutionnaires et retourner leurs armes contre les pouvoirs du moment.

Il y eut de grands troubles à Paris en 1868, l'année du célèbre journal d'Henri Rochefort, *La Lanterne* . Numéro après numéro de cet épanchement écrit avec amertume, furent saisis et confisqués, et plus d'une fois j'ai vu des détectives vigilants arracher des exemplaires aux gens dans les rues. En juin 1869, nous avons eu des élections générales, accompagnées d'émeutes sur les boulevards. C'est alors qu'est née la légende de la « Blouse blanche », selon laquelle beaucoup d'émeutiers étaient *des agents provocateurs* à la solde de la Préfecture de Police et portaient des blouses blanches expressément pour être connus des sergents de police. ville et les Gardes de Paris qui furent appelés à apaiser les troubles. À première vue, il peut paraître ridicule qu'un gouvernement puisse susciter des émeutes dans le seul but de les réprimer, mais il était généralement admis que les autorités souhaitaient que des troubles se produisent, premièrement, pour effrayer les classes moyennes. par la perspective d'une révolution violente, et ainsi incités à voter pour les candidats du gouvernement aux élections ; et, deuxièmement, que certains des nombreux véritables révolutionnaires pourraient être amenés à participer aux émeutes de manière à fournir un prétexte pour les arrêter.

J'étais avec mon mentor Brossard et mon frère Edward une nuit de juin lorsqu'un omnibus « Madeleine-Bastille » fut renversé sur le boulevard

Montmartre et que deux ou trois kiosques à journaux y furent ajoutés en guise de barricade dont le but était en aucun cas clair. La grande foule des promeneurs semblait considérer l'affaire comme un amusement capital jusqu'à ce que la police surgisse tout à coup, suivie de quelques hommes à cheval de la Garde de Paris, sur quoi les spectateurs rieurs devinrent terrifiés et s'enfuirent soudain pour sauver leur vie. Avec mes compagnons, j'observais la scène depuis l' *entresol* du Café Mazarin. C'était la première affaire de ce genre dont j'avais jamais été témoin, et c'est pour cette raison qu'elle s'est gravée dans mon esprit avec plus de vivacité que plusieurs autres plus graves qui ont suivi. En un clin d'œil, toutes les petites tables dressées devant les cafés furent désertées, et le spectacle tragi-comique de tant de femmes aux chignons d'or s'enfuyant avec leurs compagnes alarmées et trébuchant de temps en temps sur quelque chaise tombée. tandis que la cavalerie qui les poursuivait claquait bruyamment sur les trottoirs. Un Londonien pourrait se faire une idée de la scène en imaginant une charge allant de Leicester Square à Piccadilly Circus à l'heure où Coventry Street est le plus peuplé d'indésirables des deux sexes.

La majorité des Blouses blanches et de leurs amis s'en sont sortis indemnes, et la police et les gardes ont principalement déployé leur vigueur sur les spectateurs de la première perturbation. La question de savoir si cela a été secrètement organisé par les autorités dans l'un des buts que j'ai indiqués précédemment doit toujours rester controversée. En tout cas, elle n'incitait pas les Parisiens à voter pour les candidats du gouvernement. Chaque député élu pour la ville à cette occasion était un adversaire de l'Empire, et plus tard, un ancien fonctionnaire de la Cour m'a dit que lorsque Napoléon avait pris connaissance du résultat des élections, il disait, en référence aux candidats qu'il avait nommés : avait privilégié : « Pas un ! pas un seul ! L'ingratitude des Parisiens, comme disait l'Empereur, lui fut toujours une épine dans le pied ; Pourtant, il aurait dû se rappeler que dans le passé, la majorité des Parisiens s'était rarement, voire jamais, rangée du côté de l'autorité constituée.

Plus tard dans l'année eut lieu la fameuse affaire des crimes de Pantin, et j'étais présent avec mon père lorsque Troppmann, le brutal meurtrier de la famille Kinck, fut jugé aux assises. Mais, à juste titre, mon père ne me laissa pas l'accompagner lorsqu'il assista à l'exécution du mécréant devant la prison de La Roquette. Mais quelques années plus tard, j'assistai au même endroit à l'exécution de Prévost ; et plus tard, j'ai assisté au procès et à l'exécution de Caserio, l'assassin du président Carnot, à Lyon. A la suite du cas Troppmann, survint au début de 1870 le crime du soi-disant Sanglier de Corse, le prince Pierre Bonaparte (grand-père de l'actuelle princesse Georges de Grèce), qui abattit le jeune journaliste Victor Noir, alors que ce dernier partait avec Ulrich de Fonvielle, aéronaute et journaliste, pour l'interpeller au nom de l'irrépressible Henri Rochefort. Je me souviens avoir accompagné un de nos artistes, Gaildrau, lorsqu'on dessinait la scène du crime, le salon du prince à Auteuil, un étrange appartement semi-circulaire, lambrissé et peint en blanc, meublé dans ce qu'on appellerait en Angleterre un style mi-victorien sordide. A l'occasion des funérailles de Noir, mon père et moi étions sur les Champs Elysées lorsque le tumultueux cortège révolutionnaire, dans lequel Rochefort figurait en bonne place, déferla sur la célèbre avenue que devaient suivre les Allemands victorieux un peu plus d'un an après. Près du Rond-point, le *cortège* fut brisé et dispersé par la police dont la violence fut extrême. Rochefort, assez courageux sur le terrain du duel, s'évanouit et fut emmené dans un véhicule, sa position de membre du Corps législatif le mettant momentanément à l'abri d'une arrestation. Cependant, au bout d'un mois, il était sous les verrous et de violentes émeutes s'ensuivirent dans le nord de Paris.

Au printemps, mon père se rendit en Irlande en tant que commissaire spécial de l' *Illustrated London News* et de la *Pall Mall Gazette* , afin d'enquêter sur la condition des locataires et sur les crimes agraires qui y étaient alors si répandus. Entre-temps, je restais à Paris, pratiquement « seul », même si j'étais souvent avec mon frère aîné Edward. D'ailleurs, vers cette époque, un ami de mon père commença à s'intéresser beaucoup à moi. C'était le capitaine l'hon. Dennis Bingham, membre de la famille Clanmorris, et correspondant régulier de la *Pall Mall Gazette* à Paris. Il se fit ensuite connaître comme l'auteur de divers ouvrages sur les Bonaparte et les Bourbons, et d'un volume de souvenirs de la vie parisienne, dans lequel je suis mentionné une ou deux fois. Bingham était marié à une très charmante dame de la famille Laoretelle, qui donna quelques historiens à la France, et j'étais toujours reçu très aimablement chez eux, près de l'Arc de Triomphe. De plus, Bingham m'emmenait souvent avec lui pendant mon temps libre et me présentait à plusieurs personnalités. Plus tard, lors des combats de rue qui ont eu lieu à la fin de la Commune en 1871, nous avons vécu ensemble des aventures dramatiques et, un jour, Bingham m'a sauvé la vie.

Les premiers mois de 1870 se passèrent très rapidement, au milieu d'une multiplicité d'événements intéressants. Emile Ollivier était désormais ministre en chef et une ère de réformes libérales semblait avoir commencé. Il semblait d'ailleurs que la charmante épouse du ministre s'occupait, elle, de réformer les habitudes vestimentaires de son sexe, car elle tournait résolument son visage vers les toilettes extravagantes des dames de la Cour, se présentant à plusieurs reprises aux Tuileries. dans la tenue la plus modeste, mais qui, par la force du contraste, la rendait là très visible. Les patronnes des grands *couturiers* étaient bien furieuses de recevoir une telle leçon d'une *petite bourgeoise* ; mais tous ceux qui partageaient les vues exprimées par le président Dupin quelques années auparavant sur le « luxe effréné des femmes » étaient naturellement ravis.

Les tentatives de réforme politique de son mari étaient certainement bien intentionnées, mais les républicains le considéraient comme un renégat et les impérialistes plus âgés comme un intrus, et rien de ce qu'il faisait ne leur donnait satisfaction. La concession du droit de réunion publique provoqua de fréquents troubles à Belleville et à Montmartre, et la liberté accrue de la presse ne fit qu'inciter à la violence du langage. Néanmoins, lorsqu'un plébiscite, le dernier du règne, eut lieu pour connaître l'opinion du pays sur les réformes conçues par l'empereur et Ollivier, une immense majorité les approuva, et ainsi l'« Empire libéral » parut solidement établi. Toutefois, si la nation dans son ensemble avait su ce qui se passait dans les coulisses, tant dans les domaines diplomatiques que militaires, le résultat du Plébiscite aurait probablement été très différent.

Déjà au lendemain de la guerre entre la Prusse et l'Autriche (1866), l'Empereur, comme je l'ai indiqué précédemment, avait commencé à élaborer un plan de campagne à l'égard de l'ancienne puissance, prenant pour *confidents particuliers* en cette affaire le général Lebrun, son *aide de camp. -de-camp* , et le général Frossard, gouverneur du jeune prince impérial. Le maréchal Niel, en tant que ministre de la Guerre, était au courant des conférences de l'Empereur avec Lebrun et Frossard, mais ne semble pas avoir pris une part directe aux plans qui furent élaborés. Il s'agissait à l'origine de plans purement défensifs, destinés à parer à toute invasion du territoire français depuis l'outre-Rhin. Le colonel baron Stoffel, *attaché* militaire français à Berlin, avait fréquemment mis en garde le ministère de la Guerre à Paris concernant la possibilité d'une attaque prussienne et la puissance des armements prussiens, qui, écrivait-il, permettraient au roi Guillaume (avec l'aide des autres dirigeants allemands) pour lancer une force de près d'un million d'hommes en Alsace-Lorraine. De plus, le général Ducrot, qui commandait la garnison de Strasbourg, apprit beaucoup de choses qu'il communiqua à son parent, le baron de Bourgoing, un des écuyers de l'empereur.

Il n'est pas douteux que ces diverses communications parvinrent à Napoléon III ; et bien qu'il ait pu considérer les déclarations de Stoffel et celles de Ducrot comme exagérées, il en fut certainement suffisamment impressionné pour ordonner la préparation de certains plans. Frossard, s'appuyant sur les opérations des Autrichiens en décembre 1793, et gardant à l'esprit les méthodes par lesquelles Hoche, avec l'armée de la Moselle, et Pichegru, avec l'armée du Rhin, les refoulèrent de la frontière française, élabora un plan de défense dans laquelle il prévoyait la bataille de Wörth, mais, suite à des informations erronées, il calcula grandement mal le nombre probable de combattants. Il exposa dans son projet que le gouvernement impérial ne pouvait pas permettre l'invasion de l'Alsace-Lorraine et de la Champagne sans une épreuve de force dès le début ; et le maréchal Bazaine, qui, à une époque ou à un autre, annota une copie du projet de Frossard, signifia son approbation de ce dicton, mais ajouta de manière significative qu'il fallait adopter de bonnes mesures tactiques. Il s'est lui-même opposé aux plans de Frossard, affirmant qu'il n'était pas partisan d'une défense frontale, mais qu'il croyait qu'il fallait tomber sur les flancs et les arrières de l'ennemi. Pourtant, comme nous le savons, MacMahon combattit la bataille de Wörth dans des conditions à bien des égards similaires à celles que Frossard avait prévues.

Cependant, les plans purement défensifs sur lesquels Napoléon III travailla d'abord furent remplacés en 1868 par des plans offensifs, dans lesquels le général Lebrun prit une part importante, tant sur le plan militaire que diplomatique. Ce n'est pourtant qu'en mars 1870 que l'archiduc Albert d'Autriche vint à Paris pour conférer avec l'empereur français. Le plan de campagne de Lebrun fut discuté par eux, et le maréchal Le Bœuf ainsi que les généraux Frossard et Jarras furent au courant des négociations. On proposa que la France, l'Autriche et l'Italie envahissent conjointement l'Allemagne ; et, selon Le Bœuf, la première puissance pourrait placer 400,000 hommes sur la frontière en quinze jours. L'Autriche et l'Italie, cependant, ont eu besoin de quarante-deux jours pour mobiliser leurs forces, bien que la première ait proposé de fournir deux corps d'armée pendant l'intervalle. Lorsque Lebrun se rendit ensuite à Vienne pour prendre une décision positive et régler les détails, l'archiduc Albert fit observer que la guerre devait commencer au printemps, car, disait-il, les Allemands du Nord seraient en mesure de supporter le froid et l'humidité de la région. une campagne hivernale bien meilleure que celle des alliés. C'était une prévision tout à fait exacte, pleinement confirmée par tout ce qui se passa en France pendant l'hiver 1870-1871.

Mais la Prusse était au courant de ce qui se préparait. L'Autriche lui fut trahie par la Hongrie ; et l'Italie et la France ne parvinrent pas à s'entendre sur la question de Rome. Au début, le prince Napoléon (Jérome) fut impliqué dans ces dernières négociations, qui furent finalement menées par le comte Vimercati, *attaché militaire italien* à Paris. Napoléon, cependant, refusa fermement de retirer ses forces des États de l'Église et de permettre à Victor Emmanuel d'occuper Rome. S'il avait cédé sur ces points, l'Italie l'aurait certainement rejoint et l'Autriche, même si les hommes d'État hongrois l'auraient déplu, aurait, selon toute probabilité, emboîté le pas. Par la politique qu'il poursuivit en cette matière, l'empereur français perdit tout et n'empêcha rien. D'un côté, la France est vaincue et l'empire des Bonapartes s'effondre ; tandis que, de l'autre, Rome devenait la véritable capitale de l'Italie.

Bismarck n'était nullement enclin à laisser mûrir les négociations en vue d'une alliance anti-prussienne. Ils durent longtemps, mais le gouvernement de Napoléon III n'en fut pas particulièrement inquiété, car il était certain que la victoire accompagnerait d'abord les armes françaises et que l'Italie et l'Autriche finiraient par apporter leur soutien. Mais Bismarck a précipité les événements. L'année précédente déjà, le prince Léopold de Hohenzollern-Sigmaringen était candidat au trône d'Espagne. Cette candidature a été retirée afin d'éviter un conflit entre la France et l'Allemagne ; mais maintenant, il a été relancé à l'instigation de Bismarck afin d'en réaliser un.

J'en ai dit, je pense, assez pour montrer — en toute justice envers l'Allemagne — que la guerre de 1870 n'était pas une attaque non provoquée contre la France. Les incidents qui y ont directement conduit, comme l'affaire Ems, n'étaient en effet que d'importance secondaire, même s'ils étaient si nombreux au moment de leur survenance. Je me souviens bien de la grande émotion qui régnait à Paris pendant les quelques jours d'inquiétude où, pour l'homme de la rue, la question de la paix ou de la guerre semblait trembler dans la balance, alors qu'en réalité cette question était déjà pratiquement tranchée des deux côtés. A en juger par tout ce qui nous a été révélé au cours des quarante dernières années, je ne pense pas que M. Emile Ollivier, le Premier Ministre, aurait pu modifier la décision du fatidique conseil tenu à Saint Cloud, même s'il y avait assisté. il. Possédés par de nombreuses illusions, la plupart des conseillers impériaux étaient trop sûrs de leur succès pour reculer, et d'ailleurs Bismarck et Moltke n'étaient pas disposés à laisser la France reculer. Ils étaient prêts et savaient très bien que l'opportunité était une bonne chose.

Ce fut le 15 juillet que le duc de Gramont, ministre impérial des Affaires étrangères, fit lecture de sa mémorable déclaration au Corps législatif, et deux jours plus tard une déclaration formelle de guerre fut signée. Paris délire aussitôt d'enthousiasme, quoique, comme nous le savons par tous les télégrammes des préfets des départements, les provinces désirent généralement que la paix soit préservée.

Résidant à Paris, et connaissant alors très peu de choses sur le reste de la France, car je n'avais séjourné pendant mes vacances d'été que dans des stations balnéaires telles que Trouville, Deauville, Beuzeval, Saint-Malo et Saint-Servan, j'ai sans doute saisi le Fièvre parisienne, et j'ose dire que je me joignais parfois au refrain universel de "À Berlin !" Tout jeune que j'étais, malgré ma précocité, je partageais aussi la confiance universelle dans l'armée française. De nombreux militaires anglais participèrent à cette confiance. Seuls ceux qui, comme le capitaine Hozier du *Times*, avaient observé de près les méthodes prussiennes pendant la guerre de Sept Semaines en 1866, se rendirent clairement compte que le royaume de l'Allemagne du Nord possédait une machine de combat parfaitement organisée, dirigée par des officiers des plus compétents et capables de combattre. d'effectuer quelque chose comme une révolution dans l'art de la guerre.

La France est actuellement considérée comme plus forte qu'elle ne l'est réellement. Le bon physique de ses hommes ne faisait aucun doute. Tous ceux qui assistaient aux grands spectacles militaires de cette époque étaient impressionnés par la tenue des troupes et leur efficacité sous les armes. Et personne ne prévoyait qu'ils seraient si inférieurs aux Allemands en nombre, comme cela s'est avéré être le cas, et que les généraux se montreraient si inférieurs en calibre mental aux commandants des forces adverses. La garnison parisienne, il est vrai, n'était pas un véritable critère pour l'armée française en général, même si les étrangers étaient portés à juger cette dernière d'après ce qu'ils en voyaient dans la capitale. Les troupes stationnées là-bas étaient pour la plupart des hommes d'élite, la garnison étant très largement composée de la Garde Impériale. Celle-ci faisait toujours un brillant étalage, non seulement par ses uniformes un peu voyants, rappelant parfois ceux du Premier Empire, mais aussi par le beau *physique de ses hommes* et leur compétence militaire générale. Ils se sont certainement bien battus lors de certaines des premières batailles de la guerre. Leur commandant était le général Bourbaki, bel homme d'allure militaire, petit-fils d'un pilote grec qui servit d'intermédiaire entre Napoléon Ier et son frère Joseph, lors de l'expédition de ce dernier en Egypte. C'est ce Bourbaki original qui porta à Napoléon les lettres secrètes de Joseph faisant état des fautes de Joséphine en l'absence de son mari, faute que Napoléon tolérait à l'époque, même si cela lui aurait donné droit au divorce neuf ans avant qu'il n'en décide.

Avec le spectacle constant de la Garde Impériale devant les yeux, les Parisiens de juillet 1870 ne pouvaient croire à la possibilité d'une défaite et, d'ailleurs, au premier moment, on ne croyait pas que les États de l'Allemagne du Sud se joindraient à l'Allemagne du Nord contre l'Allemagne du Nord. France. Napoléon III et ses conseillers de confiance savaient pourtant bien quoi penser sur ce point, et les délires de l'homme de la rue s'évanouirent lorsque, le 20 juillet, la Bavière, le Wurtemberg, le Bade et la Hesse-Darmstadt annoncèrent leur intention de soutenir la Prusse. et la Confédération de l'Allemagne du Nord. Cela n'a pourtant pas consterné les Parisiens, et les cris de « A Berlin ! A Berlin ! étaient toujours aussi fréquents.

C'était depuis longtemps un de mes rêves de voir et de participer au grand drame de la guerre. Tous les garçons, je suppose, viennent au monde avec des instincts combatifs. Il doit y en avoir peu aussi qui ne « jouent jamais aux soldats ». Mon propre intérêt pour la guerre et le soldat avait été régulièrement attisé dès ma plus tendre enfance. En premier lieu, j'avais été sans cesse confronté à toutes les scènes de guerre décrites dans l' *Illustrated Times* et l' *Illustrated London News* , ces journaux m'étant régulièrement publiés chaque semaine alors que j'étais encore un petit gars à Eastbourne. De plus, la carrière de mon oncle, Frank Vizetelly, exerçait sur moi une étrange fascination. Né à Fleet Street en septembre 1830, il était le plus jeune des trois frères de mon père. Formé avec Gustave Doré, il devient artiste pour la presse illustrée et, en 1850, il représente les *Temps Illustrés* comme artiste de guerre en Italie, étant une partie du temps avec les Français et à d'autres moments avec les forces sardes. Ce fut la première de ses nombreuses campagnes. Ses services étant ensuite assurés par l' *Illustrated London News* , il accompagna ensuite Garibaldi de Palerme à Naples. Puis, lorsque la guerre civile éclata aux États-Unis, il s'y rendit avec Howard Russell et, trouvant des obstacles placés sur son chemin du côté fédéral, voyagea « clandestinement » jusqu'à Richmond et rejoignit les Confédérés. Le regretté duc de Devonshire, feu Lord Wolseley et Francis Lawley figuraient parmi ses compagnons successifs. Il fut un temps où lui et le premier partageaient la même tente et se prêtaient mutuellement des chaussettes et des chemises.

Cependant, de temps en temps, Frank Vizetelly revenait en Angleterre après avoir dirigé le blocus, restait quelques semaines à Londres, puis repartait pour l'Amérique, exécutant une fois de plus le blocus sur son chemin. C'est ce qu'il a fait au moins à trois reprises. Sa prochaine campagne fut la guerre de 1866, alors qu'il était aux côtés du commandant autrichien Benedek. Quelques années plus tard, il resta à Londres pour aider son frère aîné James à diriger ce qui fut probablement le premier des journaux de société, *Echoes of the Clubs* , auquel Mortimer Collins et feu Sir Edmund Monson contribuèrent largement. Cependant, Frank Vizetelly est retourné en Amérique une fois de plus, cette fois avec Wolseley lors de l'expédition de la rivière Rouge. Plus tard, il fut avec Don Carlos en Espagne et avec les Français à Tunis, d'où il se rendit en Égypte. Il mourut sur le champ de bataille, rencontrant la mort lorsque la petite armée de Hicks Pacha fut anéantie dans les dénis de Kashgil, au Soudan.

Or, dans les premières années, lorsque Frank Vizetelly revenait d'Italie ou d'Amérique, il se trouvait souvent chez mon père à Kensington, et je l'entendais parler de Napoléon III, de MacMahon, de Garibaldi, de Victor Emmanuel, de Cialdini, de Robert Lee, de Longstreet, de Stonewall. Jackson et le capitaine Semmes. Entre-temps, je voyais toutes les gravures préparées d'après ses croquis, et je les regardais, lui et eux, avec une sorte de révérence enfantine. Je l'imagine encore, un homme robuste, bluffant, grand et costaud, avec des cheveux noirs courts, des yeux bleus et une grosse moustache rougeâtre. Il était de loin le membre le plus connu de notre famille dans ma jeunesse, lorsque l'anonymat dans le journalisme était une règle presque universelle. De la même manière, cependant, de la même manière que tout le monde avait entendu parler de Howard Russell, le correspondant de guerre du *Times* , la plupart des gens avaient entendu parler de Frank Vizetelly, l'artiste de guerre de l' *Illustrated* . Il était d'ailleurs au service du *Graphic* lorsqu'il fut tué.

Je me souviens bien avoir été tour à tour amusé et dégoûté par la représentation théâtrale française d'un correspondant de guerre anglais, donnée dans une pièce militaire spectaculaire à laquelle j'ai été témoin peu de temps après ma première arrivée à Paris. Il s'appelait « Le siège de Pékin » et avait été concocté par Mocquard, secrétaire de l'empereur Napoléon. Toute « l'affaire comique » de l'affaire était fournie par un soi-disant correspondant de guerre du *Times* , qui se pavanait dans un casque tropical orné d'un voile Derby vert, et était pourvu d'un bureau portable et d'un immense parapluie. Cet individu au nez et aux moustaches rouges ne cessait de parler de devoir faire ceci et cela pour « le premier journal du premier pays du monde », et, pour mieux voir un engagement, il plantait délibérément lui-même entre les combattants français et chinois. J'aurais sans doute tiré plus d'amusement de ses bêtises si je n'avais pas su déjà que les correspondants de guerre anglais ne se comportaient pas d'une manière aussi idiote, et je suis ressorti du spectacle avec un vif ressentiment à l'égard d'une caricature aussi scandaleuse d'une profession comptant parmi les ses membres l'oncle que j'admirais tant.

Quels qu'aient pu être mes rêves, je ne m'attendais guère à accéder moi-même à ce métier pendant la guerre franco-allemande. Les lycées « se séparèrent » dans la confusion, et mon père décida de m'envoyer rejoindre ma belle-mère et les plus jeunes de la famille à Saint Servan, avec l'intention d'aller au front avec mon frère aîné Edouard. Mais Simpson, l'artiste vétéran de la guerre de Crimée, est venu rejoindre la soi-disant armée du Rhin, et mon frère, ayant obtenu un engagement du *New York Times* , est parti pour son propre compte. Je fus donc promptement rappelé à Paris, où mon père avait décidé de rester. A cette époque, le voyage de la Bretagne à la capitale durait de longues et fastidieuses heures, et je le faisais dans un wagon de troisième classe d'un train rempli de soldats de toutes armes, de cavalerie, d'infanterie et d'artillerie. La plupart d'entre eux étaient ivres et la grossièreté de leur langage et de leurs manières était presque incroyable. Cette nuit effroyable passée sur les planches d'un train lent et cahoteux, [Il n'y avait alors pas de sièges rembourrés dans les voitures françaises de troisième classe.] au milieu de compagnons ivres et grossiers, m'a donné comme un aperçu du l'autre côté du tableau, c'est-à-dire plusieurs choses qui se cachent derrière le mirage de la guerre.

Ce devait être vers le 25 juillet que je revins à Paris. Un décret venait de paraître nommant l'Impératrice régente en l'absence de l'Empereur, qui devait prendre le commandement de l'armée du Rhin. Il était initialement prévu qu'il y ait trois armées françaises, mais lors des conférences avec l'archiduc Albert au printemps, ce projet fut abandonné au profit d'une seule armée sous le commandement de Napoléon III. L'idée sous-jacente à ce changement était d'éviter un excès d'officiers d'état-major et d'augmenter le nombre de combattants réels. Le Boeuf et Lebrun approuvèrent tous deux cette modification, ce qui semblerait indiquer qu'il y avait déjà des doutes du côté français quant à la faiblesse de leurs effectifs. L'armée était divisée en huit sections, soit sept corps d'armée et la garde impériale. Bourbaki, comme déjà mentionné, commandait la Garde, et à la tête du corps d'armée se trouvaient (1) MacMahon, (2) Frossard, (3) Bazaine, (4) Ladmerault, (5) Failly, (6) Canrobert et (7) Félix Douay. Cependant, Frossard et Failly furent d'abord subordonnés à Bazaine. Le chef du service de renseignements était le colonel Lewal, devenu général et ministre de la Guerre sous la République, et qui écrivit de remarquables ouvrages sur la tactique ; et immédiatement sous lui se trouvaient le lieutenant-colonel Fay, également un général bien connu par la suite, et le capitaine Jung, dont on se souvient le mieux peut-être pour ses enquêtes sur le mystère de l'homme au masque de fer. Je donne ces noms parce que, si distingués qu'aient pu devenir ces trois hommes au cours des années suivantes, les services de renseignement français au début de la guerre étaient sans aucun doute extrêmement défectueux et responsables de certains des désastres qui se sont produits.

De retour à Paris, une de mes premières tâches fut d'aller à la recherche de Moulin, l'artiste-détective dont j'ai parlé dans mon premier chapitre. Je le trouvai dans sa maison un peu sordide du quartier Mouffetard, entouré d'une tribu d'enfants, et il m'apprit aussitôt qu'il était l'un des « agents » désignés pour accompagner l'Empereur en campagne. L' *équipage* impérial, quelque peu somptueux , sur lequel Zola s'est si souvent étendu dans « La Chute », avait, je crois, déjà été envoyé à Metz, où l'empereur se proposait d'établir son quartier général, et l'escorte des Cent Gardes était sur le point de s'y rendre. Moulin me dit cependant que lui et deux de ses collègues voyageraient dans le même train que Napoléon, et il fut convenu qu'il enverrait soit à Paris, soit à Londres, selon ce qui conviendrait le mieux, les croquis qu'il pourrait obtenir de de temps en temps, s'ingéniant à le faire. Il proposa qu'il y ait un départ de l'Empereur de Saint-Cloud, et que, pour éviter tout retard, je l'accompagnerais à cette occasion et le lui prendrais. Nous descendîmes donc ensemble le 28 juillet, obtenâmes aussitôt l'entrée au château, où Moulin prit certaines instructions, puis nous rendîmes à l'embranchement du chemin de fer, dans le parc, d'où devait partir le train impérial.

Officiers et hauts fonctionnaires, presque tous en uniforme, allaient et venaient constamment entre la voie d'évitement et le château, et bientôt le groupe impérial apparut, l'Empereur se plaçant entre l'Impératrice et le jeune Prince Impérial. Une foule de dignitaires a suivi. Je ne me souviens pas avoir vu Emile Ollivier, pourtant il devait être présent, mais j'ai particulièrement remarqué Rouher, l'ancien ministre tout-puissant, aujourd'hui surnommé le Vice-Empereur, puis président du Sénat. Malgré sa corpulence, il marchait d'un pas très déterminé, tenait la tête très droite et parlait de sa voix haute et habituelle. L'empereur, qui portait l'uniforme de général, avait l'air très grave et jaunâtre. La maladie qui aboutit finalement à sa mort était déjà devenue grave [j'en ai donné de nombreux détails dans mes deux livres, "La Cour des Tuileries, 1862-1870" (Chatto et Windus), et "La France républicaine, 1870-

1912" (Holden et Hardingham).] et seulement quelques jours plus tard, c'est-à-dire lors de l'affaire de Sarrebruck (2 août), il en fut douloureusement affecté. Il s'était néanmoins engagé à commander l'armée de France ! Le prince impérial, alors âgé de quatorze ans, était également en uniforme, il avait été convenu qu'il accompagnerait son père au front, et il semblait extrêmement animé et agité, se tournant à plusieurs reprises pour échanger des remarques avec l'un ou l'autre officier proche. lui. L'Impératrice, qui était vêtue très simplement, souriait une ou deux fois en réponse à quelques paroles venant de son mari, mais pour la plupart elle avait l'air aussi sérieuse que lui. Quoi qu'ait pu dire Emile Ollivier sur le début de cette guerre avec légèreté, il est certain que ces deux souverains de France ont compris, à l'heure de se séparer, l'ampleur des enjeux. Après qu'ils eurent échangé un baiser d'adieu, l'Impératrice prit dans ses bras son jeune fils enthousiaste et l'embrassa tendrement, et quand nous revoyâmes son visage, nous pûmes percevoir les larmes qui lui montaient aux yeux. L'Empereur prenait déjà place et le garçon se précipita à sa suite. L'Impératrice se demandait-elle à ce moment-là quand, où et comment elle les reverrait ensuite ? Peut-être qu'elle l'a fait. Cependant tout fut promptement prêt pour le départ. Alors que le train commençait à avancer, l'Empereur et le Prince agitèrent leurs mains depuis les fenêtres, tandis que tous les dignitaires impériaux enthousiastes brandissaient leurs chapeaux et poussaient un cri prolongé de « Vive l'Empereur ! » Ce n'était peut-être pas aussi bruyant qu'il aurait pu l'être ; mais il s'agissait pour la plupart d'hommes âgés. Moulin, pendant l'entracte, avait réussi à faire quelque chose qui ressemblait à un croquis sur l'ongle du pouce ; J'avais aussi pris quelques notes moi-même ; et ainsi pourvu, je me hâtai de rentrer à Paris.

III

SUR LA ROUTE DE LA RÉVOLUTION

Premières défaites françaises — Une grande victoire annoncée — La Marseillaise, Capoul
et Marie Sass — Edouard Vizetelly apporte des nouvelles de Forbach à Paris — Emile Ollivier encore — Sa chute du pouvoir — Le cousin Montauban, le comte de Palikao — Correspondants de guerre anglais à Paris — Gambetta m'appelle "Un petit espion" - Encore des défaites françaises - Palikao et la défense de Paris - Les exploits d'un siège - Les blessés revenant du front - Les nouvelles insensées des victoires françaises - Les carrières de Jaumont - L'ambulance anglo-américaine - Les nouvelles de Sedan - Sala Aventure désagréable : la chute de l'Empire.

C'est, je crois, deux jours après l'arrivée de l'Empereur à Metz que les premiers Allemands, un détachement de Badois, entrèrent sur le territoire français. Puis, le 2 août, eut lieu l'attaque française réussie sur Sarrebruck, une affaire insignifiante mais dont on se souvient bien, car c'est à cette occasion que le jeune prince impérial reçut le « baptême du feu ». À juste titre, les troupes dont il fut témoin du succès étaient commandées par son défunt gouverneur, le général Frossard. Plus important fut l'engagement à Weissenburg deux jours plus tard, lorsqu'une division française dirigée par le général Abel Douay fut surprise par des forces bien supérieures et complètement submergée, Douay lui-même étant tué pendant les combats. Encore deux jours s'écoulèrent, puis le prince héritier de Prusse, plus tard l'empereur Frédéric, mit MacMahon en déroute à Wörth, malgré une vigoureuse résistance, portée par les cuirassiers français, sous les ordres du général vicomte de Bonnemains, au point d'héroïsme. Plus tard, le fils du général épousa une belle et riche jeune femme de la bourgeoisie nommée Marguerite Crouzet, dont il dut cependant divorcer et qui devint plus tard connue comme la maîtresse du général Boulanger.

Curieusement, le jour même du désastre de Wörth, le bruit d'une grande victoire française se répandit dans Paris. Mon père eut lieu de m'envoyer chez ses banquiers de la rue Vivienne, et en me dirigeant vers les boulevards que je me proposais de suivre, je fus étonné de voir les commerçants déployer avec empressement les drapeaux tricolores qu'ils arboraient habituellement sur la place de l'Empereur. jour de fête (15 août). Personne ne savait exactement comment étaient nées les rumeurs de victoire, personne ne pouvait donner de détails précis sur le prétendu grand succès, mais tout le monde y croyait et l'enthousiasme était universel. Il était vers midi lorsque je me rendis rue Vivienne, et après y avoir réglé mes affaires, je me dirigeai vers la place de la Bourse, où une foule immense était rassemblée. Les marches de l'échange étaient également couvertes de monde, et au milieu d'une myriade de gesticulations enthousiastes, une parfaite babel de voix montait vers le ciel bleu. Un des omnibus verts qui allaient alors de la Bourse à Passy attendait sur la place, ne pouvant repartir à cause de la densité de la foule ; et tout à coup, au milieu d'une scène de grande émotion et de cris répétés de « La Marseillaise ! "La Marseillaise !" trois ou quatre hommes bien habillés montèrent dans la voiture, et se tournant vers la cohue des spéculateurs et des touristes qui couvraient les marches de la Bourse, ils leur crièrent à plusieurs reprises : « Silence ! Silence ! Le brouhaha s'apaisa légèrement, et alors l'un des passagers de l'omnibus, un beau jeune homme mince avec une petite moustache, ôta son chapeau, leva le bras droit et se mit à chanter l'hymne de guerre de la Révolution. La strophe terminée, toute l'assemblée reprit le refrain.

Depuis le coup d'État, la Marseillaise était interdite en France, l'air impérial officiel étant "Partant pour la Syrie", marche militaire composée par la mère de l'empereur, la reine Hortense, avec des paroles du comte Alexandre de Laborde, qui y représentait un beau jeune chevalier priant la Sainte Vierge avant son départ pour la Palestine, et sollicitant sa bienveillance afin qu'il puisse « se montrer le plus courageux et aimer la plus belle ». Au cours des vingt années du règne du troisième Napoléon, Paris avait entendu des milliers de fois les airs de Partant pour la Syrie et, bien qu'ils fussent assez mélodieux, en était complètement las. Pour stimuler l'enthousiasme populaire dans la guerre, le cabinet Ollivier avait donc autorisé la lecture et le chant de la « Marseillaise », longtemps interdite, qui, bien que bien connue des survivants de 48, était fredonnée même par les jeunes républicains de 1948. Belleville et le Quartier Latin, s'est avéré une nouveauté pour la moitié de la population, qui était destinée à l'entendre encore et encore depuis cette époque jusqu'à nos jours.

Le jeune chanteur qui la chantait du haut d'un omnibus Passy-Bourse en ce jour fatidique de Wörth se prétendait ténor, mais était plus exactement un ténorino, sa voix possédant bien plus de douceur que de puissance. Il était déjà connu et populaire, car il avait joué le rôle de Roméo dans le célèbre opéra de Gounod basé sur la pièce shakespearienne. Comme bien d'autres chanteurs, Victor Capoul aurait pu tomber dans l'oubli avant très longtemps, mais une circonstance curieuse, n'ayant rien à voir avec le vocalisme, a diffusé et perpétué son nom. Il adopta une manière particulière de coiffer ses cheveux, en « plâtrant » une partie de ceux-ci en une sorte de demi-cercle sur le front ; et le nouveau style « s'impose » auprès des jeunes parisiens, la « coiffure Capoul » finit par faire le tour du monde. Cela est illustré dans certains portraits du roi George V.

En ces temps de guerre, Capoul chantait la « Marseillaise » soit à l'Opéra Comique, soit au Théâtre Lyrique ; mais à l'Opéra, elle était chantée par Marie

Sass, alors au faîte de sa réputation. Je l'ai connue quelques années plus tard, alors qu'elle habitait en banlieue parisienne, et plus d'une fois, lorsque nous nous rendions tous deux en ville dans le même train, j'ai eu l'honneur de l'aider à en descendre, ceci étant ce n'était pas une affaire très facile, car la Sass était la plus grosse et la plus lourde de toutes les *prime donne* que j'aie jamais vues.

Le même jour où MacMahon fut vaincu à Wörth, Frossard fut sévèrement battu à Forbach, engagement dont fut témoin mon frère aîné Edward, [né le 1er janvier 1847, et donc en 1870 dans sa vingt-quatrième année.] qui, comme moi, mentionné précédemment, était allé au front pour un journal américain. Ne pouvant télégraphier la nouvelle de ce grave revers français, il parvint à se rendre à Paris sur une locomotive et arriva chez nous, rue de Miromesnil, noir comme un charbonnier. Lorsqu'il eut remis son récit de l'affaire à Ryan, le représentant parisien du *New York Times* , il fut suggéré que ses informations pourraient peut-être être utiles au ministre français de la Guerre. Il courut donc au ministère, où les nouvelles qu'il apporta achevèrent de consterner les fonctionnaires, déjà stupéfaits à la première nouvelle du désastre de Wörth.

Paris, jubilant devant une victoire imaginaire, était furieux des nouvelles de Wörth et de Forbach. Redoutant déjà quelque entreprise révolutionnaire, le gouvernement déclara la ville en état de siège, la plaçant ainsi sous autorité militaire. Bien que des hommes supplémentaires aient été récemment enrôlés dans la Garde nationale, leur armement avait été intentionnellement retardé, précisément par crainte de troubles révolutionnaires, que craignait l' *entourage* de l'Impératrice-Régente de Saint-Cloud dès les premières défaites. Je me souviens avoir assisté, un jour du début d'août, sur la place Vendôme, à un rassemblement très tumultueux de gardes nationaux qui s'y étaient rassemblés pour réclamer des armes au Premier ministre, c'est-à-dire à Emile Ollivier, qui, outre le poste de Premier ministre, autrement dit la « Présidence », du Conseil", exerçait les fonctions de garde des Sceaux et de ministre de la Justice, ce service ayant alors ses bureaux dans l'un des immeubles de la place Vendôme. Ollivier a répondu à la manifestation en apparaissant sur le balcon de son salon privé et en prononçant un bref discours qui contenait une vague promesse de se conformer à la demande populaire. Mais en réalité, rien de tel n'a été fait pendant son mandat.

En écrivant ces lignes, j'apprends que cet homme d'État tant insulté vient de décéder à Saint Gervais-les-Bains en Haute-Savoie (20 août 1913). Né à Marseille en juillet 1825, il vécut jusqu'à sa quatre-vingt-huitième année. Lui survit sa seconde épouse (née Gravier), dont j'ai parlé dans un chapitre précédent. Je ne souhaite pas être trop dur envers sa mémoire. Il venait cependant d'une famille très républicaine et, dans ses premières années, il fit personnellement preuve de ce qui semblait être le républicanisme le plus convaincu. Lorsqu'il fut élu pour la première fois membre du Corps législatif en 1857, il déclara publiquement qu'il comparaîtrait devant cette assemblée essentiellement bonapartiste comme l'un des spectres du crime du coup d'État. Mais par la suite, M. de Morny l'a attiré avec une nomination lucrative liée au canal de Suez. Plus tard encore, l'Impératrice lui sourit et finalement il prit ses fonctions sous l'Empereur, dégoûtant ainsi presque tous ses anciens amis et associés.

Je crois cependant qu'Ollivier était sincèrement convaincu de la possibilité d'établir solidement un *régime libéral-impérialiste* . Mais même si diverses réformes furent menées sous ses auspices, il est certain qu'il n'avait pas les mains parfaitement libres. Il n'était pas non plus pleinement mis en confiance en ce qui concerne la politique diplomatique et militaire secrète de l'empereur. Cela était prouvé par le discours même dans lequel il parlait d'entrer en guerre avec la Prusse « avec un cœur léger » ; car dans les phrases suivantes, il parla de cette guerre comme étant absolument imposée à la France, et de lui-même et de ses collègues comme ayant fait tout ce qui était humainement et honorablement possible pour l'éviter. Assurément, il n'aurait pas parlé comme il l'a fait s'il avait compris à l'époque que Bismarck avait simplement déclenché la guerre pour vaincre les intentions de l'empereur Napoléon d'envahir l'Allemagne au printemps suivant. La provocation publique de la Prusse n'était, comme je l'ai montré précédemment, qu'une réponse à la provocation secrète de la France, comme en témoignent toutes les négociations avec l'archiduc Albert pour l'Autriche et avec le comte Vimercati pour l'Italie. Sur toutes ces questions, Ollivier était au mieux, mais très imparfaitement informé. Rappelons enfin qu'il était absent du concile de Saint-Cloud où la guerre fut définitivement décidée.

De très bonne heure, le dimanche 7 août, lendemain de Wörth et Forbach, l'impératrice Eugénie arriva en toute hâte et en grande détresse de Saint-Cloud aux Tuileries. La situation était très grave, et des conférences inquiètes furent tenues par les ministres. Le lendemain, lorsque le Corps législatif s'est réuni, un certain nombre de députés ont vivement dénoncé la manière dont se déroulaient les opérations militaires. Un député, un certain Guyot-Montpeyroux, bien connu pour le franc-parler de son langage, horrifiait les impérialistes les plus dévoués en décrivant les forces françaises comme une armée de lions dirigée par des ânes. Le lendemain, Ollivier et ses collègues démissionnent de leurs fonctions. Leur position était devenue intenable, même si peu ou pas de responsabilités leur étaient attachées concernant les opérations militaires. Le ministre de la Guerre, le général Dejean, n'avait été qu'un pis-aller, désigné pour exécuter les mesures convenues avant que son prédécesseur, le maréchal Le Bœuf, ne parte au front comme général de division de l'armée.

Cela s'est fait sentir ; cependant, dans *l'entourage* de l'Impératrice , le nouveau Premier ministre devait être un militaire énergique, dévoué par ailleurs au *régime* impérial . Comme les maréchaux et la plupart des généraux éminents de l'époque servaient déjà sur le terrain, il était difficile de trouver une personnalité éminente possédant les qualifications souhaitées. Mais finalement l'Impératrice fut incitée à télégraphier à un officier qu'elle n'aimait pas personnellement, c'était le général Cousin-Montauban, comte de Palikao. Il était certainement, et avec raison, dévoué à l'Empire et, dans le passé, il s'était sans aucun doute révélé être un homme énergique. Mais il était à cette date dans sa soixante-quinzième année — fait souvent négligé par les historiens de la guerre franco-allemande — et c'est précisément pour cette raison que, bien qu'il ait sollicité un commandement sur le terrain dès le premier déclenchement des hostilités, il On décida de décliner sa candidature et de le laisser à Lyon, où il commandait la garnison depuis cinq ans.

Palikao avait passé trente ans de sa vie en Algérie, luttant la plupart du temps contre les Arabes ; mais en 1860, il avait été nommé commandant de l'expédition française en Chine, où, avec une petite force, il avait mené les hostilités avec la plus grande vigueur, décimant ou dispersant à plusieurs reprises les hordes de Chinois qui lui étaient opposés et, en collaboration avec les Anglais , prenant victorieusement Pékin. Une sorte de tache pesait sur l'expédition en raison du pillage du palais d'été de l'empereur chinois, mais l'entière responsabilité de cette affaire ne pouvait être imputée au commandant français, car il ne faisait que continuer et achever ce que les Anglais avaient commencé. A son retour en France, Napoléon III le créa comte de Palikao (nom tiré d'une de ses victoires chinoises), et souhaita en outre que le Corps Législatif lui accorde une *dotation* . Cependant, le scandale du pillage du palais d'été l'en empêcha, au grand dam de l'Empereur, et après la chute de l'Empire, on découvrit que, sur ordre exprès de Napoléon, le ministère de la Guerre avait versé à Palikao une somme d'environ 60 000 £, détournant ainsi cette somme. somme d'argent (conformément aux usages de l'époque) à partir de l'usage qui lui était initialement assigné dans le Budget des dépenses.

Ce n'était généralement pas connu lorsque Palikao est devenu ministre en chef. C'était alors ce qu'on pourrait appeler un vieil officier très bien conservé, mais ses poumons avaient été quelque peu affectés par une blessure par balle de longue date, et c'est ce qu'il invoqua plus d'une fois pour répondre avec la plus grande brièveté aux interpellations de l'armée. Chambre. D'ailleurs, à mesure que les choses allaient de mal en pis, cette même affection pulmonaire devenait un bon prétexte pour garder un silence absolu dans certaines occasions inopportunes. Cependant, lorsque Palikao voulait parler, il le faisait souvent de manière mensongère, ajoutant à plusieurs reprises la *suggestion falsi* à la *suppression veri* . En fait, comme d'autres fervents partisans de la dynastie, il craignait de faire connaître aux Parisiens la véritable situation. D'ailleurs, lui-même l'ignorait souvent. Il prit ses fonctions (il fut le troisième ministre de la Guerre en cinquante jours) sans aucune connaissance du plan de campagne impérial, ni des mesures à prendre en cas de nouveaux revers français, et une tâche herculéenne attendait cet officier septuagénaire, qui par expérience, il savait très bien comment traiter avec les Arabes et les Chinois, mais n'avait jamais eu à affronter les troupes européennes. Néanmoins, il fit preuve de zèle et d'activité dans sa nouvelle position mi-politique et mi-militaire. Il aide grandement MacMahon à reconstituer son armée à Châlons, il planifie l'organisation de trois corps d'armée supplémentaires et il entreprend les travaux visant à mettre Paris en état de défense, tandis que son collègue Clément Duvernois, le nouveau ministre du Commerce, commence rassembler les troupeaux et les troupeaux, afin que la ville, si elle était assiégée, puisse avoir les moyens de subsistance nécessaires.

A cette époque, il y avait à Paris un certain nombre de correspondants anglais « de guerre » et « propres ». Les premiers étaient pour la plupart revenus de Metz, où ils s'étaient rendus au moment du départ de l'Empereur pour le front. Au début, il semblait que les Français accepteraient que des journalistes étrangers les accompagnent dans leur « promenade à Berlin », mais, face aux revers, toute reconnaissance officielle fut refusée aux journalistes et, d'ailleurs, certains représentants de la presse de Londres a vécu des moments très désagréables à Metz, y étant arrêtée comme espionne et soumise à diverses indignités. Je ne me souviens pas s'ils reçurent l'ordre de rentrer à Paris ou s'ils se retirèrent volontairement vers la capitale, leur position étant devenue intenable ; mais en tout cas ils arrivèrent dans la ville et s'y attardèrent un temps, tenant des colloques quotidiens au Grand Café, à l'angle de la Ruè Scribe, sur les Boulevards.

De temps en temps, j'y allais avec mon père et, parmi cette galaxie de talents journalistiques, je rencontrais certains hommes avec qui j'avais parlé dans mon enfance. L'un d'eux, par exemple, était George Augustus Sala, et un autre était Henry Mayhew, le célèbre auteur de "London Labour and the London Poor", accompagné de son fils Athol. Avec le recul, il me semble que, malgré tous leurs dons brillants, ni Sala ni Henry Mayhew n'étaient faits pour être correspondants sur le terrain, et ils étaient certainement bien mieux placés à Paris qu'au quartier général de l'armée de terre. Rhin. Parmi les correspondants résidents qui assistaient aux rassemblements au Grand Café figuraient le capitaine Bingham, Blanchard (fils de Douglas) Jerrold et le désinvolte Bower, qui avait autrefois été jugé pour sa vie et acquitté en vertu de la « loi non écrite » en relation avec une *affaire passionnée* dans laquelle il était lésé. Depuis plus de quarante ans, chaque fois que je voyais un vieil homme à l'air bluffant arborant un gilet chamois et une cravate bleue à pois blancs, je pensais instinctivement à Bower, qui portait un tel gilet et une telle cravate, avec le plus brillant des chapeaux de soie et bottes de cuir verni les plus élégantes, pendant tout le siège de Paris, alors qu'il aimait à s'étendre sur les mérites de l'autruche bouillie et de la patte d'éléphant en compote, dont il prenait des friandises coûteuses dans son club, après les pensionnaires du Jardin. des Plantes avait été massacré.

Bower représentait le *Morning Advertiser* . Je ne me souviens pas avoir vu Bowes du *Standard* aux réunions dont j'ai parlé, ni Crawford du *Daily News* , qui a si longtemps écrit ses lettres parisiennes dans un petit café en face de la Bourse. Mais c'est certainement au Grand Café que j'ai aperçu pour la première fois Labouchere, qui, comme Sala, était installé au Grand Hôtel voisin, et qui allait bientôt devenir célèbre sous le nom de « Résident assiégé » *du Daily News* . Quant à M. Thomas Gibson Bowles, qui représentait le *Morning Post* pendant le siège allemand, je l'ai vu pour la première fois à l'ambassade britannique, alors qu'il avait une belle petite moustache (que j'enviais beaucoup) et qu'il portait les cheveux bien séparés. milieu. *Eheu! fugaces labuntur anni* .

Sala était la vie et l'âme de ces réunions du Grand Café, toujours d'une gaieté exubérante, à moins que la conversation ne tourne autour de l'avenir des forces françaises, où il les insultait sans cesse. Blanchard Jerrold, qui connaissait bien le système d'espionnage de l'Empire, a averti à plusieurs reprises Sala d'être prudent, mais en vain ; et le résultat final de son franc-parler fut une aventure très désagréable à la veille de la chute de l'Empire. En présence de tous ces hommes de plume distingués, je gardais moi-même le plus souvent, comme il convenait à mon âge, un silence très discret, écoutant attentivement, mais ouvrant rarement les lèvres, sauf pour accepter ou refuser une autre tasse de café ou un *sirop* . *de groseille* ou *grenadine* . Je n'ai jamais touché à aucune substance intoxicante à l'exception du bordeaux lors de mes repas et, même si, à l'époque où j'étais à Eastbourne, j'avais, comme la plupart des garçons de mon époque, expérimenté avec une pipe en terre cuite et du shag noir, je ne fumais pas. Mon père personnellement aimait beaucoup les cigares, mais s'il m'avait surpris en train d'en fumer un, il m'aurait, je crois, renversé.

A l'occasion de ces réunions du Grand Café, j'ai vécu un jour une petite aventure. Il avait été convenu que j'y retrouverais mon père, et, tournant vers les boulevards de la Madeleine, je dépassai lentement ce qu'on appelait alors la rue Basse du Rempart. Je pensais à quelque chose, je ne sais plus quoi, mais en tout cas j'étais absorbé dans mes pensées et, par inadvertance, je suivis les traces de deux messieurs en habit noir qui étaient en pleine conversation. J'étais presque inconscient de leur présence et, de toute façon, je n'entendais pas un mot de ce qu'ils disaient. Mais tout à coup l'un d'eux se retourna et me dit avec colère : « Veux-tu bien t'en aller, petit espion ! sinon : « Va-t-en, petit espion ! Je me suis réveillé pour ainsi dire, je l'ai regardé et, à mon grand étonnement, j'ai reconnu Gambetta, que j'avais déjà vu plusieurs fois, lorsque j'étais avec mon mentor Brossard soit au Café de Suède, soit au Café de Madrid. Mais en même temps, son compagnon se retourna aussi et se révéla être Jules Simon, qui me connaissait par l'un de ses fils. C'était une chance, car il s'écria immédiatement : « Pourquoi, non ! C'est le jeune Vizetelly, un ami de mon fils », ajoutant : « Vouliez-vous me parler ?

Je répondis par la négative, disant que je ne l'avais même pas reconnu de dos, et essayant d'expliquer que c'était par pur hasard que je le suivais ainsi que M. Gambetta. "Alors tu me connais ?" s'écria un peu brusquement le futur dictateur ; sur quoi je dis qu'on me l'avait signalé plus d'une fois, notamment lorsqu'il était en compagnie de M. Delescluze. "Ah, oui, fort bien", répondit-il. "Je suis désolé si j'ai parlé comme je l'ai fait. Mais" - et il se tourna alors vers Simon - "on ne sait jamais, on ne prend jamais trop de précautions. L'Espagnol nous enverrait volontiers tous les deux à Mazas." Par « l'Espagnole », il entendait bien entendu l'impératrice Eugénie, tout comme on entendait Marie-Antoinette lorsqu'on parlait de « l'Autrichienne » pendant la première Révolution. Cela a mis fin à l'affaire. Ils me serraient tous les deux la main, je soulevais mon chapeau et me précipitais vers le Grand Café, les laissant à leur conversation privée. C'était la première fois que j'échangeais des mots avec Gambetta. L'incident a dû se produire juste après son retour de Suisse, où il s'était rendu en anticipant pleinement le triomphe des armes françaises, mais il est revenu aussitôt qu'il a appris les premiers désastres. Simon et lui étaient naturellement rapprochés par leur opposition à l'Empire, mais ils étaient des hommes de caractères très différents, et environ six mois plus tard, ils étaient à couteaux tirés.

Les événements se sont déroulés rapidement pendant le ministère de Palikao. Reprenant une ancienne proposition de Jules Favre, Gambetta proposa au Corps législatif la formation d'un Comité de défense nationale, et un fut finalement nommé ; mais le seul membre de l'opposition qui y était inclus était Thiers. Au milieu du mois d'août, il y eut des troubles révolutionnaires à La Villette. Puis, après la célèbre conférence de Châlons, où Rouher, le prince Napoléon et d'autres discutèrent de la situation avec l'empereur et MacMahon, Trochu fut nommé gouverneur militaire de Paris, où il se trouva bientôt en désaccord avec Palikao. Pendant ce temps, les Français de Bazaine, à qui l'Empereur était obligé de céder le commandement suprême — les députés de l'opposition insistant particulièrement sur la nomination de Bazaine à sa place — connaissaient revers sur revers. La bataille de Courcelles ou Pange, le 14 août, fut suivie deux jours plus tard par celle de Vionville ou Mars-la-Tour, et, après encore deux jours, vint la grande lutte de Gravelotte, et Bazaine fut rejeté sur Metz.

A la conférence de Châlons, il avait été décidé que l'Empereur retournerait à Paris et que l'armée de MacMahon se retirerait également vers la capitale. Mais Palikao télégraphie à Napoléon : « Si vous abandonnez Bazaine, il y aura la révolution à Paris et vous serez vous-même attaqué par toutes les forces ennemies. Paris se défendra de tout assaut extérieur. Les fortifications sont terminées. On a soutenu que le plan visant à sauver Bazaine aurait pu réussir s'il avait été immédiatement mis à exécution et conformément aux idées de Palikao ; mais le plan initial fut modifié, des retards s'ensuivirent et les Français furent devancés par les Allemands, qui les rejoignirent à Sedan. Quant à la déclaration de Palikao selon laquelle les fortifications de Paris étaient achevées au moment où il envoyait son télégramme, elle était absolument fausse. L'armement des forts éloignés était à peine commencé, et pas un seul canon n'était en position sur aucun des quatre-vingt-quinze bastions des remparts. D'un autre côté, Palikao faisait certainement tout ce qu'il pouvait pour la ville. Il avait formé le Comité de Défense susmentionné, et sous ses auspices le fossé ou fossé devant les remparts fut creusé sur les soixante-neuf routes menant à Paris, tandis que des ponts-levis étaient installés sur tous ces points, avec des lunettes armées devant eux. . Encore une fois, des redoutes furent érigées devant certains des forts éloignés, ou aux endroits où des ruptures se produisaient dans la chaîne des ouvrages défensifs.

Dans le même temps, des canons de navires furent commandés à Cherbourg, Brest, Lorient et Toulon, ainsi que des artilleurs navals pour les servir. Des matelots, des douaniers et des gendarmes de province furent également convoyés en nombre considérable à Paris. Des gardes mobiles, des francs-tireurs et même des pompiers venaient également de province, tandis que les travaux d'approvisionnement de la ville allaient bon train, la Chambre n'hésitant jamais à voter tout l'argent qui lui était demandé. Dans le même temps, si les nouveaux arrivants à Paris sont nombreux, les départs de la ville sont également nombreux. La crainte générale d'un siège s'est rapidement répandue. Chaque jour, des milliers de bourgeois aisés partaient se mettre à l'abri du danger ; et en même temps des milliers d'étrangers furent expulsés sous prétexte qu'en cas de siège, ils ne seraient que des « bouches inutiles ». À cet exode s'oppose l'afflux massif de populations venues des banlieues parisiennes. Ils affluaient sans cesse dans la ville, depuis les villas, les chaumières et les fermes, employant toutes sortes de véhicules pour transporter leurs meubles et autres articles ménagers, leur maïs, leur farine, leur vin et autres produits. Il y avait un bloc à pratiquement chaque porte de la ville, tant les gens étaient nombreux à chercher refuge dans les remparts protecteurs élevés à l'instigation de Thiers une trentaine d'années auparavant.

En fait, même si les Allemands ne marchaient pas encore réellement sur Paris — car il fallait refouler l'armée de Bazaine et éliminer celle de MacMahon avant de pouvoir avancer efficacement sur la capitale française — on l'imaginait dans la ville et ses environs. périphérie afin que l'ennemi puisse arriver à tout moment. L'alarme générale s'est intensifiée lorsque, dans la nuit du 21 août, un grand nombre d'invalides, qui avaient combattu à Weissenburg ou à Worth, se sont rendus à Paris, l'air taché par les combats et les voyages, certains avec la tête bandée, d'autres avec leurs bras en écharpe, et d'autres boitant à l'aide de bâtons. Il est difficile de concevoir par quelle aberration les autorités ont permis aux Parisiens d'avoir ce triste aperçu des malheurs de la France. Les hommes en question n'auraient jamais dû être envoyés à Paris. Ils auraient très bien pu être soignés ailleurs. En l'occurrence, ce triste spectacle a affecté tous ceux qui l'ont vu. Certains en étaient irrités, d'autres déprimés et d'autres encore presque terrifiés.

Cependant, pour contrebalancer ce sombre spectacle, de nouvelles rumeurs de succès français commencèrent à circuler. On racontait que l'armée de Bazaine avait anéanti toute la cavalerie du prince Frédéric-Charles et, en particulier, il y avait un récit des plus sensationnels sur la façon dont trois corps d'armée allemands, dont les célèbres cuirassiers blancs auxquels appartenait Bismarck, avaient été renversés. dans les "Carrières de Jaumont" et là absolument détruit ! Je ne dirai pas qu'il n'existe pas de localité nommée Jaumont, mais je n'en trouve aucune mentionnée dans le dictionnaire élaboré des communes de France de Joanne, et peut-être était-il aussi mythique que l'était le prétendu désastre allemand, dont les rumeurs ont momentanément ravivé l'histoire. esprits des Parisiens trompés, qui étaient particulièrement heureux de penser que le régiment détesté de Bismarck avait été anéanti.

Vers le 30 août, un ami de mon frère aîné Adrian, un médecin nommé Blewitt, arriva à Paris dans le but de rejoindre une ambulance anglo-américaine qui était en train d'être constituée en liaison avec la Société de la Croix-Rouge. Le Dr Blewitt parlait un peu français, mais il ne connaissait pas bien la ville, et j'étais chargé de l'assister pendant qu'il y restait. Un récit intéressant des agissements de l'ambulance en question a été rédigé il y a seize ou dix-sept ans par le Dr Charles Edward Ryan, de Glenlara, Tipperary, qui en faisait partie. Ses chefs étaient le Dr Marion-Sims et le Dr Frank, les autres étant le Dr Ryan, comme déjà mentionné, et les Drs. Blewitt, Webb, May, Nicholl, Hayden, Howett, Tilghmann et enfin, le futur Sir William MacCormack. Le Dr Blewitt avait diverses affaires à traiter avec les fonctionnaires de la Société française de la Croix-Rouge, et j'étais avec lui lors de ses entretiens avec son vénérable président, le comte de Flavigny, et d'autres. Il est intéressant de rappeler qu'au début de la guerre, le seul moyen de subsistance de la société était un revenu de 5 £ 6_s._ 3_d._, mais que le 28 août ses recettes s'élevaient à près de 112 000 £. En octobre, il avait dépensé plus de 100 000 £ pour organiser trente-deux ambulances de campagne. Ses dépenses totales pendant la guerre dépassèrent un demi-million de livres sterling et, dans ses diverses ambulances de campagne, de ville et de village, pas moins de 110 000 hommes furent secourus et soignés.

A Paris, le siège de la société était établi au Palais de l'Industrie sur les Champs Elysées, et parmi les membres de son comité principal se trouvaient plusieurs dames de haut rang. Je me souviens bien d'avoir vu là cette grande chef de la mode, la marquise de Galliffet, dont j'avais plus d'une fois admiré les robes de bal élaborées chez Worth, mais qui, maintenant que le malheur était tombé sur la France, était, comme tous ses amis, très simplement vêtue. en noir. Au Palais de l'Industrie, je trouvai aussi Mme. de MacMahon, petite et dodue, mais pleine de dignité et d'énergie, comme convenait à une fille des Castries. Je me souviens d'un bref discours qu'elle prononça à l'Ambulance Anglo-Américaine le jour de sa sortie de Paris, et dans lequel elle remercia ses membres pour leur courage et leur dévouement en se manifestant, et exprima sa confiance, et celle de tous ses amis, dans les services bienveillants qu'ils accorderaient sans aucun doute à chaque malade dont ils prendraient soin.

J'ai accompagné l'ambulance dans sa marche à travers Paris jusqu'à la station du couloir Est. Lorsqu'elle fut dressée devant le Palais de l'Industrie, le comte de Flavigny prononça à son tour un discours bref mais émouvant, et aussitôt après le *cortège* partit. A sa tête se trouvaient trois jeunes dames, filles du docteur Marion-Sims, qui portaient respectivement les drapeaux de la France, de l'Angleterre et des États-Unis. Puis venaient les chirurgiens en chef, les assistants-chirurgiens, les soigneurs et les infirmiers, avec quelques chariots de provisions fermant la marche. Je me souviens que j'ai marché entre le Dr Blewitt et le Dr May. De chaque côté du cortège se trouvaient des membres de la Croix-Rouge, portant des bâtons ou des perches surmontés de sacs de collecte dans lesquels l'argent commença bientôt à pleuvoir. Nous avons traversé la place de la Concorde, remonté la rue Royale, puis suivi les grands boulevards jusqu'à, je crois, le boulevard de Strasbourg. Il y avait foule de part et d'autre, et notre progression était nécessairement lente, car on voulait donner aux badauds tout le temps de déposer leurs offrandes dans les sacs de collecte. Du Cercle Impérial au coin des Champs Elysées, du Jockey Club, du Turf Club, de l'Union, des Chemins-de-Fer, des Ganaches et d'autres clubs situés sur ou à proximité des Boulevards, venaient des domestiques, souvent en livrée. , emportant avec eux des billets de banque et de l'or. Tout le monde semblait impatient de donner quelque chose, et un responsable de la société m'a ensuite dit que la collection s'était révélée la plus importante qu'elle ait jamais constituée. Il y avait aussi un grand enthousiasme tout au long du parcours, des cris de "Vivent les Anglais ! Vivent les Américains !" retentissant de toutes parts.

Le train par lequel l'ambulance quittait Paris ne partit que très tard dans la soirée. Avant son départ, la plupart d'entre nous ont dîné dans un restaurant près de la gare. On ne consomma pas peu de champagne à ce repas, et, peu habitué au vin mousseux de la Marne, cela me vint, je le crains, un peu dans la tête. Cependant mes services d'interprète furent réquisitionnés plus d'une fois par certains membres de l'ambulance à l'occasion de certaines enquêtes qu'ils voulaient faire auprès des agents des chemins de fer ; et je me souviens que lorsqu'il était question d'entrer et de sortir de la gare, et de rejoindre le quai sans autorisation ni entrave, le départ du train étant longtemps retardé, le *sous-chef de gare* me faisait un salut des plus courtois, et a répondu : "À vous, messieurs, tout est permis. Il n'y a pas de règlement pour vous !" Enfin le train partit, se dirigeant vers Soissons, où il arriva au point du jour le 29 août, l'ambulance s'empressant alors de rejoindre MacMahon, et l'atteignant juste à temps pour lui rendre un bon service à Sedan. J'ajouterai seulement ici que mon ami le docteur Blewitt était avec le docteur Frank à Balan et à Bazeilles, où le massacre fut si terrible. Le reste de l'histoire dramatique de l'ambulance doit être lu dans les pages profondément intéressantes du Dr Ryan.

Tandis que les Parisiens se laissaient séduire par les histoires selon lesquelles le prince de Saxe-Meiningen avait écrit à sa femme pour lui dire que les troupes allemandes souffraient terriblement de douleurs aux pieds, lesdites troupes devançaient en fait vigoureusement les forces de MacMahon. Le 30 août, le général de Failly fut durement battu à Beaumont et le lendemain, MacMahon fut contraint de se déplacer sur Sedan. Les premiers rapports parvenus à Paris indiquaient, comme d'habitude, des résultats très favorables concernant le concours. Mon ami le capitaine Bingham a cependant obtenu des renseignements exacts — de, je crois, l'ambassade britannique — et j'ai toujours compris que c'est lui qui, le premier, fit connaître la terrible vérité à un des députés de l'opposition, qui s'empressa de portez-le à Thiers. La bataille de Sedan s'est déroulée le jeudi 1er septembre ; mais ce n'est que le samedi 3 septembre que Palikao évoqua le désastre à la Chambre, déclarant que MacMahon n'avait pas réussi à opérer une jonction avec Bazaine, et qu'après des revers et des succès alternés, c'est-à-dire repousser une partie de l'armée allemande. armée dans la Meuse ! — il avait été obligé de se retirer sur Sedan et Mézières, une partie de ses forces ayant d'ailleurs été contrainte de franchir la frontière belge.

Ce tissu d'inexactitudes, conçu peut-être pour atténuer l'effet des télégrammes de victoire allemands dont les Parisiens incrédules commençaient à avoir connaissance, fut mis en lambeaux quelques heures plus tard, lorsque le Corps législatif se réunit pour une séance nocturne. Palikao fut alors obligé d'admettre que l'armée française et l'empereur Napoléon s'étaient rendus devant les forces allemandes victorieuses. Jules Favre, qui était le chef reconnu de l'opposition républicaine, présenta alors une motion de détrônement, proposant que le pouvoir exécutif soit confié à une commission parlementaire. Conformément à l'usage de la Chambre, la motion de Farve devait être renvoyée à ses *bureaux* ou commissions ordinaires, et ainsi aucune décision ne fut prise ce soir-là, étant convenu que la Chambre se réunirait le lendemain à midi.

Les députés se séparèrent très tard. Mon père et moi étions parmi toutes les personnes anxieuses qui s'étaient rassemblées sur la place de la Concorde pour attendre l'issue du débat. De toutes parts, on entendait des propos insensés, des imprécations étaient adressées à l'Empire, et déjà on suggérait que le pays avait été vendu à l'étranger. Enfin, comme la foule devenait extrêmement agitée, les autorités, qui avaient pris leurs précautions en raison de l'esprit révolutionnaire qui régnait, décidèrent de la disperser. Au cours de la soirée, un corps considérable de Gardes de Paris à cheval avait été posté dans ou à proximité du Palais de l'Industrie et maintenant, sur instructions transmises à leur commandant, ils ont soudainement galopé sur les Champs Elysées et ont dégagé la place, pourchassant les gens autour. et autour des fontaines et des statues assises des villes de France, jusqu'à ce qu'ils fuyaient soit par les quais, soit par la rue de Rivoti, soit par la rue Royale. La vigueur dont déployèrent les troupes ne parut pas de bon augure pour les adversaires de l'Empire. Sans aucun doute, la révolution était déjà dans l'air, mais tout indiquait que les autorités étaient tout à fait prêtes à y faire face, et selon toute probabilité avec succès.

Ce fut avec difficulté que mon père et moi parvînmes à éviter les policiers et à atteindre l'avenue Gabriel, d'où nous rentrâmes chez nous. Entre-temps, des troubles avaient eu lieu dans d'autres quartiers de Paris. Sur le boulevard Bonne Nouvelle, une bande de manifestants était entrée en collision avec la police, qui en avait arrêté plusieurs. Ainsi, comme je l'ai déjà mentionné, les autorités semblaient toujours aussi vigilantes et énergiques. Mais sans doute, dans la nuit du samedi 3 septembre, les associations secrètes républicaines furent très actives, envoyant le *mot d'ordre* d'un endroit à l'autre de la ville, afin que tous fussent prêts pour la Révolution lorsque le Corps Législatif se réunirait. le lendemain.

C'est dans cette même dernière nuit de l'Empire que George Auguste Sala vécut la très désagréable aventure dont j'ai parlé plus haut. Dans la soirée, il se rendit comme d'habitude au Grand Café, et y rencontrant Blanchard Jerrold, il s'efforça de l'engager à aller souper au Café du Helder. Sala étant d'humeur encore plus bavarde que d'habitude et, maintenant qu'il avait entendu parler du désastre de Sedan, plus que jamais enclin à exprimer son mépris des Français en matière militaire, Jerrold déclina l'invitation, craignant, comme il Je dis ensuite à mon père, en ma présence, que des désagréments pourraient bien s'ensuivre, puisque Sala, malgré toutes les remontrances, ne cesserait de « gazer ». A propos de cette expression, il est assez amusant de rappeler que Sala conçut autrefois pour lui-même une carte de visite lumineuse, sur laquelle figuraient ses initiales GAS en lettres d'or, le A étant traversé par une lampe à gaz diffusant de nombreux rayons vifs de lumière.

lumière, tandis qu'en dessous se trouvait un parchemin portant la devise appropriée, "Dux est Lux".

Mais, pour revenir à mon histoire, Jerrold ayant refusé l'invitation ; Sala se rendit seul au Café du Helder, établissement qui, à cette époque impériale, était particulièrement fréquenté par les officiers de la garnison de Paris et les officiers de province en permission. C'était le comble de la folie de la part de quiconque de « renverser » l'armée française dans un tel endroit, à moins, en effet, de vouloir avoir de nombreux duels entre ses mains. Il est vrai que dans la nuit du 3 septembre, il y avait peu, voire aucun, de militaires au Helder. Il est certain cependant que, tandis que Sala dînait dans la salle principale à l'étage, il entra en conversation avec d'autres personnes, parla avec imprudence, comme il le faisait depuis huit jours, et, en sortant de l'établissement, fut sommairement arrêté et conduit à le Poste de Police du Boulevard Bonne Nouvelle. Les cellules étaient déjà plus ou moins remplies de vauriens arrêtés au cours des troubles du début de la soirée, et lorsqu'un officier de police fit entrer Sala parmi eux, le traitant en même temps d'ignoble espion prussien, le patriotisme de l'autre Les prisonniers furent immédiatement réveillés, même si, pour la plupart, c'étaient de véritables coquins qui n'avaient fait du désordre que dans le but de se remplir les poches.

Sala fut soumis non seulement à de nombreux mauvais traitements, mais aussi à des indignités que seuls Rabelais ou Zola auraient pu (de différentes manières) décrire adéquatement ; et ce ne fut que le matin qu'il put communiquer avec le directeur du Grand Hôtel, où il avait ses quartiers. Le directeur fit part de sa situation à l'ambassade britannique et c'est, je crois, M. Sheffield qui se rendit à la préfecture de police pour obtenir un ordre de libération de Sala. L'histoire que l'on m'a racontée à l'époque, c'est que le représentant de Lord Lyons trouvait déjà une grande confusion à la Préfecture. Il y avait eu une bousculade de fonctionnaires, presque aucun n'étant à leur poste, de telle sorte qu'il s'était dirigé sans prévenir vers le sanctuaire du préfet. Il y trouva M. Piétri occupé avec un acolyte de confiance à détruire un grand nombre de papiers compromettants, à vider coup sur coup des caisses et des casiers, et à en entasser le contenu sur un feu déjà immense, qu'on remuait sans cesse pour qu'il brûle. plus rapidement. Piétri ne s'est arrêté dans sa tâche que pour rédiger un arrêté de libération de Sala, et j'ai toujours compris que c'était le dernier ordre officiel émanant du célèbre préfet du Second Empire. Il est vrai qu'il s'est présenté aux Tuileries avant de s'enfuir en Belgique, mais l'Impératrice, on le sait, était opposée à tout conflit armé avec la population parisienne. En fait, la Préfecture avait dépensé ses dernières forces dans la nuit du 3 septembre. Désorganisée comme elle l'était au matin du 4, elle n'aurait pas pu combattre la Révolution. Comme on le verra tout à l'heure, les policiers qui, dans la nuit du 3, avaient été choisis pour aider à garder le lendemain les abords du Palais-Bourbon, n'en furent absolument pas capables.

En effet, le désordre régnait en de nombreux endroits. Mon père s'était récemment retrouvé face à un dilemme concernant les exigences de l' *Illustrated London News* . À cette époque, l'appareil photo portatif universel pour prendre des photos était inconnu. Chaque scène que l'on voulait représenter dans le journal devait être esquissée, et en présence de tous les préparatifs défensifs qui étaient en cours, la question se posait de savoir ce qui pouvait et ce qui ne pouvait pas être esquissé. Le général Trochu était gouverneur de Paris, et des demandes lui furent faites à ce sujet. Une réponse est venue exigeant une référence de l'ambassade britannique avant qu'une autorisation quelconque ne soit accordée. En temps voulu, une lettre fut obtenue de l'ambassade, signée non pas, je pense, par Lord Lyons lui-même, mais par l'un des secrétaires, peut-être Sir Edward Malet, ou M. Wodehouse, ou même M. Sheffield. Quoi qu'il en soit, le matin du 4 septembre, mon père, désireux de régler l'affaire, me chargea de porter la lettre de l'ambassade chez Trochu, au Louvre. Ici, j'ai trouvé une grande confusion. Personne ne prêtait la moindre attention au travail officiel. Les *bureaux* étaient à moitié déserts. Les officiers allaient et venaient sans cesse, ou se rassemblaient en petits groupes dans les couloirs et dans les escaliers, tous extrêmement bouleversés et discutant ensemble avec anxiété et excitation. Je ne trouvais personne pour m'occuper d'aucune affaire, et je ne savais que faire, lorsqu'une porte s'ouvrit et qu'un officier général en petit uniforme apparut sur le seuil d'une grande pièce finement aménagée.

J'ai immédiatement reconnu le crâne extrêmement chauve et la mâchoire déterminée de Trochu, car depuis sa nomination au poste de gouverneur, Paris était inondé de portraits de lui. Il avait ouvert la porte, je crois, pour chercher un officier, mais en me voyant debout avec une lettre à la main, il m'a demandé ce que je voulais. Je lui répondis que j'avais apporté une lettre de l'ambassade britannique et qu'il pensait peut-être que j'étais un messager de l'ambassade. Quoi qu'il en soit, il m'a pris la lettre en disant sèchement : « C'est bien, je m'en occuperai, revenez cet après-midi. Sur ces mots, il retourna dans la pièce et plaça soigneusement la lettre sur plusieurs autres qui étaient soigneusement disposées sur une table d'appoint.

L'incident était insignifiant en soi, mais il donnait un aperçu du caractère de Trochu. Voilà l'homme qui, dans ses premières années, avait organisé l'expédition française en Crimée d'une manière bien supérieure à celle dont la nôtre avait été organisée ; homme de méthode, d'ordre, de précision, pleinement qualifié pour préparer la défense de Paris, mais non pour diriger son armée en campagne. Aussi brève que fût mon entretien, je ne pus m'empêcher de remarquer à quel point il était parfaitement calme et maître de lui, car son attitude contrastait grandement avec l'attitude anxieuse ou excitée de ses subordonnés. Il avait pourtant atteint la crise suprême de sa vie. L'Empire tombait, une première offre de Pouvoir lui avait été faite la veille au soir ; et une seconde offre, qu'il accepta finalement, [Voir mon livre, « La France républicaine », p. 8.] était presque imminent. Pourtant, ce matin de Révolution, il paraissait froid comme un concombre.

Je quittai le Louvre en me dirigeant vers la rue Royale, ayant été convenu avec mon père que nous déjeunerions *là* dans un restaurant réputé. On l'appelait « His Lordship's Larder » et c'était avant tout une maison anglaise, bien que le propriétaire portait le nom allemand de Weber. Lui et sa famille furent malheureusement étouffés dans les caves de leur établissement lors d'un des incendies qui marquèrent la Semaine sanglante de la Commune. Au moment où je rencontrai mon père, c'est-à-dire vers midi, l'aspect des rues que je passais moi-même n'avait rien de particulièrement inquiétant. C'était un beau dimanche lumineux et, comme d'habitude en un pareil jour, il y avait beaucoup de monde à l'étranger. Les gardes nationaux récemment enrôlés prédominaient certes parmi les hommes, mais parmi ces derniers il y avait beaucoup d'hommes en tenue civile, et les femmes et les enfants ne manquaient pas. Quant à l'agitation, je n'en voyais aucun signe.

Mais, comme me l'a raconté plus tard Delmas, l'hôte du Café Grétry, [Note] les choses étaient bien différentes ce matin-là sur les boulevards, et particulièrement sur le boulevard Montmartre. Vers dix heures, en effet, de grandes foules s'y étaient rassemblées et l'excitation grandissait. Les mêmes mots étaient sur toutes les lèvres : « Sedan, toute l'armée française prise, le misérable glaive de l'empereur rendu, indigne de régner, détrônez-le ! De même que, lors d'une autre crise de l'histoire de France, des hommes avaient grimpé sur les chaises et les tables du jardin du Palais Royal pour dénoncer Monsieur et Madame Véto et exhorter les Parisiens à marcher sur Versailles, de même maintenant d'autres grimpaient sur les chaises à l'extérieur du Palais Royal. Des cafés de boulevard pour dénoncer l'Empire et inciter à la marche sur le Palais Bourbon, où le Corps Législatif allait se réunir. Et au milieu de la clameur générale, un cri persistait à prévaloir. C'était : « Déchéance ! Déchéance ! — Détrônement ! Détrônement !

[Note : Il s'agissait d'un petit café du boulevard des Italiens, réputé pour sa quiétude l'après-midi, mais le soir, en raison de sa proximité avec la "Petite Bourse" (qui se tenait sur le trottoir de devant lui), envahie par des spéculateurs bruyants. Le capitaine Bingham, mon père et moi-même avons longtemps fréquenté le Café Grétry, y écrivant souvent nos « lettres de Paris ». Après la guerre, Bingham et moi avons déménagé au Café Cardinal, où, cependant, le bruit incessant des dominos s'est avéré très inquiétant. Finalement, c'est pour cette raison et pour nous rapprocher d'un club auquel nous appartenions tous deux que nous avons émigré au Café Napolitain. Une des raisons pour lesquelles on rédigeait son exemplaire dans un café plutôt que dans son club était que, dans le premier, on pouvait à tout moment recevoir des messagers apportant des nouvelles tardives ; en plus de cela, les journaux de l'après-midi étaient instantanément disponibles.]

A chaque instant, le nombre de la foule augmentait. De nouveaux arrivants arrivaient continuellement des quartiers de l'Est par les boulevards, du nord par le faubourg Montmartre et la rue Drouot, tandis que du sud, du Quartier Latin et de ses environs, des contingents traversaient le Pont Saint-Pierre. Michel et le Pont Notre Dame, puis, après les Halles, le boulevard de Sébastopol et la rue Montmartre. Pourquoi l'élément du Quartier Latin ne s'est-il pas avancé directement sur le Palais Bourbon depuis sa propre rive du fleuve, je ne peux pas le dire avec précision ; mais il fut, je crois, jugé souhaitable de s'associer, en premier lieu, aux éléments révolutionnaires du nord de Paris. Tout cela s'est passé pendant que mon père et moi prenions notre repas. Lorsque nous quittions le Garde-manger, un peu avant une heure, tous les petits groupes de gardes nationaux et de civils que nous avions vu se promener plus tôt, s'étaient rassemblés sur la place de la Concorde, attirés là par la nouvelle. de la séance spéciale du dimanche, au cours de laquelle le Corps législatif prendrait sans aucun doute des décisions capitales.

Il faut ajouter que presque toutes les gardes nationales rassemblées sur la place de la Concorde avant une heure étaient absolument désarmées. A cette heure-là, cependant, une force nombreuse, équivalente à deux bataillons ou à peu près, descendait la rue Royale depuis les boulevards, et ces hommes (qui étaient précédés d'un tambour solitaire) portaient, pour certains d'entre eux, des chassepots. et d'autres *fusils-à-tabatière*, ayant d'ailleurs, dans la plupart des cas, la baïonnette fixée. Ils appartenaient au nord de Paris, bien que je ne puisse dire avec précision à quels quartiers particuliers, ni savoir exactement par quels ordres ils avaient été rassemblés et chargés de marcher sur le Palais Bourbon, comme ils le firent rapidement. Mais il est certain que toute la fermentation de la matinée et tout ce qui se passa ensuite fut le résultat du travail nocturne des comités républicains secrets.

Tandis que les gardes avançaient, de grands cris de « Déchéance ! Déchéance ! » surgirent parmi eux et furent aussitôt repris par les spectateurs. En effet, une parfaite unanimité semblait prévaloir sur la question du détrônement de l'empereur. Même les soldats dispersés çà et là, quelques Linesmen, quelques Zouaves, quelques Turcos, quelques-uns invalides des forces de MacMahon, se joignirent avec empressement au cri universel et commencèrent à suivre les gardes jusqu'à la place de la Concorde. . Jamais, je crois, cette place n'avait été plus fréquentée, pas même à l'époque où elle était connue sous le nom de place Louis Quinze, et où des centaines de personnes y mouraient écrasées alors qu'elles assistaient à un feu d'artifice à l'occasion des fiançailles du futurs Louis XVI et Marie-Antoinette, même lorsqu'elle était devenue la place de la Révolution et qu'elle était bondée de tous ceux qui voulaient assister aux exécutions successives du dernier roi et de la dernière reine de l'ancienne monarchie française. Depuis le bout de la rue Royale jusqu'au pont traversant la Seine jusqu'au Palais Bourbon, depuis la porte du jardin des Tuileries jusqu'aux chevaux de Marly à l'entrée des Champs Elysées, autour de l'obélisque de Louxor et les fontaines qui furent jouant comme d'habitude dans le grand soleil qui tombait du ciel bleu, le long de toutes les balustrades reliant les statues assises des villes de France, ici, là et partout même, on voyait des têtes humaines. Et la clameur était universelle. La grande place était redevenue celle de la Révolution, et pourtant elle restait aussi celle de la Concorde, car il y avait un accord absolu entre les cent mille ou cent cinquante mille personnes qui l'avaient choisie pour lieu de réunion, accord attesté par cet accord universel. et le cri incessant de « Détrônement ! »

Tandis que les gardes nationaux armés débouchaient de la rue Royale, leur batteur solitaire jouait de ses bâtons. Mais le roulement du tambour se faisait à peine entendre dans le tumulte général, et la foule était si dense que les hommes ne pouvaient avancer que très lentement. Pendant un certain temps, il lui fallut quelques minutes pour faire seulement quelques pas. Cependant les rangs des hommes se rompaient çà et là, d'autres personnes se joignaient à eux, et enfin, mon père et moi, nous fûmes pris dans le courant et emportés avec lui, encore un peu lentement, vers le pont de la Concorde. J'ai lu récemment que le pont était défendu par des cavaliers de la Garde de Paris (l'ancêtre de la Garde Républicaine d'aujourd'hui) ; un écrivain français, évoquant la scène, fait référence aux « casques des hommes qui brillent au soleil ». Mais c'est de la pure imagination. Le pont était défendu par un cordon de policiers disposés devant un important corps de gendarmerie mobile, portant les familiers *képis bleu foncé tressés blancs* et les tuniques bleu foncé à aiguillettes blanches. Au début, comme je l'ai déjà dit, nous n'avançâmes que lentement vers cette force défensive ; mais, tout à coup, nous fûmes entraînés par d'autres hommes venus des boulevards, dans notre sillage. Une minute plus tard, un arrêt brusque s'est produit, après quoi ce n'est qu'avec beaucoup de difficulté que nous avons pu résister à la pression venant de derrière.

Je parvins enfin à me mettre sur la pointe des pieds. Nos premiers rangs avaient fait une brèche dans ceux des sergents de ville, mais devant nous se trouvaient les gendarmes à cheval, dont l'officier donna soudain un ordre et tira son épée. Un instant, je le vis clairement : son visage était d'une pâleur intense. Mais un bruit soudain succéda à son ordre, car ses hommes y répondirent en dégainant leurs sabres, qui brillèrent de façon menaçante. Une minute, peut-être deux minutes s'écoulèrent, la pression sur nos arrières augmentant toujours et toujours. Je ne sais ce qui s'est passé exactement en tête de notre colonne : le tumulte était plus grand que jamais, et il semblait que, dans un instant, nous allions être chargés, écrasés, abattus ou dispersés.

Je crois cependant qu'en présence de ce grand concours de peuple, en présence aussi de la réprobation universelle de l'Empire qui avait apporté à la France la défaite, l'invasion, l'humiliation, l'officier qui commandait les gendarmes hésitait à exécuter ses ordres. Il a dû y avoir une brève pourparler avec les chefs de notre colonne. En tout cas, les rangs des gendarmes s'ouvrirent brusquement, nombre d'entre eux s'avançant sur les trottoirs du pont, sur lequel notre colonne passa à toute vitesse en poussant les cris exultants de « Vive la République ! C'était presque une course pour savoir qui arriverait le premier au Palais Bourbon. Ceux qui étaient à l'arrière poussaient toujours les premiers en avant, et on n'avait pas le temps de regarder autour d'eux. Mais dans une vision, pour ainsi dire, rapide, je vis les gendarmes retenir leurs chevaux de chaque côté de nous ; et, çà et là, des médailles brillaient sur leurs tuniques sombres, et il me semblait que plus d'un visage avait une expression de colère. Ces hommes avaient combattu sous les aigles impériales et avaient été décorés pour leur bravoure dans les guerres de Crimée, d'Italie et de Cochinchine. Tous vétérans et fidèles serviteurs de l'Empire, ils virent s'effondrer le *régime* pour lequel ils s'étaient battus. Si leur commandant l'avait ordonné, ils auraient très bien pu nous charger ; mais, obéissant à la discipline, ils avaient ouvert leurs rangs, et maintenant la Volonté du Peuple les dépassait.

Aucun membre de notre colonne n'avait une mine particulièrement menaçante ; l'attitude générale suggérait plutôt une attente joyeuse. Mais, le pont une fois franchi, il y eut une nouvelle pause aux portes fermant les marches du Palais Bourbon. Ici l'infanterie était rassemblée, avec ses chassepots prêts. Un autre intervalle très bref mais passionnant s'ensuivit. Puis les juges de lignes se retirèrent, les portes s'ouvrirent et tout le monde monta les marches en toute hâte. Je fus transporté çà et là, et enfin du portique dans le bâtiment, où je parvins à m'arrêter à côté d'une des statues de la salle des pas perdus. J'ai cherché mon père, mais je ne l'ai pas vu, et je suis resté coincé dans mon coin pendant un temps assez long. Finalement, cependant, une nouvelle vague d'envahisseurs me délogea et je fus entraîné avec beaucoup d'autres dans la Chambre elle-même. Tout n'était là que tumulte et confusion. Très peu de députés étaient présents. Les tribunes publiques, les sièges des députés, l'hémicycle devant la tribune étaient remplis de gardes nationales. Certains étaient debout sur la table des sténographes et sur les chaises des huissiers, au-dessous de la tribune. Il y en avait d'autres dans l'escalier de la tribune. Et à la tribune même, le chapeau sur la tête, Gambetta se tenait debout, criant d'une voix rauque, au milieu du brouhaha général, que Louis Napoléon Bonaparte et sa dynastie avaient pour toujours cessé de régner. Puis, encore et encore, le cri de « Vive la République ! » Cependant, en un clin d'œil, Gambetta disparut ; lui et d'autres députés républicains se rendirent, comme je l'appris plus tard, aux marches du palais, où fut de nouveau proclamée la détrônation de Bonaparte. Les envahisseurs de la Chambre se précipitaient après eux, et j'étais en train de les observer partir, quand soudain j'aperçus mon père tranquillement adossé à l'un des sièges ministériels, peut-être celui qui, dans le passé, avait été occupé par Billault, Rouher, Ollivier et d'autres hommes puissants et éminents du *régime déchu* .

Ce jour-là, dès le début des débats, Palikao avait proposé la formation d'un Conseil de gouvernement et de défense nationale qui devait comprendre cinq membres du Corps législatif. Les ministres devaient être nommés par ce Conseil, et il devait être lieutenant général de France. Il se trouve que les impérialistes les plus fervents lui avaient auparavant proposé une dictature, mais il l'avait refusée. Jules Favre accéda à la proposition du Général en revendiquant la priorité de la motion qu'il avait présentée à la séance de minuit, tandis que Thiers tentait de parvenir à un compromis en proposant un comité tel que celui indiqué par Palikao, mais en laissant entièrement entre les mains le choix de ses membres. du Corps Législatif, omettant toute référence à la Lieutenance de Palikao, et précisant en outre qu'une Assemblée Constituante devrait être convoquée dès que les circonstances le permettraient. Les trois propositions, celles de Thiers, de Favre et de Palikao, furent soumises aux *bureaux* , et pendant que ces *bureaux* délibéraient dans diverses salles, la première invasion de la Chambre eut lieu malgré les efforts de Jules Ferry, qui avait promis à Palikao que le les délibérations de la législature ne doivent pas être perturbées. A la reprise de la séance, les « envahisseurs », qui occupaient alors principalement les tribunes, ne voulurent écouter ni le président Schneider ni leur Gambetta préféré, bien que tous deux leur appelèrent au silence et à l'ordre. Jules Favre s'assura seul quelques instants de quiétude, pendant lesquels il supplia qu'il n'y ait pas de violence. Palikao était présent mais ne parlait pas. [Plus tard dans la journée, après avoir exhorté Trochu à accepter la présidence du nouveau gouvernement, sinon « tout pourrait être perdu », Palikao quitta Paris pour la Belgique. Il resta à Namur pendant le reste de la guerre, puis vécut retiré à Versailles, où il mourut en janvier 1878.] Au milieu de la confusion générale eut lieu la deuxième invasion de la Chambre, où je fus emporté et poursuivi jusqu'au sol de la maison. Cette seconde invasion précipita les événements. Même Gambetta souhaitait que le détrônement de la dynastie soit signifié par un vote formel, mais les « envahisseurs » ne toléraient aucun retard.

Nous étions tous les deux fatigués et assoiffés, mon père et moi, après nos expériences inattendues. Nous n'avons donc pas suivi la foule jusqu'aux marches qui dominent la place de la Concorde, mais, comme bien d'autres, nous sommes partis par la place de Bourgogne. Aucun dégât n'avait été fait dans la Chambre elle-même, mais en quittant le bâtiment, nous remarquâmes plusieurs inscriptions griffonnées sur les murs. Dans certains cas, les mots étaient simplement « Vive la République ! » et "Mort aux Prussiens!" Mais à d'autres moments, ils étaient trop dégoûtants pour être déposés ici. Dans ou à proximité de la rue de Bourgogne, nous trouvâmes un marchand de vins assez tranquille, où nous nous reposâmes et nous rafraîchissâmes avec *des cannettes* de ce qu'on appelle la Bière de Strasbourg. Nous n'allâmes pas en ce moment à l'Hôtel-de-Ville, où une grande partie de la foule se rendit par les quais, et où la République fut de nouveau proclamée ; mais il revint à la place de la Concorde, où se trouvaient encore quelques milliers de personnes. Tout le monde avait l'air très animé et très heureux. Tout le monde imaginait qu'une fois l'Empire renversé, la France repousserait bientôt l'envahisseur allemand. Toutes les craintes pour l'avenir semblaient en effet avoir disparu. La confiance universelle prévalait et tout le monde félicitait tout le monde. Il y avait en tout cas une bonne raison de se féliciter : la Révolution avait été absolument exsangue, premier et unique phénomène de ce genre dans toute l'histoire de France.

Tandis que nous nous promenions sur la place de la Concorde, je constatai que le portail principal du jardin des Tuileries avait été forcé et endommagé. Les aigles dorées qui l'avaient décoré avaient été arrachées et réduites en morceaux, ce qui, semble-t-il, avait été principalement l'œuvre d'un Turco entreprenant. Quelques jours plus tard, Victorien Sardou écrivit un récit intéressant sur la façon dont lui et d'autres obtinrent l'accès, d'abord au jardin réservé, puis au palais lui-même. En y jetant un coup d'œil, je constatai que le drapeau qui flottait encore ce matin-là sur le pavillon principal avait désormais disparu. Il avait été abaissé après le départ de l'Impératrice. Des dernières heures qu'elle passa au palais, avant de le quitter avec le prince Metternich et le comte Nigra pour chercher un refuge momentané chez son dentiste, le Dr Evans, j'ai donné un récit détaillé, basé sur des récits et des documents dignes de foi. , dans ma « Cour des Tuileries ».

Quittant enfin la place de la Concorde, nous rentrâmes lentement chez nous. Certains commerçants de la rue Royale et du faubourg Saint-Honoré, anciens fournisseurs de l'Empereur ou de l'Impératrice, enlevaient déjà en toute hâte les armes impériales du dessus de leurs boutiques. Ce même après-midi et les lundi et mardi suivants, chaque écusson, chaque initiale N, chaque couronne, chaque aigle, chaque inscription rappelant l'Empire, fut enlevé ou effacé d'une manière ou d'une autre. George Augustus Sala, dont la récente aventure l'a confiné dans sa chambre du Grand Hôtel, a passé la plupart de son temps à observer les hommes qui retiraient les aigles, les couronnes et les N de l'Opéra alors inachevé. Même les rues qui rappelaient le *régime impérial* furent rebaptisées à la hâte. L'avenue de l'Impératrice devient aussitôt l'avenue du Bois de Boulogne ; et la rue du Dix-Décembre (ainsi appelée en souvenir de l'accession de Napoléon à la dignité impériale) fut rebaptisée rue du Quatre Septembre, « pensée heureuse » d'un zouave qui, monté sur une échelle, plaça le nouveau nom au-dessus. l'ancienne, tandis que la plaque portant cette dernière a été arrachée au marteau par un jeune ouvrier.

En rentrant chez nous, l'après-midi de ce 4 mémorable, nous remarquâmes que tous les cafés et cavistes faisaient un commerce animé. Cependant, ni à ce moment-là ni pendant la soirée, je n'ai perçu beaucoup d'ivresse réelle. C'était plutôt une joie universelle, comme si une grande victoire avait été remportée. À vrai dire, l'augmentation de l'ivresse à Paris était une conséquence du siège allemand de la ville, alors que la boisson était si abondante et la nourriture si rare.

Mon père et moi étions arrivés au coin de notre rue lorsque nous avons été témoins d'un incident que j'ai raconté en détail dans les premières pages de mon livre « La France républicaine ». C'était l'arrivée de Gambetta au ministère de l'Intérieur, par l'avenue de Marigny, accompagné d'une escorte de Francs-tireurs de la Presse en chemise rouge. Le futur dictateur était accompagné de sept compagnons, tous blottis à l'intérieur ou sur le toit d'un taxi à quatre roues tiré par deux canassons bretons. Je l'imagine encore descendant du véhicule et ordonnant, au nom de la République, à un petit juge de lignes potelé, qui montait la garde à la porte du Ministère, de faire ouvrir ladite porte ; et je peux voir le *concierge élégant et âgé* , qui avait salué de nombreux ministres impériaux, se conformant à ladite injonction, ôtant respectueusement son bonnet de tabac à glands et se courbant en deux pendant qu'il admettait son nouveau maître. Alors la porte se ferme, et derrière les ferronneries finement ouvragées, Gambetta s'adresse brièvement à la petite foule qui l'a reconnu, disant que l'Empire est mort, mais que la France est blessée, et que ses blessures mêmes l'enflammeront de un nouveau courage; promettant aussi que toute la nation sera armée ; et demander à chacun de faire confiance au nouveau gouvernement, tout comme ce dernier fera confiance au peuple.

Le soir, je me promenais avec mon père sur la place de l'Hôtel de Ville, où de nombreuses personnes étaient rassemblées. Un corps assez important de gardes nationaux était posté devant l'édifice, dont la plupart des fenêtres étaient éclairées. Les membres du Nouveau Gouvernement de la Défense Nationale y délibéraient. Trochu en était devenu le président, et Jules Favre son vice-président et ministre des Affaires étrangères. Henri Rochefort, libéré cet après-midi par ses admirateurs de la prison Sainte Pélagie, fut inclus dans l'administration, celle-ci étant composée pour l'essentiel des députés de Paris. Un seul de ces derniers, le prudent Thiers, refuse d'y adhérer. Il présida cependant le soir même une réunion de quelque deux cents membres du Corps législatif moribond, qui tenta alors en vain de conserver une certaine autorité, en parvenant à un accord avec le nouveau gouvernement. Mais Jules Favre et Jules Simon, qui assistaient à la réunion en son nom, n'ont pas accepté cette suggestion. Il fut poliment signifié aux députés que leur appui à Paris n'était pas nécessaire, et que s'ils voulaient servir leur pays de quelque manière que ce soit, ils feraient mieux de se retourner vers leurs anciennes circonscriptions en province. En ce qui concerne le Corps législatif et le Sénat également, tout se termina par une délicieuse comédie. Non seulement les portes de leurs salles de réunion respectives étaient soignées, mais elles étaient « sécurisées » avec des bandes de ruban adhésif et des sceaux de cire rouge. La crainte que la cire à cacheter rouge inspire aux Français est nettement un trait du caractère national. Mais s'il y avait eu à cette époque un véritable Bonaparte à Paris, il aurait probablement coupé lesdits sceaux avec son épée.

[Remarque : Le Sénat, présidé par Rouher, se débrouilla tranquillement en apprenant l'invasion de la Chambre. La proposition de l'ajourner à des temps plus heureux émanait de Rouher lui-même. Quelques cris de « Vive l'Empereur ! » » ont été soulevés à mesure que l'assemblée se dispersait. Presque immédiatement après, cependant, la plupart des sénateurs, y compris Rouher, qui se savait très odieux aux Parisiens, quittèrent la ville et même la France.]

Le 5 septembre au matin, le *Charivari* — autrement dit le quotidien Parisien *Punch* — publie un dessin destiné à résumer toute la période couverte par le régime impérial. Il représentait la France pieds et poings liés et placée entre les bouches de deux canons, l'un portant l'inscription « Paris, 1851 », et l'autre « Sedan, 1870 », ces noms et dates représentant l'Alpha et l'Omega du Second Empire.

IV

DE LA RÉVOLUTION AU SIÈGE

Le gouvernement de la défense nationale. — L'armée de Paris. — Le retour de Victor Hugo. — L'avancée allemande sur Paris. — La garde nationale passée en revue. — Les préparatifs hospitaliers pour les Allemands. — Ils se rapprochent encore. — Départ de lord Lyons. — Notre dernier jour de liberté. Sur les fortifications. — Le bois de Boulogne et notre cheptel. — Messe devant la statue de Strasbourg. — Mobiles dévots bretons. — Soirée sur les boulevards et dans les clubs. — Trochu et Ducrot. — Combat et panique de Châtillon. — Le siège commence.

Comme j'aurai occasion dans ces pages de mentionner bon nombre de membres du gouvernement auto-constitué qui succéda à l'Empire, il conviendrait peut-être que j'indique ici leurs noms et les charges qu'ils occupèrent. J'ai déjà dit que Trochu était président et Jules Favre vice-président de la nouvelle administration. Le premier conserva également ses fonctions de gouverneur de Paris et devint en même temps généralissime. Favre, de son côté, prend le ministère des Affaires étrangères. Avec lui et Trochu étaient Gambetta, ministre de l'Intérieur ; Jules Simon, ministre de l'Instruction publique ; Adolphe Crémieux, ministre de la Justice; Ernest Picard, ministre des Finances; Jules Ferry, secrétaire général du gouvernement, puis maire de Paris ; et Henri Rochefort, président du Comité des barricades. Quatre de leurs collègues, Emmanuel Arago, Garnier-Pagès, Eugène Pelletan et Glais-Bizoin, ne se chargent d'aucun service administratif particulier, le reste étant confié à des hommes dont la collaboration est assurée. Par exemple, le vieux général Le Flô devint ministre de la Guerre, mais sous Trochu et non sous lui. Le vice-amiral Fourichon est nommé ministre de la Marine ; Magnin, maître de fer, devint ministre du Commerce et de l'Agriculture ; Frédéric Dorian, un autre maître de fer, prit le ministère des Travaux publics ; Le comte Emile de Kératry était préfet de police, et Etienne Arago, autrefois, maire de Paris.

Le nouveau gouvernement est pleinement installé le mardi 6 septembre. Il a déjà publié plusieurs proclamations plus ou moins émouvantes, suivies d'une dépêche que Jules Favre adresse aux représentations diplomatiques françaises à l'étranger. En guise de compensation à l'arrivée d'un certain nombre de fugitifs de l'armée de MacMahon, découragés et souillés par le voyage, dont l'apparence n'était en aucun cas de nature à exalter les Parisiens, la défense fut renforcée par un grand nombre de gardes mobiles, qui affluèrent dans la ville, en particulier de Bretagne, province natale de Trochu, et par une force considérable de réguliers, d'infanterie, de cavalerie et d'artillerie, commandée par le vétéran général Vinoy (alors âgé de soixante-dix ans), qui avait été initialement envoyé pour aider MacMahon, mais , n'ayant pu l'atteindre avant le désastre de Sedan, se retira en bon ordre sur la capitale. Au moment où le siège commença effectivement, il y avait à Paris environ 90 000 réguliers (toutes armes et catégories confondues), 110 000 gardes mobiles et un contingent naval de 13 500 hommes, soit une force de 213 000 hommes, en plus des gardes nationales, qui étaient au nombre d'environ 280 000. Ainsi, au total, près d'un demi-million d'hommes armés furent rassemblés à Paris pour le défendre. Comme toutes les autorités l'ont admis par la suite, il s'agissait là d'une très grave erreur, car 100 000 réguliers et mobiles auraient pu être épargnés et mis à profit pour servir dans les provinces. Bien entendu, les gardes nationaux eux-mêmes ne pouvaient pas être renvoyés de la ville, même s'ils constituaient souvent un fardeau plutôt qu'un secours, et qu'ils n'auraient pas pu poursuivre le travail de défense s'ils avaient été laissés à eux-mêmes.

Outre les troupes, tant que les trains continuaient à circuler, des provisions militaires supplémentaires et des provisions de nourriture, farine, riz, biscuits, conserves de viande, arrivaient jour après jour dans Paris. Dans le même temps, plusieurs exilés illustres reviennent dans la capitale. Louis Blanc et Edgar Quinet y arrivèrent, après des années d'absence, de la manière la plus discrète, mais ils succombèrent bientôt à la manie ambiante de rédiger des manifestes et des exhortations au profit de leurs compatriotes. Le retour de Victor Hugo est plus théâtral. Dans ces fameux « Châtiments » où il avait si sévèrement flagellé le Troisième Napoléon (après avoir, dans les années précédentes, exalté le Premier à la dignité de demi-dieu), il avait juré de se tenir à l'écart de la France et de protester contre l'Empire. aussi longtemps que cela dura, écrivant, à ce propos, la fameuse phrase :

"Et s'il n'en reste qu'un, je serai celui-là !"

Mais maintenant que l'Empire était tombé, Hugo rentra triomphalement à Paris. Lorsqu'il descendit du train qui l'amenait, il dit à ceux qui s'étaient rassemblés pour le saluer convenablement, qu'il était venu faire son devoir à l'heure du danger, ce devoir étant de sauver Paris, ce qui signifiait plus que sauver La France, car cela impliquait de sauver le monde lui-même, Paris étant la capitale de la civilisation, le centre de l'humanité. Naturellement, ces beaux sentiments furent vivement applaudis par les admirateurs du grand poète, et lorsqu'il se fut installé avec ses compagnons dans une voiture découverte, deux ou trois mille personnes l'escortèrent en procession le long des boulevards. Il faisait nuit, les cafés étaient bondés et les trottoirs couverts de promeneurs au passage du *cortège* , l'escorte chantant tantôt la « Marseillaise », tantôt le « Chant du Départ », tandis que de toutes parts criaient « Vive Victor Hugo ». !" » retentit avec autant d'enthousiasme que si le « Sauveur de Paris » désigné était effectivement de passage. Plus d'une fois je vis l'illustre poète se lever, se découvrir et agiter son chapeau en réponse aux acclamations, et je remarquai alors particulièrement la hauteur de son front et la splendide touffe de cheveux blancs qui le couronnait. Hugo, alors âgé de soixante-huit ans, paraissait encore vigoureux, mais il était au-delà du pouvoir d'un homme tel que lui de sauver la ville de ce qui l'imminait. Il ne pouvait que rédiger des manifestes pervers, puis, dans « L'Année terrible », commémorer les faits et les souffrances de l'époque. Au reste, il s'est certainement enrôlé dans la garde nationale, et je l'ai aperçu plus d'une fois portant *du képi* et *de la vareuse* . Je ne suis cependant pas sûr s'il a déjà fait une « sentinelle ».

Ce fut sans doute le lendemain de l'arrivée de Victor Hugo que je quittai momentanément Paris pour des raisons qui tenaient profondément mon cœur jeune mais précoce. Je fus absent pendant environ quatre jours et, à mon retour à la capitale, j'étais accompagné de ma belle-mère qui, sachant que mon père avait l'intention de rester dans la ville pendant le siège imminent, souhaitait être avec lui pendant un certain temps avant l'investissement. a commencé. Je me souviens qu'elle désirait même rester avec nous, quoique cela fût impossible, car elle avait de jeunes enfants qu'elle avait laissés à Saint-Servan ; et d'ailleurs, comme je le lui disais un jour en plaisantant, elle aurait, en restant à Paris, ajouté aux « bouches inutiles », dont le gouvernement républicain, comme le gouvernement impérial, s'efforçait, avec un succès très indifférent, de diminuer le nombre. . Cependant elle ne nous quitta qu'à la dernière extrémité, partant le soir du 17 septembre par la ligne occidentale, que le lendemain l'ennemi déboucha à Conflans, à quatorze milles de Paris.

Jour après jour, les Parisiens recevaient des nouvelles de l'approche progressive des forces allemandes. Le 8, on apprit que l'armée du prince héritier de Prusse s'avançait de Montmirail sur Coulommiers ; alors la ville devint très agitée ; tandis que le 9, on apprit que les fanions noirs et blancs des uhlans omniprésents avaient été aperçus à La Ferté-sous-Jouarre. Le même jour, Thiers quitta Paris pour une mission qu'il avait entreprise pour le nouveau gouvernement, celle de plaider la cause de la France devant les cours de Londres, de Saint-Pétersbourg, de Vienne et de Rome. Puis, le 11, on apprit que Laon avait capitulé, non sans que ses défenseurs eussent fait exploser une poudrière et blessé ainsi quelques officiers allemands de haut rang. C'est pourquoi l'acte fut salué avec enthousiasme par la presse parisienne, même si elle semble avoir été quelque peu perfide, contrairement aux usages ordinaires de la guerre. Le 12, des éclaireurs allemands atteignirent Meaux et une force plus importante occupa tranquillement Melun. Les Français, de leur côté, étaient occupés d'une manière ou d'une autre. Ils n'opposèrent aucune résistance armée à l'avancée allemande, mais ils essayèrent de l'entraver de diverses manières. Dans le but de priver l'ennemi de « couverture », on tenta à diverses reprises d'incendier certains bois des environs de Paris, tandis que, pour le ravir, on détruisait çà et là des meules et des récoltes sur pied . Plusieurs ponts ferroviaires et autres ponts furent également détruits, dont celui de Creil, de sorte que la communication directe avec Boulogne et Calais fut interrompue le 12 septembre.

Le 13 fut un grand jour pour les gardes nationales, qui furent ensuite passées en revue par le général Trochu. Avec mon père et ma jeune belle-mère, je suis allé voir ce spectacle intéressant à bien des égards. Cent trente-six bataillons, soit environ 180 000 hommes, de ce que l'on appelle les « soldats citoyens » étaient sous les armes ; leurs lignes s'étendent d'abord le long des boulevards de la Bastille à la Madeleine, puis descendent la rue Royale, traversent la place de la Concorde et remontent les Champs Elysées jusqu'au Rond Point. Par ailleurs, 100 000 hommes de la Garde Mobile sont rassemblés le long des quais de Seine et sur les Champs Elysées, du Rond Point à l'Arc de Triomphe. Depuis, je n'ai jamais vu une force aussi nombreuse d'hommes armés. Ils étaient de toutes sortes. Quelques Mobiles, notamment les Bretons, qui depuis se sont bien rendus compte d'eux-mêmes, avaient vraiment l'air de soldats ; mais les gardes nationaux formaient un groupe étrangement mélangé. Ils portaient tous *des képis* , mais une bonne moitié d'entre eux n'avaient pas encore d'uniforme et étaient vêtus de blouses et de pantalons de différentes couleurs. Seulement ici et là on pouvait voir un homme d'allure militaire ; la plupart d'entre eux adoptaient une attitude insouciante et étaient tout à fait incapables de garder le pas en marche. Une particularité de l'exposition était le nombre de fleurs et de brins d'arbres à feuilles persistantes avec lesquels les hommes avaient décoré les museaux des *fusils-à-tabatière* qu'ils portaient pour la plupart. Çà et là d'ailleurs, les uns et les autres affichaient à la pointe de leur baïonnette quelque caricature colorée de l'ex-empereur ou de l'ex-impératrice. Que c'étaient que ces innombrables caricatures des mois qui suivirent la Révolution ! De temps en temps, il en apparaissait un qui était vraiment intelligent, qui incarnait une idée intelligente et pleine d'esprit ; mais combien d'entre eux étaient simplement le résultat d'une imagination dépravée, obscène, bestiale ! Les caricatures les plus offensantes de Marie-Antoinette n'étaient rien à côté de celles adressées à cette malheureuse femme, l'impératrice Eugénie.

Nos derniers jours de liberté s'écoulaient. Quelques-uns des gens les plus pauvres des environs de Paris arrivaient enfin dans la ville, apportant avec eux leurs biens. Mais d'étranges idées s'étaient emparées de certains bourgeois de banlieue parmi les plus simples d'esprit. Partis en toute hâte en province, afin de mettre leurs peaux hors de portée du danger, ils n'avaient pas pris la peine d'entreposer leurs effets personnels en ville ; mais il les avait laissés dans leurs coquettes villas et pavillons dont on regardait à peine les portes. Les soldats allemands occuperaient très probablement les maisons, mais ils ne leur feraient certainement aucun mal. — Peut-être, cependant, vaudrait-il mieux apaiser les soldats étrangers. Laissons-leur quelque chose, dit le digne monsieur Durand à madame Durand, sa femme ; "Ils auront faim en arrivant ici, et s'ils trouvent quelque chose de prêt pour eux, ils en seront reconnaissants et ne feront aucun dégât." Ainsi, bien que les honnêtes Durand aient soigneusement fermé, parfois même muré, leurs caves à vins de choix, ils ont fait en sorte que de nombreuses bouteilles, parfois même un tonneau, de *vin ordinaire* soient facilement accessibles ; et jambons, fromages, sardines, *saucissons de Lyon* et *pâtés de foie gras* étaient déposés dans les armoires du garde-manger, qui étaient soigneusement laissées ouvertes pour que les bons Allemands, doux et honnêtes (qui, selon une proclamation publiée par " Nosser Fritz" à un stade antérieur des hostilités, "ont fait la guerre à l'empereur Napoléon et non à la nation française") pouvaient se régaler sans laisser ni entrave. D'ailleurs, les nuits « s'approchaient », les soirées devenaient fraîches ; alors pourquoi ne pas allumer le feu et placer des allumettes et des bougies dans des endroits pratiques pour le bénéfice des invités inopinés qui arriveraient si tôt ? Toutes ces choses étant faites, M. et Mme. Durand partit chercher la quiétude de Fouilly-les-Oies, sans se douter qu'à leur retour à Montfermeil, à Palaiseau ou à Sartrouville, ils trouveraient leur *salon* transformé en porcherie, leurs meubles brisés, leurs pendules et leurs ornements de cheminée enlevés. Certes, M. Durand d'aujourd'hui sait ce qui est arrivé à ses respectés parents ; il sait quoi penser des soldats allemands bons, honnêtes et attentionnés ; et, s'il peut l'éviter, il ne laissera en aucun cas ne serait-ce qu'une cuillère en bois à emporter dans la Patrie, et ajouterait comme un trophée de plus aux cent mille horloges françaises et aux millions de bibelots français qui y sont encore conservés comme souvenirs de la « grosse Zeit ».

Le 15 septembre, on apprit quelques petites escarmouches entre uhlans et francs-tireurs dans les environs de Montereau et de Melun ; le lendemain, l'ennemi s'empara d'un train à Senlis et tira sur un autre près de Chantilly, heureusement sans blesser aucun des passagers ; tandis que le même jour, sa présence était signalée à Villeneuve-Saint-Georges, à seulement dix milles au sud de Paris. Ce soir-là d'ailleurs, il tenta de franchir la Seine à Juvisy. Le 16, certaines de ses forces apparurent entre Créteil et Neuilly-sur-Marne, du côté est de la ville, et à seulement huit kilomètres du fort de Vincennes. Puis on entendit parler de lui encore au sud, de sa présence à Brunoy, Ablon et Athis, et des pontons par lesquels il traversait la Seine à Villeneuve et Choisy-le-Roi.

Ainsi, l'avancée se poursuivit régulièrement, sans aucun contrôle par la force des armes, à l'exception de quelques escarmouches insignifiantes initiées par divers Francs-tireurs. Pas une route, pas une barricade n'était défendue par les autorités ; pas une seule fois le passage d'une rivière n'a été contesté. Ici et là, les Allemands trouvèrent des obstacles : des peupliers avaient été abattus et posés en travers d'une autoroute, des ponts et des tunnels ferroviaires avaient parfois explosé ; mais tous ces obstacles à leur avance furent rapidement surmontés par l'ennemi, qui marcha tranquillement, se sentant tour à tour perplexe et étonné de n'avoir jamais été confronté à aucune force française. À mesure que les envahisseurs se rapprochaient de Paris, ils trouvèrent à leur disposition une abondance de légumes et de fruits, mais la plupart des paysans s'étaient enfuis, emportant avec eux leur bétail et, comme me l'a raconté un officier allemand des années plus tard, des œufs, du fromage, on pouvait rarement se procurer du beurre et du lait.

Le 17, les Français commencèrent à se remettre de la stupeur qui semblait s'être abattue sur eux. Le vieux général Vinoy traversa la Marne à Charenton avec une partie de ses forces, et une escarmouche assez vive s'ensuivit devant le village de Mesly. Le même jour, Lord Lyons, l'ambassadeur britannique, quitta Paris, se dirigeant par des chemins détournés vers Tours, où, quelques jours auparavant, trois délégués de la Défense nationale, deux septuagénaires et un sexagénaire, Crémieux, Glais-Bizoin, et Fourichon — s'étaient rendus en réparation pour prendre le gouvernement général de la France. Lord Lyons avait précédemment fait savoir à Jules Favre son intention de rester dans la capitale, mais je crois que sa décision a été modifiée par les instructions de Londres. Avec lui partit la plupart du personnel de l'ambassade, les intérêts britanniques à Paris restant entre les mains du deuxième secrétaire, M. Wodehouse, et du vice-consul. Le consul lui-même avait très prudemment quitté Paris pour « boire les eaux », quelque temps auparavant. Le colonel Claremont, l'attaché militaire, restait toujours avec nous, mais peu à peu, à mesure que le siège avançait, le personnel de l'ambassade se réduisit au concierge et à deux – ou était-ce quatre ? – des moutons broutant la pelouse. M. Wodehouse partit (mon père et moi étant parmi ceux qui l'accompagnaient, comme je le raconterai dans un prochain chapitre) vers la mi-novembre ; et avant le début du bombardement, le colonel Claremont exécuta également une retraite stratégique. Néanmoins — ou devrais-je dire précisément pour cette raison ? — il fut ensuite nommé officier général.

Un jour ou deux avant le départ de Lord Lyons, il rédigea un avis avertissant les sujets britanniques que s'ils devaient rester à Paris, ce serait à leurs risques et périls. La colonie britannique n'était pas alors aussi grande qu'elle l'est aujourd'hui, mais elle était néanmoins considérable. Bon nombre de ses membres sont sans doute partis de leur propre initiative. Rares sont ceux, voire aucun, qui ont vu l'avis de Lord Lyons, car il leur a été purement et simplement transmis par l'intermédiaire du *Messager de Galignani* , qui, bien qu'il était fréquenté par des touristes séjournant dans les hôtels, était rarement vu par de véritables résidents britanniques, dont la plupart lire les journaux de Londres.

Le lendemain du départ de lord Lyons, dimanche 18 septembre, fut notre dernier jour de liberté. Le temps était splendide, la température aussi chaude que celle de juin. Tout Paris était dehors. Nous n'étions pas sans femmes et sans enfants. Non seulement il y avait les épouses et les enfants des classes populaires ; mais la meilleure moitié de nombreux commerçants et bourgeois était restée dans la ville, ainsi que bon nombre de dames de rang social plus élevé. Ainsi, malgré tous les départs, « papa, maman et bébé » étaient encore au rendez-vous dans de nombreuses directions en ce dernier jour précédant l'investissement. Il y avait des foules gaies partout, sur les boulevards, sur les places, le long des quais et le long des routes longeant les remparts. Ces dernières constituaient la « grande attraction », et des milliers de personnes se promenaient pour regarder les travaux qui se déroulaient. Les battants en pierre étaient recouverts de terre, des plates-formes étaient préparées pour les canons, des gabions étaient installés dans les embrasures, des sacs de sable étaient transportés jusqu'aux parapets, des piquets étaient pointés pour les nombreux *pièges-à-loups* et des terrassements lisses étaient réalisés. étant planté d'une infinité d'épis. Certains canons étaient déjà en position, d'autres, gros canons navals de Brest ou de Cherbourg, gisaient encore sur le gazon. Pendant ce temps, aux différentes portes de la ville, les derniers véhicules chargés de meubles et de fourrages arrivaient des banlieues. Et de haut en bas allaient tous les promeneurs, causant, riant, examinant tel ou tel ouvrage de défense ou engin de destruction avec une telle bonne humeur et une telle légèreté que tout le *chemin de ronde* semblait être une vaste foire, organisé uniquement pour le divertissement des personnes les plus instables que le monde ait jamais connues.

L'accès au Bois de Boulogne était interdit. Des hectares de bois y avaient déjà été abattus, et depuis les espaces ouverts, la douce brise de septembre soufflait parfois des meuglements de bétail, des bêlements de moutons et des grognements de porcs. Notre cheptel se composait de 30 000 bœufs, 175 000 moutons, 8 800 porcs et 6 000 vaches laitières. Nous ne pensions pas que ces animaux (à l'exception des vaches laitières) seraient bientôt consommés ! Peu d'entre nous savaient que, selon le grand ouvrage de Maxime Ducamp sur Paris, nous avions jusqu'ici consommé en moyenne, chaque jour de l'année, 935 bœufs, 4 680 moutons, 570 porcs et 600 veaux, sans parler de 46 000 têtes. de volailles, de gibier, etc., 50 tonnes de poisson et 670 000 œufs.

Au détour du bois de Boulogne, devenu notre principal ranch et promenade à moutons, on trouvait des compagnies de gardes nationaux apprenant le « pas de l'oie » sur les Champs-Elysées et le Cours-la-Reine. Les réguliers campaient à juste titre tant sur l'avenue de la Grande Armée que sur le Champ de Mars. Canons de campagne et caissons remplissaient le jardin des Tuileries, tandis que dans le parc du palais du Luxembourg on retrouvait du bétail et des moutons ; d'autres encore, de l'espèce bovine et ovine, étant installés, chose singulière, presque au coude à coude avec les fauves affamés du Jardin des Plantes, dont la gueule arrosait assez à la vue de leurs proies naturelles. Si l'on suivait les quais de la Seine, on y trouvait des touristes contemplant les petites canonnières et les batteries flottantes sur l'eau ; et si l'on montait à Montmartre, on rencontrait des gens qui regardaient « Le Neptune », le ballon captif que Nadar, l'aéronaute et photographe, avait déjà fourni pour l'observation militaire. J'aurai l'occasion de reparler de lui et de ses ballons.

Parmi tout ce que j'ai moi-même vu en ce dimanche mémorable, j'ai peut-être été le plus frappé par la célébration solennelle de la messe devant la statue de Strasbourg, sur la place de la Concorde. La capitale de l'Alsace était assiégée depuis la mi-août, mais opposait toujours une ferme résistance à l'ennemi. Ses principaux défenseurs, le général Uhrich et Edmond Valentin, étaient les héros les plus populaires du moment. Ce dernier avait été nommé préfet de la ville par le gouvernement de la Défense nationale et, résolu à regagner son poste malgré le siège activement poursuivi, s'était déguisé et avait franchi avec succès les lignes allemandes, échappant aux tirs qui lui a tiré dessus. A Paris, la statue de Strasbourg était devenue un lieu de pèlerinage, un sanctuaire comme sacré, orné d'étendards et de couronnes innombrables. Pourtant, je ne m'attendais certainement pas à voir un autel dressé et une messe célébrée devant lui, comme s'il s'agissait bien d'une statue de la Sainte Vierge.

A ce stade des affaires, il n'y avait pas d'hostilité générale envers l'Église de Paris. La *bourgeoisie* — je parle de son élément masculin — était alors aussi sceptique qu'aujourd'hui, mais elle savait que le général Trochu, en qui elle plaçait sa confiance, était un catholique pratiquant et fervent, et qu'en prenant la présidence du gouvernement, il avait posé comme condition que la religion soit respectée. L'animosité manifestée contre le sacerdoce émanait de certains clubs publics où péroraient les futurs communards. Ce n'est qu'avec le temps, et la défense devenant de plus en plus désespérée, que Trochu lui-même fut dénoncé comme *cagot* et *souteneur de soutanes* ; et ce n'est qu'avec la Commune que les extrémistes ont donné libre cours à leur haine de l'Église et de ses ministres.

A propos de la religion, il y eut un autre spectacle qui m'impressionna ce même dimanche. J'étais sur le point de quitter la place de la Concorde lorsqu'un grand corps de mobiles déboucha soit de la rue Royale, soit de la rue de Rivoli, et je remarquai, avec un certain étonnement, que non seulement ils étaient accompagnés de leurs aumôniers, mais que ils brandissaient plusieurs bannières religieuses de procession. C'étaient des Bretons, et j'ai pu constater qu'ils avaient assisté à la messe à l'église Notre-Dame des Victoires, l'église préférée de l'impératrice Eugénie, qui y assistait souvent à la messe matinale, et qu'ils regagnaient maintenant leurs quartiers sous les arches de la voie ferrée. viaduc du Point-du-Jour. De nombreuses personnes se sont découvertes en passant ainsi en procession, portant bien haut leurs étendards de la Vierge, celle que le soldat catholique invoque sous le nom de "Auzilium Christianorum". Un instant, mes pensées s'égarent vers la Bretagne, où, lors de mes vacances l'année précédente, j'avais été témoin du "Pardon" de Guingamp,

Le soir, j'allais sur les boulevards avec mon père, et nous nous rendions ensuite dans un ou deux clubs publics. Les promeneurs du boulevard avaient beaucoup à dire. Le général Ambert, qui sous l'Empire avait été maire de notre arrondissement, s'était brouillé avec ses hommes, pour avoir parlé avec mépris de la République, et après avoir été sommairement arrêté par quelques-uns d'entre eux, avait été déchu de son commandement. En outre, le *Journal officiel* avait publié une circulaire adressée par Bismarck aux diplomates allemands à l'étranger, dans laquelle il déclarait formellement que si la France désirait la paix, elle devrait donner des « garanties matérielles ». Cette idée fut cependant vigoureusement rejetée par les Boulevardier, d'autant plus que des rumeurs de succès français soudains, dont on ne savait d'où, régnaient dans l'air. Le scandale retint cependant l'attention de nombreuses personnes attablées dans les cafés, car le *Rappel* , l'organe de Victor Hugo, avait imprimé ce jour-là une lettre adressée à Napoléon III par sa maîtresse Marguerite Bellenger, qui y avouait l'avoir trompée. amante impériale quant à la paternité de son enfant.

Cependant nous allâmes, mon père et moi, des boulevards aux Folies-Bergère, transformées pour le moment en club public, et là nous écoutions quelque temps le citoyen Lermina, qui, prenant pour siennes la mission de Thiers et la dépêche de Bismarck, texte, protesta contre la conclusion par la France d'une paix ou même d'un armistice tant que les Allemands ne se seraient pas retirés de l'autre côté de la frontière. On ne parlait toujours pas peu de cette description. Le vieil agitateur Auguste Blanqui, longtemps enfermé dans une des cages du Mont Saint-Michel, mais désormais de nouveau à Paris, ne se lassait jamais de s'opposer à la paix dans les discours qu'il prononçait dans son club particulier, qui, comme le journal qu'il inspirait, , s'appelait « La Patrie en Danger ». Dans d'autres directions, par exemple au Club du Maine, les extrémistes attaquaient déjà le nouveau gouvernement pour son retard dans la distribution des cartouches aux gardes nationales, étant sans doute déjà impatients de prendre eux-mêmes le pouvoir.

Pendant que d'autres se promenaient ou péroraient, Trochu, dans sa chambre au Louvre, recevait télégramme sur télégramme l'informant que les Allemands encerclaient désormais la ville à grands pas. Lui-même, semble-t-il, n'avait aucune idée de l'empêcher ; mais, sur la suggestion pressante de son vieil ami et camarade le général Ducrot, il avait consenti à ce qu'on s'efforçât de retarder, en tout cas, un investissement complet. Dans un chapitre précédent, j'ai eu l'occasion de mentionner Ducrot à propos des avertissements que Napoléon III reçut concernant les préparatifs militaires de la Prusse. A cette époque, en 1870, le général avait cinquante-trois ans, et donc encore dans la fleur de l'âge. Comme commandant d'une partie des forces de MacMahon, il s'était distingué à la bataille de Wörth, et lorsque le maréchal fut blessé à Sedan, ce fut lui qui, par droit d'ancienneté, assuma d'abord le commandement de l'armée, étant ensuite contraint, cependant, de céder le poète à Wimpfen, conformément à un ordre de Palikao produit par Wimpfen. Inclus lors de la capitulation, parmi les prisonniers faits par les Allemands, Ducrot s'est ensuite évadé – les Allemands prétendant qu'il avait rompu sa libération conditionnelle en agissant ainsi, bien que cela ne semble pas avoir été le cas. Aussitôt après, il se rendit à Paris pour se mettre à la disposition de Trochu. A Wörth, il avait suggéré certaines tactiques qui auraient pu profiter à l'armée française ; à Sedan, il avait voulu faire un suprême effort pour percer les lignes allemandes ; Et maintenant, à Paris, il proposa à Trochu un plan qui, s'il réussissait, pourrait, pensait-il, retarder l'investissement et couper momentanément les forces allemandes en deux.

Pour tenter de réaliser ce projet (19 septembre), Ducrot emmena avec lui la majeure partie du corps de Vinoy, soit quatre divisions d'infanterie, un peu de cavalerie et pas peu d'artillerie, ayant en effet, selon son propre récit, soixante-douze canons avec lui. . L'action se déroule sur le plateau de Châtillon (au sud de Paris), où les Français construisent une redoute, pourtant encore très inachevée. Ce matin-là, au point du jour, tous les quartiers de Paris situés sur la rive gauche de la Seine furent réveillés par un grand grondement de canons. Le bruit était parfois presque assourdissant, et il est certain que les Français ont tiré un grand nombre de projectiles, même si, assurément, le nombre — 25 000 — donné dans une copie du rapport officiel que j'ai sous les yeux doit être une erreur d'écriture. Quoi qu'il en soit, les Allemands ont répondu par un feu encore plus terrifiant que celui des Français et, comme cela s'était déjà produit à Sedan et ailleurs, l'artillerie française s'est avérée incapable de faire le poids face à celle émanant des célèbres ateliers de Krupp. La défaite française fut cependant précipitée par une soudaine panique qui surgit parmi un régiment provisoire de zouaves, qui fit brusquement demi-tour et s'enfuit. La panique est souvent, sinon toujours, contagieuse, et cela s'est avéré être le cas cette fois-ci. Si certaines gardes mobiles, notamment les Bretons d'Ile-et-Vilaine, combattent bien, grâce à l'appui de l'artillerie (si indispensable dans le cas de troupes inexpérimentées), d'autres s'affaiblissent et imitent l'exemple des gardes mobiles. Zouaves. Duorot se rend vite compte qu'il est inutile de prolonger la rencontre, et après avoir dopé les canons installés dans la redoute de Châtillon, il se retire sous la protection des forts de Vanves et de Montrouge.

Mon père et moi nous étions précipités vers le sud de Paris dès que la canonnade nous avait annoncé qu'un engagement avait lieu. Pitoyable était le spectacle offert par les soldats démobilisés alors qu'ils se précipitaient sur la chaussée du Maine. Beaucoup avaient jeté leurs armes. Certains continuaient avec découragement ; d'autres faisaient irruption dans les débits de vin, réclamaient à boire en les menaçant, et sortaient bientôt en jurant, en injuriant et en criant : « Nous sommes trahis ! Des chevaux sans cavalier passaient, suivant instinctivement les hommes, et on apercevait çà et là un officier ahuri et indigné, dont les ordres étaient repérés par des huées. Toute cette scène était de mauvais augure pour la défense de Paris.

Plus tard, lorsque nous atteignîmes les boulevards, nous y trouvâmes les rumeurs les plus folles. Personne ne savait exactement ce qui s'était passé, mais on parlait de 20 000 soldats français anéantis par cinq fois plus d'Allemands. Enfin une proclamation émanant de Gambetta fut affichée et lue avec attention. Il ne fournit aucun détail sur les combats, mais exhorte les Parisiens à ne céder ni à l'excitation ni au découragement, et leur rappelle qu'une cour martiale a été instituée pour juger les lâches et les déserteurs. Alors l'excitation parut s'apaiser et les gens allèrent dîner. Une heure après, les boulevards étaient toujours aussi gais, remplis de nouveau de promeneurs, parmi lesquels se trouvaient de nombreux officiers de la Garde mobile et le régiment habituel de femmes peintes. Le cynisme et la frivolité étaient à nouveau de mise. Mais au milieu de tout cela, survint un incident inattendu. Quelques gardes nationales du district n'étaient pas anormalement dégoûtées par le spectacle que présentaient les boulevards quelques heures seulement après que le malheur était tombé sur les armes françaises. Se formant donc en corps, ils marchèrent en appelant à haute voix les cafés à fermer. Ils furent particulièrement indignés lorsqu'en arrivant au restaurant Brébant, à l'angle du faubourg Montmartre, ils entendirent quelqu'un jouer un air offenbachien entraînant sur un piano. Un groupe de *viveurs insouciants* et *de demoiselles* du demi-monde s'amusaient ensemble comme aux beaux jours impériaux. Mais le piano fut bientôt réduit au silence, les cafés et les restaurants furent contraints de fermer, et le monde boulevardien rentra chez lui un peu apaisé. Le siège de Paris avait commencé.

V

ASSIÉGÉ

La reddition de Versailles – Le capitaine Johnson, messager de la reine – Fini les modes parisiennes ! – Les Prussiens contre les Allemands – Les dures conditions de paix de Bismarck – Les tentatives de passage des lignes allemandes – La Chartreuse Verte comme un explosif ! – Le parti de Tommy Webb et les Allemands – Les courriers et les premiers ballons — Nos arrangements avec Nadar — Le départ de Gambetta et le voyage en ballon — Les vers amusants d'Albert Millaud — Blagues et satire de siège — L'espion et la folie des signaux — Les Amazones à la rescousse !

C'est à une heure de l'après-midi du 19 septembre que les fils télégraphiques entre Paris et Versailles, les derniers qui nous reliaient au monde extérieur, furent brusquement coupés par l'ennemi ; la ville si étroitement associée au Grand Monarque et à sa magnificence s'étant alors rendue à une très petite force d'Allemands, bien qu'elle disposât de quelques milliers d'hommes — mobiles et gardes nationales — pour la défendre. La capitulation convenue entre le maire et l'ennemi fut violée de manière flagrante par ce dernier presque aussitôt qu'elle fut conclue, ce qui n'est qu'un des nombreux cas de ce genre qui se produisirent pendant la guerre. Versailles devait fournir à l'envahisseur un certain nombre de bœufs à abattre pour se nourrir, de nombreux tonneaux de vin dont le but était évident et une importante réserve de fourrage évaluée à 12 000 £. Après tout, cependant, ce n'était qu'une bagatelle en comparaison de ce que les forces actuelles du Kaiser exigeraient probablement en débarquant à Hull, à Grimsby ou à Harwich, si elles le faisaient un jour. Mais aux termes de la capitulation de Versailles, les gardes nationales locales devaient rester armées et chargées de la police intérieure de la ville et, d'ailleurs, il n'y aurait plus eu de réquisitions. Mais Bismarck et Moltke ont fait caca toutes ces stipulations, et les Versaillais ont dû se soumettre à de nombreuses indignités.

Ce jour-là, à Paris, le gouvernement de la Défense nationale s'occupa de diverses manières : d'abord en imposant des amendes, selon une échelle croissante, à tous les absents qui auraient dû rester dans la ville et prendre leur part du service militaire ; et, deuxièmement, en décrétant que quiconque ayant de l'argent déposé à la Caisse d'Epargne n'aurait pas le droit de retirer plus de cinquante francs, sinon deux livres, laissant la totalité du solde de son dépôt à la disposition du gouvernement. Cette mesure ne provoqua pas peu de mécontentement. C'est également le 19 septembre, premier jour du siège, que le dernier courrier diplomatique entre dans Paris. Je me souviens bien de l'incident. Tandis que je me promenais le long du faubourg Saint Honoré, j'aperçus soudain une *calèche ouverte* , tirée par une paire de chevaux, chevauchant l'un d'eux par un postillon vêtu du costume traditionnel : cheveux à la Catogan, veste à parements écarlates, chapeau à bande d'or. , des bottes énormes et tous les autres accessoires que l'on a vu pendant de longues années sur scène dans l'opéra-comique enjoué mais "impossible" d'Adolphe Adam "Le Postillon de Longjumeau". L'espace d'un instant, en effet, j'ai eu envie de fredonner le fameux refrain : « Oh, oh, oh, oh, qu'il était beau » — mais de nombreux gardes nationaux et autres considéraient l'équipage avec une grande méfiance, d'autant plus qu'il était occupé par des militaires. sur une personne en tenue semi-militaire. Un grand nombre de personnes pensèrent que ce personnage devait être un espion prussien et désirèrent donc arrêter sa voiture et l'emmener en prison. En fait, cependant, il s'agissait d'un officier britannique, le capitaine Johnson, qui remplissait les fonctions de messager de la reine ; et comme il brandissait à plusieurs reprises une canne d'une manière très menaçante, et que le portier de l'ambassade britannique - un Allemand, je crois - venait énergiquement à son secours, il échappa à toute agression et se dirigea en triomphe dans la cour de l'ambassade. manoir.

A cette époque, un grand choc attendait les Parisiens. La même semaine, la vicomtesse de Renneville publiait un communiqué indiquant qu'en présence des événements qui se produisaient, elle était contrainte de suspendre la publication de son célèbre journal de modes, *La Gazette Rose*. Ce fut un coup tragique tant pour les Parisiens eux-mêmes que pour le monde entier. Il n'y aurait plus de mode parisienne ! À quel désespoir des millions de femmes ne seraient-elles pas réduites ? Comment s'habilleraient-ils, même en supposant qu'ils parvenaient à s'habiller ? Cette pensée était épouvantable ; et tandis que les grands *couturiers* fermaient leurs portes, Paris commençait à se rendre compte que son prestige était bel et bien en danger.

Un ou deux jours après l'investissement, la ville devint très agitée à cause de la mission de Thiers auprès des tribunaux étrangers et de la visite de Jules Favre au quartier général allemand, les extrémistes rapportant que le gouvernement n'entendait pas être un gouvernement de défense nationale mais un de capitulation. En réponse à ces rumeurs, les autorités ont publié la fameuse proclamation dans laquelle elles disaient :

"La politique du Gouvernement est celle formulée en ces termes :
Pas un pouce de notre territoire. Pas une pierre de nos forteresses. Le Gouvernement le maintiendra jusqu'au bout."

Le lendemain 21 septembre, Gambetta rappelait personnellement que c'était le soixante-dix-huitième anniversaire de la fondation de la première République française et, après avoir rappelé aux Parisiens ce que leurs pères avaient alors accompli, il les exhortait à suivre cet illustre exemple. , et « assurer la victoire en affrontant la mort ». Le soir même, les clubs décidèrent qu'une grande manifestation aurait lieu le lendemain pour insister sur le fait qu'aucun traité ne serait discuté tant que les Allemands n'auraient pas été chassés de France, qu'aucun territoire, fort, navire ou trésor ne serait cédé. que toutes les élections soient ajournées et qu'une *levée en masse* soit décrétée. Jules Favre répondit que lui et ses collègues incarnaient la Défense et non la Reddition, et Rochefort — pauvre Rochefort ! — promit solennellement que les barricades de Paris seraient commencées le soir même. Cette entreprise plut énormément aux agitateurs, bien que l'usage desdites barricades ne fût pas apparent ; et les manifestants se dispersèrent aux cris habituels de "Vive la République ! Mort aux Prussiens !"

A propos de ce dernier cri, il est curieux que, du début à la fin de la guerre, les Français aient constamment ignoré la présence des Saxons, des Wurtembergs, des Hessois, des Badois, etc., dans les armées d'invasion. De plus, à une ou deux reprises seulement (comme dans l'épisode de Bazeilles de la bataille de Sedan) ils manifestèrent une animosité particulière contre les Bavarois. J'ai dû entendre « Mort aux Prussiens ! crié au moins mille fois ; mais certainement je n'ai jamais entendu un seul cri de « Mort aux Allemands ! Toujours dans le même ordre d'idées, permettez-moi de mentionner que c'est à Paris, pendant le siège, que l'éminent naturaliste et biologiste Quatrefages de Bréau écrivit son curieux petit livre, « La Race Prussienne », dans lequel il affirmait que les Prussiens étaient pas du tout des Allemands. Il y avait au moins une certaine part de vérité dans les opinions qu'il a exprimées.

Comme je l'ai indiqué précédemment, Jules Favre, ministre des Affaires étrangères de la Défense nationale, s'était rendu au quartier général allemand pour discuter de la situation avec le prince (alors comte) de Bismarck. Il le rencontra à deux reprises, d'abord au Château de la Haute Maison du Comte de Rillac, puis au Château de Ferrières du Baron de Rothschild - le personnel allemand s'installant habituellement dans les « maisons de plaisir » seigneuriales de la noblesse ou de l'aristocratie financière française, et les laissant aussi sales que possible et, bien sûr, privés de leurs montres. Le baron Alphonse de Rothschild me raconta plus tard que seize horloges avaient été emportées à Ferrières pendant que le roi (plus tard l'empereur) Guillaume et Bismarck y séjournaient. Je présume qu'ils décorent aujourd'hui certains salons du château de Berlin, ou peut-être ceux de Varzin et de Friedrichsruhe. Bismarck avait personnellement une passion démesurée pour les horloges, comme s'en souviendront tous ceux qui ont visité ses quartiers de la Wilhelmstrasse, lorsqu'il était chancelier allemand.

Mais il ne se contente pas des horloges de Ferrières. Il dit à Jules Favre que si la France voulait la paix, elle devait céder les deux départements du Haut et du Bas-Rhin, une partie du département de la Moselle, ainsi que Metz, Château Salins et Soissons ; et il n'accorderait un armistice (pour permettre l'élection d'une Assemblée nationale française chargée de décider de la question de la guerre ou de la paix) qu'à la condition que les Allemands occupent Strasbourg, Toul et Phalsburg, ainsi qu'une forteresse, comme le Mont Valérien. , commandant la ville de Paris. De telles conditions raidirent naturellement le dos des Français et, pendant un certain temps, il ne fut plus question de négociation.

Dans les premiers jours du siège de Paris, je rencontrai divers Anglais qui, ayant retardé leur départ jusqu'à ce qu'il soit trop tard, se trouvèrent enfermés dans la ville et désiraient particulièrement en sortir. L'ambassade britannique ne leur a apporté aucune aide dans cette affaire. Après avoir publié sa maigre annonce dans *le Messager de Galignani*, elle a estimé qu'il n'y avait aucune raison pour elle d'aller plus loin. De plus, la Grande-Bretagne n'avait pas reconnu la République française, de sorte que la situation de M. Wodehouse était quelque peu difficile. Cependant, quelques Anglais « emprisonnés » tentèrent de s'échapper de la ville par leurs propres moyens. Deux d'entre eux, partis ensemble, comptant bien traverser les lignes allemandes et atteindre ensuite une gare convenable, suivirent le cours de la Seine pendant plusieurs kilomètres sans pouvoir la traverser, et malgré leurs mouchoirs de poche agités (sinon drapeaux de trêve) et leurs cris constants de "Anglais ! Amis !" etc., ont été la cible de tirs répétés de la part des avant-postes français et allemands. Ils atteignirent enfin Rueil, où les villageois, constatant à quel point leur français était mauvais, les prirent pour des espions prussiens et faillirent les lyncher. Heureusement, le commissaire de police local crut à leur histoire, et ils furent renvoyés à Paris pour affronter la chair de cheval et bien d'autres épreuves qu'ils avaient particulièrement désiré éviter.

Je me souviens également du représentant d'une usine d'armes légères de Birmingham qui m'a raconté sa tentative infructueuse de s'échapper. Il s'était attardé à Paris dans l'espoir de conclure un contrat avec le nouveau gouvernement républicain. N'ayant pas assez d'argent pour affréter un ballon et l'ambassade, comme d'habitude à cette époque, refusant toute aide (ô ombres de Palmerston !), il partit comme pour une promenade à pied avec un sac à dos attaché aux épaules et un parapluie dans sa main. Son espoir était de traverser la Seine par le pont de Saint Cloud ou par celui de Suresnes, mais il échoua dans les deux tentatives et fut la cible de tirs répétés de la part des avant-postes français vigilants. Après s'être égaré dans le bois de Boulogne, y réveillant bœufs et moutons au cours de sa promenade nocturne, il trouva enfin une des petites cabanes élevées pour abriter les jardiniers et les bûcherons, et y resta jusqu'au point du jour. , lorsqu'il put prendre ses repères et se diriger vers la porte d'Auteuil des remparts. Comme il ne voulait plus qu'on lui tire dessus, il jugea opportun de hisser son mouchoir de poche au bout de son parapluie en signe de ses intentions pacifiques, et trouvant la porte ouverte et le pont-levis baissé, il tenta d'entrer dans la ville. , mais fut immédiatement interpellé par les gardes nationaux en service. Ces patriotes vigilants observaient son état boueux — la veille avait été humide — et demandaient avec méfiance d'où il venait à cette heure matinale. Sa réponse étant donnée dans un français approximatif et d'une manière très embarrassée, il fut aussitôt considéré comme un espion prussien et traîné au corps de garde. Là, il a été soigneusement fouillé et tout ce qu'il avait dans ses poches lui ayant été retiré, y compris une petite bouteille que le sergent de service considérait avec de graves soupçons, on lui a dit que son sort serait décidé lorsque le commandant de ce *secteur particulier* des remparts faisait sa tournée.

Lorsque cet officier est arrivé, il a interrogé de près le prisonnier, qui a tenté d'expliquer sa situation et a protesté que son innocence était démontrée par le passeport britannique et d'autres papiers qui lui avaient été confisqués. "Oh ! les papiers ne prouvent rien !" fut la réplique prompte. "Les espions reçoivent toujours des papiers. Mais venez, j'ai la preuve que vous êtes un méchant absolu!" En disant cela, l'officier sortit la petite bouteille qui avait été prise au malheureux voyageur et ajouta : " Vous voyez cela ? Vous l'aviez dans votre poche. Maintenant, n'essayez pas de me tromper, car je sais très bien ce que c'est. " la nature du liquide vert qu'il contient — c'est un fluide combustible avec lequel vous avez voulu mettre le feu à nos *chevaux de frise* !

Les dénégations et les protestations ont été vaines. L'officier a refusé d'écouter son prisonnier jusqu'à ce que ce dernier lui propose enfin de boire un peu de ce terrible liquide afin de prouver que ce n'était pas du tout ce qu'il était censé être. Avec un peu de difficulté, le bouchon bien ajusté fut retiré du flacon, et lorsque celui-ci fut remis au prisonnier, celui-ci commença à s'imbiber d'une partie de son contenu, l'officier, pendant ce temps, se retirant à une courte distance, comme s'il imaginait que le le prétendu « espion » exploserait soudainement. Mais rien de tel ne s'est produit. En effet, le prisonnier buvait avec délectation cette terrible substance, faisait claquer ses lèvres et s'apprêtait même à prendre une seconde gorgée, lorsque l'officier, rassuré, s'approcha de nouveau de lui et lui exprima sa volonté de goûter lui-même le liquide suspect. Il le fit et découvrit aussitôt qu'il s'agissait purement et simplement d'une authentique Chartreuse verte ! Il ne fallut pas longtemps à tous deux pour épuiser cette provision de *liqueur* de Saint-Bruno, et aussitôt que cela fut fait, le prisonnier fut remis en liberté avec de grandes excuses.

De temps en temps, certains de ceux qui tentaient de quitter la ville assiégée y parvenaient. Dans un cas, un groupe de quatre ou cinq Anglais a exécuté le blocus dans la voiture traditionnelle et à deux. Ils avaient séjourné au Grand Hôtel, où restaient encore sept ou huit visiteurs, dont Labouchere, ainsi qu'à peu près le même nombre de domestiques pour les servir ; le célèbre caravansérail, alors sans doute le plus grand de Paris, étant par ailleurs totalement inoccupé. La voiture dans laquelle le groupe dont j'ai parlé était parti était conduite par un vieux jockey anglais nommé Tommy Webb, qui était en France depuis près d'un demi-siècle et qui avait monté les vainqueurs de certaines des toutes premières courses lancées par les Français. Club de Jockey. Mais le malheur l'avait rattrapé dans ses années de déclin, et il était devenu un simple « chauffeur de taxi » parisien. Le groupe sortit de la cour du Grand Hôtel, emportant avec lui plusieurs énormes paniers de provisions et une quantité d'autres bagages ; et tous les participants à la tentative semblaient confiants dans le succès. Mais quelques heures plus tard, ils revinrent très déçus, ayant été arrêtés près de Neuilly par les avant-postes français, faute de *laisser-passer officiel*. Cependant, un document de cette nature ayant été obtenu le lendemain du général Trochu, une seconde tentative fut faite, et cette fois le groupe traversa rapidement les lignes françaises. Mais en essayant de pénétrer ceux de l'ennemi, des aventures mélodramatiques se produisirent. Il fallut en effet esquiver à la fois les balles des Allemands et celles des Francs-tireurs français, qui ne rendaient le moindre respect ni à l'Union Jack ni au grand drapeau blanc qui étaient déployés de part et d'autre de la loge de Tommy Webb. -siège. Finalement, après bien des mésaventures, les hommes parvinrent à négocier avec un officier de cavalerie allemand, et après avoir adressé un appel écrit au prince héritier de Prusse (qui voulut bien l'accorder), ils furent emmenés, les yeux bandés, à Versailles, où Blumenthal, chef d'état-major du prince héritier, leur demanda des renseignements sur l'état actuel de Paris, puis leur permit de poursuivre leur route.

Le capitaine Johnson, le messager de la reine dont j'ai déjà parlé, parvint également à quitter Paris de nouveau ; mais les Allemands le placèrent sous stricte surveillance et Blumenthal lui dit qu'aucun messager de la reine ne serait plus autorisé à traverser les lignes allemandes. Cependant, vers la même époque, le domestique anglais d'un des aides de camp de Trochu parvint non seulement à gagner Saint-Germain-en-Laye, où résidait la famille de son maître, mais aussi à revenir à Paris avec des messages. Ce jeune homme s'était habilement déguisé en paysan français, et lorsque le préfet de police eut vent de ses aventures, il envoya plusieurs détectives sous des déguisements similaires, avec instruction de s'informer autant qu'ils pourraient sur l'ennemi et de lui en rendre compte. Pendant ce temps, la Poste de Paris s'efforçait d'envoyer des courriers. L'un d'eux, nommé Létoile, parvient à atteindre Evreux, en Normandie, et à revenir dans la ville assiégée avec quelques centaines de lettres. Le succès fut également récompensé à plusieurs reprises par les efforts de deux gaillards astucieux, nommés Gême et Brare, qui firent plusieurs voyages à Saint-Germain, à Triel et même à Orléans. Une fois, ils emportèrent avec eux jusqu'à sept cents lettres à leur retour à Paris ; mais entre vingt et trente autres courriers ne parvinrent pas à franchir les lignes allemandes ; tandis que plusieurs autres tombèrent aux mains de l'ennemi, qui confisqua aussitôt la correspondance qu'ils transportaient, mais ne les molesta pas autrement.

La difficulté d'envoyer des lettres hors de Paris et d'obtenir des nouvelles de parents et d'amis dans d'autres régions de France donna lieu à toutes sortes de stratagèmes. Le fondateur et rédacteur en chef de ce célèbre journal *Le Figaro* , Hippolyte de Villemessant, comme il se faisait appeler, même si je crois que son vrai prénom était Auguste, a déclaré dans son journal qu'il se laisserait volontiers ouvrir les veines en échange de quelques lignes de son épouse bien-aimée et absente. L'affection conjugale ne pouvait guère aller plus loin. Villemessant poursuivit cependant sa touchante déclaration en annonçant que mille francs (40 £) par semaine devaient être gagnés par un homme capable et disposé à servir de facteur entre Paris et la province. Tous ceux qui se sentaient qualifiés pour ce poste étaient invités à se présenter au bureau du *Figaro* , situé à l'époque rue Rossini, du nom bien sûr de l'illustre compositeur qui écrivait une musique si enjouée autour du thème de Beaumarchais. ' comédie. A la suite de l'annonce de Villemessant, la rue fut bloquée pendant les quarante-huit heures suivantes par des hommes de toutes classes, d'autant plus désireux de gagner les 40 £ par semaine mentionnées ci-dessus que presque tous les travaux étaient à l'arrêt, et le traitement journalier d'une garde nationale ne s'élevait qu'à 1_s._ 2-1/2_d._

Il était difficile de choisir parmi tant de candidats, mais on finit par nous assurer que l'homme qu'il fallait avait été trouvé en la personne d'un braconnier à la retraite qui savait si bien contourner les gardes ruraux et les gardes forestiers, qu'au cours d'une carrière de vingt des années environ, il n'avait jamais été pris *en flagrant délit* . Expert d'ailleurs en jeu de traque, il saurait aussi bien déceler — et éviter — les traces des Prussiens. Nous étions donc invités à confier notre correspondance à ce sagace individu, qui se chargerait de la faire passer à travers les lignes allemandes et de revenir avec les réponses dans une semaine ou dix jours. Le prix de chaque lettre, qui devait être de très petit poids et de très petites dimensions, était fixé à cinq francs, et on estimait que l'ex-braconnier pourrait transporter environ 200 lettres à chaque voyage.

Beaucoup de gens étaient impatients d'essayer le projet, mais les journaux rivaux le dénoncèrent comme étant un moyen d'informer les Prussiens de tout ce qui se passait à Paris - Villemessant, qui, selon eux, avait reçu des pots-de-vin de l'Empire déchu, était probablement l'un des agents payés par Bismarck. . Ainsi, l'entreprise s'effondra rapidement sans même avoir été mise à l'épreuve. Cependant, le public a été exploité avec succès par divers individus qui ont tenté d'améliorer l'idée de Villemessant, en s'engageant à envoyer des lettres hors de Paris moyennant un montant fixe, dont la moitié devait être restituée à l'expéditeur si sa lettre n'était pas livrée. Comme aucune des lettres remises à ces conditions n'était même confiée à un messager, les ingénieux auteurs de ce projet ont fait un beau bénéfice, rendant poliment la moitié de l'argent qu'ils recevaient, mais conservant le solde sans faire le moindre effort pour l'exécuter. leur contrat.

Le Dr Rampont, un homme très intelligent, qui était maintenant notre ministre des Postes, avait déjà publié une circulaire nous enjoignant d'utiliser le papier le plus fin et les enveloppes les plus petites que l'on puisse se procurer. Devant tant d'échecs parmi les messagers qu'il envoyait de Paris avec sa correspondance, l'idée d'un service postal en ballon lui vint. Même si environ quatre-vingt-dix ans se sont écoulés depuis l'époque des frères Montgolfier, l'aéronautique n'a en réalité que très peu progressé. Il n'y avait aucun ballon dirigeable. Les premières expériences de Dupuy de Lôme ne datent que des jours de siège et le dirigeable de Renard n'est conçu qu'au début des années quatre-vingt. Nous n'avions à notre disposition que des ballons du type ordinaire ; et au début de l'investissement, il n'y avait certainement pas plus d'une demi-douzaine de ballons dans nos lignes. Une grande ville comme Paris n'est pourtant pas dépourvue de ressources. On y trouvait tout le nécessaire à la construction des ballons. Le gaz était également disponible, et nous avions parmi nous un certain nombre d'hommes experts dans la science des ballons, telle qu'elle existait alors. Il y avait Nadar, il y avait Tissandier, il y avait les frères Godard, Yon, Dartois et bien d'autres. Les Godard et les Nadar établirent des usines de ballons, généralement situées dans nos grandes gares désaffectées, comme la Gare du Nord, la Gare d'Orléans et la Gare Montparnasse ; mais je me souviens aussi d'en avoir visité un que Nadar avait installé dans le dancing de l'Elysée Montmartre. Chacune de ces usines fournissait du travail à un bon nombre de personnes, et je me souviens avoir été particulièrement frappé par le nombre de femmes employées à la fabrication de ballons. Ce travail leur était d'une grande aide, et Nadar me disait qu'il était peiné de devoir refuser tant de candidats à un emploi, car chaque jour dix, vingt, trente femmes venaient le supplier de « les prendre en charge ». ". Presque tous leurs ateliers habituels étaient fermés ; certains furent réduits à vivre de charité et seules de très petites allocations, de cinq à sept pence par jour, furent versées aux épouses et aux familles des gardes nationaux.

Mais pour en revenir au service postal par ballons organisé par le gouvernement, mon père et moi-même avons tout de suite compris qu'il ne pourrait nous être d'aucune utilité en ce qui concerne le travail pour l' *Illustrated London News , en raison de la* restrictions qui étaient imposées quant à la taille et au poids de chaque lettre pouvant être postée. Le poids, en effet, était fixé à trois grammes au maximum ! Or, il y avait un certain nombre d'artistes travaillant pour l' *Illustrated* à Paris, au premier rang desquels M. Jules Pelcoq, qui a dû fournir personnellement les deux tiers des croquis par lesquels le public britannique était informé des nombreux incidents de La vie de siège parisien. Le journal hebdomadaire que j'aidais à rédiger avec mon père pouvait être rédigé avec une petite écriture sur du papier très fin, presque transparent, et expédié de la manière ordinaire. Mais comment contourner les autorités en ce qui concerne nos croquis, souvent de dimensions considérables, et toujours réalisés sur un papier assez épais, la grande majorité étant des lavis ? De plus, même si je pouvais préparer deux ou trois ébauches de notre journal ou de notre autre « copie » pour les expédier par ballons successifs – pour parer au cas où l'un de ces derniers tomberait entre les mains de l'ennemi – il semblait absurde que nos artistes devraient doivent recopier chaque croquis qu'ils ont fait. Heureusement, il existait la photographie, dont la pensée apportait la solution à l'autre difficulté dans laquelle nous nous trouvions placés.

J'ai été envoyé interviewer Nadar sur la place Saint-Pierre à Montmartre, au-dessus de laquelle son ballon captif le « Neptune » oscillait dans la brise de septembre. C'était à peu près le même homme que celui que j'avais vu au Crystal Palace quelques années auparavant, grand, roux et en chemise rouge. Il avait débuté sa vie comme caricaturiste et humoriste, mais pour gagner son pain, il s'était lancé dans le métier de photographe, son établissement du boulevard de la Madeleine étant vite devenu très favorablement connu. On faisait encore un peu de « portraits » à Paris au début du siège. Les photographies des célébrités ou des notoriétés de l'époque se vendaient assez bien, et de temps à autre, quelque garde national ayant les moyens désirait se faire photographier dans son uniforme. Mais, bien entendu, les affaires avaient généralement décliné. Ainsi Nadar n'a-t-il que trop accepté la proposition que je lui ai faite au nom de mon père, à savoir que chaque croquis pour l' *Illustré* serait apporté à son établissement et y serait photographié, afin que nous puissions en envoyer des copies dans au moins trois ballons successifs.

Lorsque j'abordai avec Nadar le sujet de la réglementation postale relative au poids et aux dimensions des lettres, il me répondit cordialement : « Laissez-moi faire. Vos paquets n'ont pas du tout besoin de passer par la poste ordinaire, du moins ici à Paris. Faites-les tamponner, mais apportez-les chaque fois qu'un ballon va s'envoler, et je veillerai à ce que l'aéronaute les prenne dans sa poche, partout où il se posera, elles seront postées, comme les lettres dans les sacs officiels.

Ce plan fut exécuté et bien que plusieurs ballons furent perdus ou tombèrent à l'intérieur des lignes allemandes, seul un petit paquet de croquis, qui, pour des raisons d'urgence, n'avait pas été photographié, resta par la suite introuvable. Dans tous les autres cas, soit le dessin original, soit l'une de ses copies photographiques, est parvenu à Londres en toute sécurité.

Le tout premier ballon à quitter Paris (début octobre) fut précisément le « Neptune » de Nadar, initialement destiné à des fins d'observation militaire.

Un jour que j'étais avec Nadar sur la place Saint-Pierre, il m'y accueillit. J'ai trouvé l'expérience nouvelle mais pas agréable, car toute ma vie j'ai eu tendance au vertige en montant à une hauteur inhabituelle. Je me souviens qu'il faisait temps clair et que nous avions une belle vue à vol d'oiseau sur Paris d'un côté et sur la plaine de Saint-Denis de l'autre, mais j'avoue que je me sentais dépaysé et que j'étais heureux de remettre les pieds sur *la terre ferme*
.

A partir de ce jour, je me contentai d'assister à l'ascension de tel ou tel ballon, sans éprouver aucune envie de sortir de Paris par son service de transport aérien. J'ai dû assister au départ de pratiquement tous les ballons qui quittaient Paris jusqu'à ce que je quitte moi-même la ville en novembre. Les arrangements pris avec Nadar se perfectionnèrent, et quelque chose de très semblable fut imaginé avec les frères Godard, de sorte que nous étions toujours prévenus lorsqu'il était proposé d'envoyer un ballon. Quelquefois nous recevions par messager, le soir, l'annonce qu'un ballon décollerait le lendemain au point du jour. Parfois nous étions réveillés aux petites heures du matin, alors qu'il fallait rassembler en toute hâte et transporter immédiatement au point de départ, comme par exemple le terminus du chemin de fer du Nord ou celui d'Orléans, tous deux étant à à une distance considérable de notre appartement de la rue de Miromesnil. Ce n'étaient pas des promenades agréables, surtout lorsque le froid s'était installé, comme ce fut le cas au début de l'automne ; et de temps en temps, à la fin du voyage, on constatait qu'il avait été fait en vain, car le vent ayant tourné au dernier moment, le départ du ballon avait été ajourné. Bien sûr, la seule chose à faire était de rentrer péniblement chez soi. Il n'y avait pas de service omnibus, tous les chevaux ayant été réquisitionnés, et à la fin du mois d'octobre, il n'y avait plus qu'une vingtaine de fiacres (tirés par des animaux décrépits) qui circulaient encore en location dans tout Paris. Le poney de Shanks était donc le seul moyen de locomotion.

Au début, mon père m'accompagnait dans quelques-unes de ces expéditions, mais il s'en lassa bientôt, d'autant plus que sa santé était affectée par le régime de siège. Nous étions pourtant ensemble lorsque Gambetta partit le 7 octobre, remontant de la place Saint-Pierre dans un ballon construit par Nadar. Il avait été convenu qu'il partirait en province, afin de renforcer les trois délégués gouvernementaux qui y avaient été envoyés avant l'investissement. Jules Favre, le ministre des Affaires étrangères, avait été préalablement invité à se joindre à ces délégués, mais il ne voulait pas se confier à un ballon, et on proposa alors à Gambetta de le faire. Il accepta volontiers cette suggestion, d'autant plus qu'il craignait que le reste du pays ne soit négligé, en raison de l'opinion dominante selon laquelle Paris suffirait à se délivrer elle-même et tout le reste de la France de la présence de l'ennemi. Né en avril 1838, il était alors dans sa trente-troisième année et plein de vigueur, comme le montra la suite. Les délégués qu'il allait rejoindre étaient, comme je l'ai déjà dit, des hommes très âgés, bien intentionnés sans doute, mais incapables de faire le grand effort que fit Gambetta en collaboration avec Charles de Freycinet, alors dans la fleur de l'âge. , étant l'aîné du jeune dictateur d'une dizaine d'années.

Je revois encore le départ de Gambetta, et particulièrement son apparence à cette occasion, son bonnet de fourrure et son manteau de fourrure qui le faisaient ressembler un peu à un juif polonais. Il était accompagné de son secrétaire, le dévoué Spuller. Je ne me souviens pas du nom de l'aéronaute qui commandait le ballon, mais, si ma mémoire est bonne, c'est précisément à lui que Nadar a remis le paquet de croquis qui n'est pas parvenu à l' *Illustrated London News* . Ils ont dû se perdre dans la confusion du voyage aérien, marqué par plusieurs incidents dramatiques. Certains récits disent que Gambetta a manifesté beaucoup d'anxiété pendant les préparatifs de l'ascension, mais il m'a semblé être d'une humeur remarquablement bonne, comme s'il, en effet, dans l'attente agréable de ce qu'il allait vivre. Quand, en réponse à l'appel de « Lachez tout ! les matelots lâchèrent les derniers câbles qui empêchaient jusqu'alors le ballon de s'élever, et la foule éclata aux cris de « Vive la République ! et "Vive Gambetta!" le «jeune homme d'État», comme on l'appelait alors, se pencha par-dessus le côté de la voiture et agita sa casquette en réponse aux applaudissements. [Un autre ballon, le « George Sand », montait au même moment, ayant dans son wagon divers fonctionnaires qui devaient négocier l'achat d'armes à feu aux États-Unis.]

Le voyage fut mouvementé, car les Allemands tirèrent à plusieurs reprises sur le ballon. Une première tentative de descente a dû être abandonnée lorsque la voiture n'était plus qu'à 200 pieds d'altitude, car à ce moment-là, des soldats allemands ont été aperçus presque immédiatement en dessous. Ils tirèrent, et avant que le ballon ne puisse remonter, une balle effleura la tête de Gambetta. A quatre heures de l'après-midi, cependant, la descente reprit près de Roye dans la Somme, lorsque le ballon fut pris dans un chêne, Gambetta s'accrochant un moment aux cordes de la voiture, la tête en bas. Quelques campagnards arrivèrent très en colère, croyant que c'étaient des Prussiens ; mais, en apprenant la vérité, ils apportèrent toute l'aide possible, et Gambetta et ses compagnons se rendirent chez le maire du village voisin de Tricot. Faisant allusion plus tard à ses expériences au cours de ce voyage, le grand homme a déclaré que la terre, telle qu'il la voyait depuis le chariot du ballon, ressemblait à un immense tapis tissé au hasard avec des laines de différentes couleurs. Cela ne l'impressionnait pas du tout, ajoutait-il, car il ne s'agissait en réalité que d'une « vilaine chinoiserie ». C'est de Rouen, où il arriva le lendemain, qu'il publia la fameuse proclamation dans laquelle il appelait la France à pactiser avec la victoire ou la mort. Le 9 octobre, il rejoint les autres délégués à Tours et prend les fonctions de ministre de la Guerre ainsi que de ministre de l'Intérieur.

Son départ de la capitale fut célébré par l'habile versificateur de l'époque, Albert Millaud, qui donna au *Figaro* une effusion amusante, dont le premier vers était à cet effet :

"Gambetta, pâle et sombre,
désirait beaucoup aller à Tours, mais deux cent mille Prussiens dans son projet le faisaient hésiter. Pour aider le jeune homme d'État vint l'aéronaute Nadar, qui envoya l'Armand Barbes avec Gambetta dans sa voiture. "

Plus loin, les lignes suivantes, censées avoir été prononcées par Gambetta lui-même, alors qu'il regardait les lignes allemandes au-dessous de lui :

"Voyez comme la plaine scintille
Avec leurs casques en masse ! L'empalement serait terrible Sur ces pointes de cuivre poli !"

Millaud, qui était juif, fils, je crois — ou en tout cas proche parent — du célèbre fondateur du *Petit Journal*, dont l'avènement constitua un grand jalon dans l'histoire de la presse française, s'est fixé pour mission de , pendant plusieurs années de sa carrière, pour prouver la véracité de l'axiome selon lequel en France « tout fini par des chansons ». Durant ces jours de siège anxieux, il s'efforçait sans cesse de faire entendre une note gaie, quelque chose qui, pour un instant, du moins, pouvait chasser les ennuyeux soucis. Voici une version anglaise de quelques vers qu'il a écrits sur Nadar :

Quel drôle d'homme que Nadar,
Photographe et aéronaute ! Il est aussi intelligent que Godard. Quel étrange type est Nadar, bien que, entre nous, en ce qui concerne l'art, il ne sache rien. Quel étrange type est Nadar, photographe et aéronaute !

Pour guider le cours d'un ballon
Son esprit a conçu la vis merveilleuse. Un jour, il espère aller sur la lune Pour guider le cours d'un ballon. De l'amiral des « marines aériennes » bientôt, nous le verrons « aux prises dans le bleu » - Pour guider le cours d'un ballon Son esprit a conçu la vis merveilleuse.

Dans le royaume des airs,
il peut désormais revendiquer le premier rang.
Si le pauvre Gambetta, là-haut,
dans le royaume des airs, ne trouve pas de bonnes raisons de le regarder, eh bien, Nadar ne sera pas à blâmer. Là-haut, dans le royaume des airs, il peut désormais revendiquer le premier rang.

A Ferrières, au-dessus du parc,
Le voici s'élançant dans le ciel, S'élevant au ciel comme une alouette. A

Ferrières au-dessus du parc ; Tandis que Guillaume chuchote à Bismarck : « Silence, vois Nadar là-haut ! » À Ferrières au-dessus du parc Le voilà s'élançant dans le ciel.

Oh, tu es plus poilu que le roi Clodion,
Porteur de ce rapport, Toi plus jaune qu'un pur Cambodgien, Et bien plus audacieux que le roi Clodion, Nous allons couler ta statue au collodion Et la monter sur une cornue à gaz. Oh, tu plus poilu que le roi Clodion, porteur de ce rapport !

Peut-être que je ne trouverai pas trop pédant de ma part si j'explique que le roi Clodion mentionné dans le dernier vers de Millaud était le légendaire « Clodion le Poilu », un chef supposé des Francs du Ve siècle, réputé pour être un précurseur de l'Empire. fondateur de la dynastie mérovingienne. Les cheveux de Nadar, cependant, n'étaient pas longs comme ceux des *rois chevelus* , car c'était simplement une énorme tignasse bouclée et un peu rougeâtre. Quant à son teint, la phrase de Millaud, « jaune comme un pur Cambodgien », était une pensée heureuse.

Ces allusions aux vers enjoués de Millaud me rappellent que, tout au long du siège de Paris, le soi-disant *mot pour rire* n'a jamais été perdu de vue. De tout temps et sur tout, il y avait une surabondance de plaisanteries : plaisanteries sur les Allemands, sur la Garde nationale et mobile, sur la dynastie déchue et sur la nouvelle République, sur les sorties infructueuses, sur les misérables rations, sur le gaz défaillant, et bien d'autres encore. d'autres personnes et choses. Un général ennemi aurait dit un jour : « Je ne sais pas comment rassasier mes hommes. Ils se plaignent de la faim, et pourtant je les conduis tous les matins à l'abattoir. A une autre époque, un colonel français, d'idées conservatrices, aurait remplacé l'inscription « Liberté, Égalité, Fraternité », qu'il trouvait peinte sur les murs de sa caserne, par les mots « Infanterie, Cavalerie, Artillerie », déclarant que ces derniers étaient bien plus susceptibles de libérer le pays de la présence de l'ennemi détesté. Quant à la manie de la « trahison », très répandue à cette époque, on raconte qu'un soldat dit un jour à un camarade : « Je suis sûr que le capitaine est un traître ! "En effet ! Comment ça va ?" » fut la prompte réponse. "Eh bien," dit le soldat suspect, "n'avez-vous pas remarqué que chaque fois qu'il nous ordonne d'avancer, nous rencontrons invariablement l'ennemi ?"

Lorsque Trochu publia un décret incorporant tous les gardes nationaux de moins de quarante-cinq ans dans les bataillons en marche pour le service hors de la ville, l'un de ces gardes, lorsqu'on lui demanda quel âge il avait, répondit : « quarante-six. " "Comment c'est?" lui a-t-on demandé. "Il y a quelques semaines, tu disais à tout le monde que tu n'avais que trente-six ans." — C'est vrai, répondit l'autre, mais avec le service de rempart, les manifestations à l'Hôtel-de-Ville, les rations courtes et le froid, je me sens bien plus âgé de dix ans qu'avant. Lorsque la viande de cheval devint plus ou moins notre alimentation quotidienne, de nombreux *bourgeois parisiens* virent leur santé se détériorer. « Qu'y a-t-il, ma chérie ? Madame du Bois du Pont s'enquit de son mari, lorsqu'il s'était effondré un soir après dîner. " Oh ! ce n'est rien, *mon amie* " répondit-il ; "J'ose dire que je me sentirai bientôt à nouveau bien, mais je me croyais un meilleur cavalier !"

Dès que notre approvisionnement en gaz commença à manquer, les plaisantins insinuèrent qu'Henri Rochefort jubilait, et si vous en demandiez la raison, on vous répondait qu'à cause de la rareté du gaz, tout le monde serait obligé d'acheter des centaines de « *Lanternes* ». Bien sûr, nous avions beaucoup de sensations à cette époque, mais si l'on voulait couronner chacune d'entre elles, il suffisait d'entrer dans un café et de demander au serveur... un horaire de train.

J'ai déjà évoqué les caricatures de l'époque, notamment celles calomniant l'empereur Napoléon III et l'impératrice Eugénie, cette dernière étant actuellement personnifiée sous le nom de Messaline - ou même sous quelque chose de pire, et cela, bien sûr, sans la moindre ombre de justification. . Mais les caricaturistes ne se préoccupaient pas uniquement de la dynastie déchue. L'un des principaux dessinateurs du *Charivari* à cette époque était « Cham », autrement dit le vicomte Amédée de Noé, un vieil ami de ma famille. C'est d'ailleurs lui qui, avant la guerre, insistait pour que j'aille dans une école d'escrime en me disant : « Écoutez, si vous voulez vivre en France et être journaliste, il faut savoir tenir l'épée. Venez avec moi chez Ruzé, j'ai appris l'escrime à ton oncle Frank et à son ami Gustave Doré, il y a bien des années, et maintenant je vais te faire apprendre." Eh bien, dans l'une de ses caricatures publiées pendant le siège, Cham (dégoûté, comme la plupart des Français, de l'apparente indifférence de la Grande-Bretagne à l'égard du sort dans lequel se trouvait la France) résumait la situation, telle qu'il la concevait, en décrivant les Britanniques. Lion léchant les bottes de Bismarck, déguisé en Davy Crockett. Lorsque mon père fit des remontrances à Cham à ce sujet, lui rappelant ses propres liens avec l'Angleterre, le caricaturiste indigné répondit : « N'en parlez pas . J'ai renoncé à l'Angleterre et à toutes ses œuvres. Lui, comme d'autres Français de l'époque, affirmait que nous avions de grandes obligations envers la France à l'époque de la guerre de Crimée.

Parmi les meilleures caricatures des jours de siège, il y en avait une de Daumier, qui représentait la Mort apparaissant à Bismarck dans son sommeil et murmurant doucement : « Merci, merci beaucoup ». Une autre idée de l'époque trouve son expression dans un dessin animé représentant une grande souricière, étiquetée « France », dans laquelle marchait avec impatience une compagnie de souris déguisées en soldats allemands, leur officier montrant entre-temps un fromage fixé à l'intérieur du piège, et inscrit au nom de Paris. Sous le dessin se trouvait la légende : "Ah ! si seulement nous pouvions tous les attraper !" La plupart, voire la plupart, des caricatures de l'époque ne figuraient pas dans les journaux dits humoristiques, mais étaient publiées séparément au prix d'un centime pièce et étaient généralement coloriées au pochoir. Dans l'un d'eux, je me souviens, on voyait Bismarck portant des bottes de sept lieues et faisant des tentatives inefficaces pour passer de Versailles à Paris. Un autre représentait le roi de Prusse sous les traits du boucher Guillaume, couteau à la main et vêtu du costume orthodoxe de l'abattoir ; tandis que dans un autre dessin encore, le même monarque était représenté exhortant la pauvre Mort, tombée épuisée dans la neige, avec sa faux brisée à côté de lui, à continuer sa marche jusqu'à ce que le dernier membre de la nation française soit exterminé. Les caricatures représentant des cuisiniers à propos de chats ne finissaient pas, le *lapin de gouttière* étant très demandé à table ; et, après le départ de Gambetta, il y avait des dessins montrant les armées de secours (qui devaient être levées dans les provinces) s'efforçant de faire passer des côtes de bœuf, des oies grasses, des gigots et des chapelets de saucisses sur plusieurs rangées de casques allemands. , rassemblés autour d'un bastion appelé Paris, d'où une garde nationale affamée, avide des provisions offertes, essayait de surgir, mais n'y parvenait pas à cause du bras retenu du général Trochu.

Avant le début de l'investissement, Paris était déjà en proie à une folie d'espionnage. L'aventure de Sala, que j'ai racontée dans un chapitre précédent, était en quelque sorte liée à cette illusion, qui avait pour origine le cri « Nous sommes trahis ! immédiatement après les premiers revers français. Les cas de soi-disant « spyophobie » étaient innombrables, et souvent curieux et amusants. La folie s'apaisa légèrement lorsque, peu avant le siège, 188 000 Allemands furent expulsés de Paris, ne laissant derrière eux qu'environ 700 vieillards, invalides et enfants, incapables d'obéir au décret du gouvernement. Mais la maladie revint bientôt, et l'on entendit parler de chiffonniers faisant saccager leurs paniers par des gardes nationaux zélés, qui s'imaginaient que ces récipients pouvaient contenir des dépêches secrètes ou des munitions de contrebande. Une autre fois, *Le Figaro* suggéra méchamment que tous les mendiants aveugles de Paris étaient des espions, de sorte que plusieurs pauvres vieillards infirmes furent abominablement maltraités. Encore une fois, un journal de fugitifs appelé *Les Nouvelles* dénonçait tous les résidents anglais comme espions. Labouchere fut un de ceux sur lesquels se jeta la foule parisienne à la suite de cette dénonciation idiote, mais comme il eut la présence d'esprit d'inviter ceux qui l'agressaient à l'accompagner au commissariat le plus proche, il fut promptement relâché. À deux reprises, mon père et moi avons été arrêtés et emmenés aux postes de garde, et au cours de ces expériences, nous avons découvert que le passeport britannique magnifiquement gravé mais essentiellement ridicule, qui récitait tous les honneurs et dignités du secrétaire d'État ou de l'ambassadeur le délivrant, mais sans donner la moindre information sur la personne à qui il avait été remis (en dehors de son nom), avait infiniment moins de valeur aux yeux d'un officier français qu'un quittance de loyer ou qu'un Facture de commerçant parisien. [C'était il y a quarante-trois ans. Le passeport britannique reste cependant aujourd'hui aussi insatisfaisant qu'il l'était alors.]

Mais permettez-moi de passer à d'autres cas. Un jour, un malheureux travaillant dans les égouts de Paris fut aperçu par une garde nationale zélée, qui donna aussitôt l'alarme, déclarant qu'il y avait un espion allemand dans les égouts susdits, et qu'il y déposait des bombes dans l'intention de faire exploser la ville. Trois cents gardes se sont immédiatement portés volontaires, ont traqué le pauvre ouvrier et l'ont mis en pièces la prochaine fois qu'il sortait la tête d'un siphon d'égout. L'erreur fut ensuite déplorée, mais les gens affirmèrent (écrivit M. Thomas Gibson Bowles, qui envoya l'article au Morning Post) qu'il valait bien mieux qu'une centaine de Français innocents souffrent plutôt que qu'un seul Prussien s'échappe. Cham, auquel j'ai fait allusion précédemment, le vieux maréchal Vaillant, M. O'Sullivan, un diplomate américain, et Alexis Godillot, l'entrepreneur de l'armée française, figuraient parmi les nombreuses personnes connues arrêtées à un moment ou à un autre comme espions. Une certaine Mme de Beaulieu, qui s'était engagée comme *cantinière dans un régiment de mobiles* , fut dénoncée comme espionne « parce que ses mains étaient si blanches ». Une autre dame, qui avait installé une ambulance chez elle, fut emmenée en prison sous un prétexte tout aussi frivole ; et je me souviens encore d'un autre cas dans lequel une dame patronne de la Société de Secours aux Blesses fut maltraitée. Mais les choses seraient probablement bien pires à l'heure actuelle, car Paris, avec tous ses apaches et ses anarchistes, compte aujourd'hui dans sa population encore plus de rebuts qu'il y a quarante-trois ans.

Il existe cependant quelques cas authentiques d'espionnage, notamment celui d'un jeune homme qu'Etienne Arago, maire de Paris, engagea comme secrétaire, sur recommandation d'Henri Rochefort, mais qui se révéla être d'origine allemande. , et profita de sa position officielle pour rédiger des rapports qui furent envoyés par ballon à un agent du gouvernement allemand à Londres. J'ai oublié le nom du coupable, mais on le trouvera, avec les détails de son cas, dans les journaux parisiens des jours de siège. Il y eut par ailleurs l'affaire Hardt, qui aboutit à ce que le prisonnier, ancien lieutenant de l'armée prussienne, soit reconnu coupable d'espionnage et fusillé dans la cour de l'Ecole Militaire.

A la « spyophobie » existait une autre manie, celle de soupçonner toute lumière aperçue la nuit dans un grenier ou une fenêtre du cinquième étage d'être un signal destiné à l'ennemi. De nombreux incidents ridicules se produisirent à propos de cette panique. Une nuit, un vieux *bourgeois* , qui venait d'épouser une charmante jeune femme, fut soudainement tiré de son lit par un groupe de gardes nationaux indignés et consigné au poste de garde jusqu'au lever du jour. Cela avait été provoqué par le fait que la femme de chambre de sa femme plaçait quelques bougies allumées à sa fenêtre pour signaler à l'amant de sa femme que, « le maître étant à la maison », il ne devait pas monter dans l'appartement ce soir-là. Une autre fois, une pauvre vieille dame, qui, par patriotisme, se privait de sommeil pour faire de la charpie pour les ambulances, fut attaquée et faillit être étranglée parce qu'elle exhibait des signaux verts et rouges depuis sa fenêtre. Il s'avéra cependant que les signaux en question n'étaient que les reflets d'un perroquet inoffensif mais joliment bigarré, qui était l'unique et fidèle compagnon de la vieille dame zélée.

Quel que soit le quartier de Paris dans lequel un signal présumé était observé, la maison d'où il émanait était aussitôt envahie par les gardes nationales, et des personnes parfaitement innocentes étaient souvent enlevées et soumises à de mauvais traitements. L'engouement fut tel que certains journaux proposèrent même que le Gouvernement interdise toute sorte de lumière, la nuit tombée, dans toute pièce située au-dessus du deuxième étage, à moins que les fenêtres de cette pièce ne soient « hermétiquement fermées » ! La plupart des victimes de la manie se sont soumises à l'invasion de leur domicile par la foule sans soulever de protestation particulière ; mais un artilleur volontaire, qui écrivait aux autorités pour se plaindre que ses chambres avaient été saccagées en son absence et que sa vieille mère était devenue folle de peur, sous prétexte que des fusées avaient été tirées depuis ses fenêtres, a déclaré que s'il devait y avoir En cas de répétition d'une telle intrusion alors qu'il était chez lui, il recevait les envahisseurs baïonnette et revolver à la main. Dès ce moment, des protestations semblables se déversèrent dans l'Hôtel-de-Ville, et Trochu finit par publier une proclamation dans laquelle il disait : « Sous les prétextes les plus frivoles, de nombreuses maisons ont été pénétrées et de paisibles citoyens ont été maltraités. Les drapeaux des pays amis ont été maltraités. les nations ont été impuissantes à protéger les maisons où elles étaient exposées. J'ai ordonné une enquête à ce sujet, et j'ordonne maintenant que toutes les personnes coupables de ces abus soient arrêtées. Un service spécial a été organisé pour prévenir l'ennemi. de maintenir toute communication avec aucun de ses partisans dans la ville ; et je rappelle à tous que sauf dans les cas prévus par la loi, la résidence de tout citoyen est inviolable.

Nous entendons beaucoup parler aujourd'hui des revendications des femmes, mais bien que les partisans de Mme Pankhurst aient mené « une sorte de guerre » depuis un temps considérable, je n'ai pas encore remarqué de leur part une quelconque disposition à « rejoindre le mouvement ». couleurs." Les hommes affirment actuellement que les femmes ne peuvent pas servir comme soldats. Il existe cependant de nombreux exemples historiques de femmes se distinguant dans la guerre, et les conditions modernes sont encore plus favorables qu'auparavant à l'emploi des femmes comme soldats. Il y a un matériau magnifique à tirer de la fille de golf, de la fille de hockey, de l'usine et de la blanchisseuse - toutes actives et, dans d'innombrables cas, bien plus fortes que la plupart des fumeurs de cigarettes à la poitrine étroite. garçons" que nous voyons maintenant dans nos régiments. Bref, un jour viendra peut-être où nous verrons nombre de nos femmes dites superflues se lancer dans la « carrière des armes ». Cependant, les tentatives faites pour établir un corps de femmes soldats à Paris, pendant le siège allemand, furent plus amusantes que sérieuses. Début octobre, quelques centaines de femmes manifestèrent devant l'Hôtel-de-Ville pour exiger que tous les infirmiers attachés aux ambulances soient remplacés par des femmes. Les autorités ont promis d'accéder à cette demande et les femmes ont ensuite revendiqué le droit de partager les dangers des champs avec leurs maris et leurs frères. Cette question fut maintes fois discutée dans les clubs publics, notamment dans celui de la rue Pierre Levée, où Louise Michel, l'institutrice qui participa ensuite à la Commune et fut transportée en Nouvelle-Calédonie, officiait comme grande prêtresse ; et dans un autre situé au gymnase du Triat, avenue Montaigne, où en règle générale aucun homme n'était autorisé à être présent, c'est-à-dire à l'exception d'un certain citoyen Jules Allix, un vieux survivant excentrique de la République de 48, à l'époque où il avait conçu un système de télépathie effectué au moyen d'« escargots sympathiques ».

Un dimanche après-midi d'octobre, les dames membres de ce club, ayant un besoin urgent de fonds, décidèrent d'admettre des hommes parmi leur public moyennant un petit supplément de deux pence par personne, et en entendant cela, mon père et moi nous promenâmes pour assister aux débats. . Ils étaient remarquablement vifs. Allix, en lisant un rapport sur les progrès du club, commença à diffamer certains couvents de Paris, sur quoi un garde national présent dans l'assistance le traita catégoriquement de menteur. Un brouhaha épouvantable s'éleva, toutes les femmes gesticulaient et protestaient, tandis que leur *présidente* sonnait énergiquement sur sa cloche et que l'interrupteur se dirigeait à grands pas vers l'estrade. Il s'est avéré n'être autre que le duc de Fitz-James, un descendant en ligne directe de notre dernier roi Stuart par la sœur de Marlborough, Arabella Churchill. Il essaya de parler, mais les nombreux cris l'en empêchèrent. Certaines femmes l'ont menacé de violence, tandis que d'autres l'ont remercié d'avoir défendu l'Église. Mais il finit par sauter sur l'estrade, et, ce faisant, renversa à la fois une longue table couverte de feutrine verte et les membres du comité qui étaient assis derrière elle. Jules Allix sauta alors à la gorge du duc, ils se débattirent et tombèrent ensemble de la plate-forme et roulèrent dans la poussière au-dessous. Il fallut longtemps avant que l'ordre ne soit rétabli, mais ce fut finalement le cas d'une belle jeune femme qui, s'adressant à la partie masculine du public, s'écria : « Citoyens ! si vous dites encore un mot, nous jetterons ce que vous avez payé pour l'entrée dans vos visages et vous ordonne de sortir ! »

Les affaires commencèrent alors, la discussion portant principalement sur deux points, le premier étant que toutes les femmes devaient être armées et faire leur service sur les remparts, et le second que les femmes devaient défendre leur honneur contre les attaques des Allemands au moyen de l'acide prussique. Allix remarqua qu'il serait très approprié d'employer de l'acide prussique pour tuer les Prussiens, et nous expliqua que cela pourrait être effectué au moyen de petits dé à coudre en caoutchouc indien que les femmes placeraient sur leurs doigts, chaque dé étant terminé par un petit tube pointu contenant une partie de l'acide en question. Si un Prussien amoureux s'aventurait trop près d'une belle Parisienne, il suffirait à celle-ci de lui tendre la main et de le piquer. Dans un instant, il tomberait mort ! "Quel que soit le nombre d'ennemis qui l'assailleront", ajouta Allix avec enthousiasme, "il lui suffira de les piquer un à un, et nous la verrons debout, pure et sainte, au milieu d'un cercle de cadavres !" À ces mots, de nombreuses femmes dans le public ont été émues jusqu'aux larmes, mais les hommes ont ri de façon hilarante.

De tels désordres se produisirent dans ce club de femmes, que le propriétaire du gymnase Triat reprit enfin possession des lieux et que les membres expulsés essayèrent en vain de trouver un logement ailleurs. Néanmoins un autre projet d'organisation d'une force armée de femmes fut lancé, et un jour, voyant sur les murs de Paris une pancarte verte qui annonçait la formation d'une « Légion des Amazones de la Seine », je me rendis rue Turbigo, où le bureau d'enrôlement de cette Légion avait été ouvert. Après avoir gravi un escalier rempli de recrues, qui étaient pour la plupart des femmes musclées, âgées de vingt-cinq à quarante ans, les plus âgées étant parfois trop grosses, et aucune d'entre elles, à mon avis de jeunesse, n'était du tout bonne. En regardant, j'ai réussi à me faufiler dans le bureau privé du projecteur de la Légion, ou, comme il se appelait lui-même, son « Chef de Bataillon Provisoire ». C'était un petit homme nerveux, avec une moustache grise et une allure militaire, et répondait au nom de Félix Belly. Un an ou deux auparavant, il avait injustement suscité beaucoup de ridicule à Paris, en raison de ses tentatives de lancer un projet de canal de Panama. Cinq ans seulement après la guerre, cependant, la même idée fut reprise par Ferdinand de Lesseps, et les Français, qui en avaient ri avec mépris à l'époque de Belly, se montrèrent trop disposés à jeter leurs économies durement gagnées dans le gouffre sans fond de la guerre. L'entreprise de Lesseps.

Je me souviens avoir eu une longue conversation avec Belly, qui était très enthousiaste à l'égard des Amazones proposées. Ils devaient défendre les remparts et les barricades de Paris, disait-il, étant armés de canons légers portant environ 200 mètres ; et leur costume, dont on m'a montré un modèle, devait se composer d' un pantalon noir avec des rayures orange sur les coutures extérieures, des blouses noires avec des capes et des képis noirs, également avec des passementeries orange. De plus, chaque femme devait porter une giberne attachée à une bandoulière. On espérait que le premier bataillon rassemblerait pas moins de 1 200 femmes, réparties en huit compagnies de 150 chacune. Il devait y avoir un service médical spécial et, même si le médecin-chef serait un homme, on espérait avoir plusieurs médecins assistants du sexe féminin. Le petit M. Belly a insisté particulièrement sur le fait que seules les femmes d'une moralité irréprochable seraient autorisées à rejoindre la force, toutes les recrues devant fournir des certificats des commissaires de police de leurs districts, ainsi que le consentement de leurs plus proches relations, telles que comme leurs pères ou leurs maris. "Maintenant, écoutez ceci", ajouta M. Belly avec enthousiasme, en se dirigeant vers un piano que j'ai été surpris de trouver, debout dans un bureau de recrutement; et s'asseyant devant l'instrument, il joua pour mon bénéfice particulier les accords entraînants d'un nouveau chant de bataille spécialement commandé, que, dit-il, « nous avons l'intention d'appeler la Marseillaise des Amazones de Paris !

Malheureusement pour M. Belly, tous ses beaux projets et préparatifs échouèrent quelques jours après, grâce à l'intervention de la police, qui fit une descente dans les locaux de la rue Turbigo et emporta tous les papiers qu'elle y trouva. Ils justifièrent ces procédures sommaires par le fait que le général Trochu avait interdit la formation de corps libres supplémentaires, et que M. Belly avait indûment prélevé des honoraires sur ses recrues. Je crois cependant que cette dernière affirmation était incorrecte. En tout état de cause, aucune autre procédure n'a été engagée. Mais le raid suffit à tuer le projet tant convoité de M. Belly, qui fournissait naturellement aux caricaturistes de l'époque des idées plus ou moins brillantes. Une caricature représentait l'armée allemande se rendant *en masse* face à un simple bataillon des Belles de Paris.

VI

PLUS SUR LES JOURS DE SIÈGE

Reconnaissances et sorties - Casimir-Perier à Bagneux - Quelques clubs de Paris - Manifestations à l'Hôtel-de-Ville - La folie des canons - La chute de Metz annoncée - Le Bourget pris par les Français - La politique de dissimulation du gouvernement - Les Allemands reprendre Le Bourget. — Thiers, l'armistice et la capitulation de Bazaine. — L'insurrection du 31 octobre. — Le péril et le sauvetage du gouvernement. — L'armistice et les conditions de paix. — La grande question des rations. , décide de quitter Paris.

Après l'engagement de Châtillon, combattu le 19 septembre, diverses reconnaissances sont effectuées par l'armée de Paris. Dans le premier d'entre eux, le général Vinoy s'assura la possession du plateau de Villejuif, à l'est de Châtillon, du côté sud de la ville. Ensuite, les Allemands durent se retirer de Pierre-fitte, un village en avant de Saint Denis du côté nord. Des reconnaissances ultérieures eurent lieu en direction de Neuilly-sur-Marne et du plateau d'Avron, à l'est de Paris ; et le jour de la Saint-Michel, un engagement eut lieu à L'Hay et Chevilly, au sud. Mais l'archange ne favorisa pas cette fois les Français, qui furent repoussés, l'un de leurs commandants, le brigadier vétéran Guilhem, étant tué. Un combat à Châtillon le 12 octobre fut suivi le lendemain d'une action plus sérieuse à Bagneux, à la limite du plateau de Châtillon. Au cours de cet engagement, les Mobiles de la Côte d'Or bourguignonne attaquèrent désespérément une barricade allemande hérissée de canons, renforcée par de l'infanterie, et protégée également par un certain nombre de tireurs d'élite installés dans les maisons de village adjacentes, dont les volets des fenêtres et les murs étaient percés de meurtrières. Au cours de la rencontre, le commandant des mobiles, le comte de Dampierre, membre bien connu du Jockey-Club français, tomba mortellement blessé en poussant ses hommes, mais fut secouru par un capitaine des mobiles de l'Aube, qui ensuite prit le commandement en chef et, par un mouvement de flanc rapide, put emporter la barricade. Ce capitaine était Jean Casimir-Perier, qui devint plus tard président de la République. Il fut récompensé pour sa bravoure par la Croix de la Légion d'honneur. Néanmoins, le succès français ne fut que momentané.

Cette même nuit, le ciel à l'ouest de Paris était éclairé d'un grand éclat rougeâtre. Le célèbre Château de Saint Cloud, associé à de nombreux souvenirs de l'Ancien *Régime* et des deux Empires, a été vu en feu. La cause de l'incendie n'a jamais été déterminée avec précision. Les ouvrages de référence français actuels affirment encore que la destruction du château fut l'acte volontaire des Allemands, qui occupèrent sans doute Saint Cloud ; mais les autorités allemandes soutiennent invariablement que l'incendie a été provoqué par un obus tiré de la forteresse française du Mont Valérien. Une grande partie du somptueux contenu du château de Saint Cloud, lieu fatal où cette même guerre avait été décidée, fut consumée par les flammes, tandis que le reste fut approprié par les Allemands comme pillage. De nombreux tableaux très précieux de l'époque de Louis XIV ont sans doute été détruits.

A cette époque, le mot « reconnaissance », appliqué aux combats menés dans les environs de la ville, était devenu odieux aux Parisiens, qui commençaient à réclamer à grands cris une véritable « sortie ». Trochu, peut-on dire, n'avait à cette époque aucune idée de pouvoir s'évader de Paris. En fait, il n'en avait aucune envie. Son objectif, dans toutes les opérations militaires de siège antérieures, était simplement d'élargir le cercle des investissements, dans l'espoir de placer ainsi les Allemands dans une difficulté dont il pourrait ensuite profiter. Une attaque menée par le général Ducrot, avec quelques milliers d'hommes, contre la position allemande près de La Malmaison, à l'ouest de Paris, fut la première action officiellement qualifiée de « sortie ». Elle eut lieu le 21 octobre, mais le succès qui accompagna d'abord les efforts de Ducrot se transforma en échec par l'arrivée de renforts allemands, l'affaire se soldant par une perte d'environ quatre cents tués et blessés côté français, outre celle de une centaine d'hommes supplémentaires qui furent faits prisonniers par l'ennemi.

Ce genre de choses ne séduisait pas les nombreux habitués des clubs publics qui s'établissaient dans les différents quartiers de Paris. Là, toutes les représentations théâtrales avaient cessé, et il n'y avait plus de danse. Même les concerts et les lectures donnés au profit des fonds pour les blessés étaient rares. Ainsi, si un Parisien ne voulait pas passer sa soirée dans un café, sa seule ressource était de se rendre dans un des clubs. Celles du music-hall des Folies-Bergère, du dancing Valentino, du théâtre de la Porte Saint-Martin et de la salle du Collège de France étaient surtout fréquentées par des républicains modérés et on y tentait souvent de discuter de la situation. de manière raisonnable. Mais la folie, voire la folie, régnait dans bien d'autres clubs, où des hommes comme Félix Pyat, Auguste Blanqui, Charles Delescluze, Gustave Flourens et les trois Mmes, Mégy, Mottu et Millière, déliraient et déclamaient. Allez où vous voulez, vous avez trouvé un club. Il y eut celui de La Reine Blanche à Montmartre et celui de la salle Favié à Belleville ; il y avait le club de la Vengeance boulevard Rochechouart, le Club des Montagnards boulevard de Strasbourg, le Club des Etats-Unis d'Europe rue Cadet, le Club des Préaux-Clercs rue du Bac, le Club de la Cour des Miracles sur l'Ile Saint Louis, et vingt ou trente autres de moindre importance. Parfois, les démagogues qui péroraient dans les tribunes de ces réunions, avançaient des propositions qui semblaient sortir d'une maison de fous, mais qui étaient néanmoins saluées par des applaudissements délirants de leur public entiché. De temps en temps, de nouveaux moteurs de destruction étaient préconisés – les soi-disant « fusées sataniques », ou pompes déversant du pétrole enflammé ! Un autre orateur eut l'idée géniale de garder pendant quelques jours toutes les bêtes fauves du Jardin des Plantes sur de courts communs, puis de les éloigner de Paris à la prochaine sortie, et de les jeter à la dérive parmi l'ennemi. Un autre imbécile suggérait d'empoisonner les eaux de la Seine et de la Marne, sans tenir compte du fait que, dans un tel cas, les Parisiens souffriraient autant que l'ennemi.

Mais les mécontents ne se contentaient pas de divaguer contre les clubs. Le 2 octobre, Paris devient très sombre, car nous recevons alors de l'extérieur la nouvelle de la capitulation de Toul et de Strasbourg. Trois jours plus tard, Gustave Flourens rassemble les gardes nationales de Belleville et marche avec elles sur l'Hôtel-de-Ville, où il appelle le gouvernement à renoncer à la tactique militaire de l'Empire qui opposait un Français à trois Allemands, à décréter une *levée en masse* , pour faire de fréquentes sorties avec les gardes nationaux, pour armer ces dernières de chassepots, et établir aussitôt une « Commune de Paris » municipale. Au sujet des sorties, le gouvernement s'engageait à se conformer au désir général et à permettre aux gardes nationales de coopérer avec l'armée régulière dès qu'elles sauraient se battre et échapper au simple massacre. Aux autres demandes formulées par Flourens, des réponses évasives furent retournées, sur quoi il démissionna avec indignation de son commandement des hommes de Belleville, mais le reprit à leur demande pressante.

L'affaire alarma quelque peu le gouvernement, qui publia une proclamation interdisant les manifestations armées et, loin de consentir à la création d'aucune commune, ajourna les élections municipales ordinaires qui devaient bientôt avoir lieu. A cela les Rouges répliquèrent en faisant une énième démonstration, à laquelle mon père et moi étions témoins. Des milliers de personnes, dont beaucoup étaient des gardes nationaux armés, se sont rassemblées sur la place de l'Hôtel de Ville en criant : « La Commune ! La Commune ! Nous voulons la Commune ! Mais les autorités avaient été prévenues des intentions de leurs adversaires, et l'Hôtel-de-Ville était entièrement encerclé par des gardes nationales appartenant à des bataillons fidèles, derrière lesquels était d'ailleurs stationnée une force de fidèles gardes mobiles, dont les baïonnettes étaient déjà braquées. Ainsi, aucune tentative de raid contre l'Hôtel-de-Ville ne pouvait être faite avec aucune chance de succès. En outre, plusieurs autres contingents de gardes nationaux fidèles sont arrivés sur la place et ont aidé à contrôler les manifestants.

Alors que j'observais la scène depuis une fenêtre supérieure du Café de la Garde Nationale, à un coin de la place, je vis soudain Trochu sortir à grands pas du bâtiment du Gouvernement, tel qu'il était alors, suivi de deux aides de camp. Son apparition fut accompagnée d'un nouveau tumulte. Les cris de «

La Commune ! La Commune ! » s'élevèrent plus fort que jamais, mais furent maintenant répondus par des cris déterminés : « Vive la République ! Vive Trochu ! Vive le Gouvernement ! tandis que les tambours battaient, les trompettes sonnaient, et toutes les forces gouvernementales présentaient les armes. Le général parcourait les lignes, rendait le salut, au milieu d'acclamations prolongées, et bientôt ses collègues, Jules Favre et les autres, à l'exception bien entendu de Gambetta, qui avait déjà quitté Paris, sortirent également de l'Hôtel-de-France. Ville et ont reçu un accueil enthousiaste de la part de leurs partisans. Pour l'époque, les Rouges étaient absolument vaincus, et afin d'éviter des troubles similaires à l'avenir, Kératry, le préfet de police, souhaita arrêter Flourens, Blanqui, Millière et autres, ce qui fut soutenu par Trochu, mais combattu par Rochefort. et Étienne Arago. Quelques jours plus tard, Rochefort réussit une brève réconciliation en apparence entre les partis en conflit. Néanmoins, il était évident que Paris était déjà fortement divisé, tant sur la question de sa défense que sur celle de son gouvernement intérieur.

Le 23 octobre, une partie de la garde nationale fut enfin autorisée à participer à une sortie. C'étaient des hommes de Montmartre, et l'action, ou plutôt l'escarmouche, à laquelle ils participèrent eut lieu à Villemomble, à l'est de Paris, les gardes se comportant assez bien sous le feu, et ayant cinq d'entre eux blessés. Le patriotisme prend désormais une autre forme dans la ville. On réclamait des canons, de plus en plus de canons. Le gouvernement a répondu que 227 mitrailleuses avec plus de 800 000 cartouches, 50 mortiers, 400 affûts pour canons de siège, plusieurs de ces dernières munitions, et 300 canons de sept centimètres portant 8 600 yards, ainsi qu'un demi-million d'obus de différentes tailles, avaient déjà été commandés. , et en partie livré. Néanmoins, des souscriptions publiques furent lancées afin de fournir 1 500 canons supplémentaires, des sommes importantes étant versées au fonds par des organismes publics et des entreprises. Non seulement les journaux proposaient de collecter de petits abonnements, mais des stands étaient installés à cet effet dans différents quartiers de Paris, comme au temps de la première Révolution, et les gens y offraient leurs contributions, les femmes offrant souvent des bijoux en guise d'argent. . Trochu, cependant, a désapprouvé le mouvement. Il y avait déjà beaucoup de fusils, dit-il ; ce dont il avait besoin, c'était d'artilleurs pour les servir.

Le 25 octobre, on apprend la chute de la petite ville de Châteaudun en Eure-et-Loir, après une vaillante résistance offerte par 1 200 gardes nationaux et francs-tireurs contre 6 000 fantassins allemands, un régiment de cavalerie et quatre batteries de campagne. Von Wittich, le général allemand, punit cette résistance en incendiant Châteaudun et quelques villages adjacents, et ses hommes massacrèrent en outre un certain nombre de civils non combattants. Néanmoins, le courage manifesté par les Châteaudunois raviva l'espoir des

Parisiens et renforça leur résolution de braver toutes les épreuves plutôt que de se rendre. Mais deux jours plus tard, le journal de Félix Pyat, *Le Combat* a publié, dans une frontière de deuil, le communiqué suivant : « C'est un fait sûr et certain que le Gouvernement de la Défense Nationale détient en sa possession un secret d'État, que nous dénonçons à un pays indigné comme haute trahison. Le Maréchal Bazaine a envoyé un colonel au camp du roi de Prusse pour traiter de la reddition de Metz et de la paix au nom de Napoléon III. »

La nouvelle semblait incroyable et, en effet, au premier instant, très peu de gens y croyaient. Si cela était vrai, cependant, les forces du prince Frédéric-Charles, libérées du siège de Metz, pourraient évidemment marcher contre l'armée de la Loire de d'Aurelle de Paladines, au moment même où l'on espérait que celle-ci renverserait les Bavarois commandés par Von. der Tann et courez au secours de Paris. Mais on affirmait que Bazaine était sûrement un aussi bon patriote que Bourbaki, qui, on le savait déjà, s'était échappé de Metz et avait offert son épée à la Défense nationale en province. Plusieurs citoyens indignés accoururent au bureau du *Combat* pour s'emparer de Pyat et le condamner à la prison ; mais il était adepte de l'art d'échapper à l'arrestation et parvint à s'enfuir par une porte dérobée. A l'Hôtel-de-Ville, Rochefort, interrogé, décrit Pyat comme un chien et déclare qu'il n'y a aucune vérité dans son histoire. La confiance du public se rétablit complètement le lendemain matin, lorsque le journal officiel déclara formellement que Metz n'avait pas capitulé ; et, le soir, Paris jubilait à la nouvelle que le général Carré de Bellemare, qui commandait au nord de la ville, avait arraché aux Allemands la position du Bourget, située à l'est de Saint-Denis.

Mais Pyat, bien que resté caché, s'accrochait à son récit concernant Metz, affirmant dans *Le Combat* du 29 octobre que la nouvelle lui avait été communiquée par Gustave Flourens, qui l'avait tiré de Rochefort, par qui elle était désormais nié avec impudence. On apprit d'ailleurs par la suite qu'un autre membre du Gouvernement, Eugène Pelletan, avait confié les mêmes renseignements au commandant Longuet, de la Garde nationale. Il semble qu'il provienne à l'origine de certains membres de la Société de la Croix-Rouge qui, lorsqu'il devenait nécessaire d'enterrer les morts et de soigner les blessés après une rencontre dans les environs de Paris, entraient souvent en contact avec les Allemands. Le rapport se limitait, bien entendu, à la déclaration selon laquelle Bazaine négociait une capitulation, et non qu'il avait réellement capitulé. Le déni du gouvernement ne peut être décrit que comme une argutie — du genre à laquelle parfois même les gouvernements britanniques se baissent lorsqu'ils sont confrontés à des questions gênantes à la Chambre des communes — et, comme nous le verrons bientôt, les messieurs de la Défense nationale ont passé un *très mauvais quart d'heure* par suite de la *suppression veri* dont ils se sont rendus coupables. Des « mauvais quarts d'heure » similaires sont tombés sur des hommes politiques d'autres pays, y compris le nôtre, dans des circonstances quelque peu similaires.

Le 30 octobre, Thiers, après avoir parcouru toute l'Europe et plaidé la cause de son pays devant toutes les grandes Cours, arrivait à Paris avec un sauf-conduit de Bismarck, pour soumettre au gouvernement certaines propositions d'armistice que la Russie, la Grande-Bretagne , l'Autriche et l'Italie étaient prêtes à apporter leur soutien. Et hélas ! il apportait également avec lui la nouvelle de la chute de Metz, ayant capitulé en effet le 27 octobre, le jour même où Pyat avait fait son annonce. Ce fut la consternation à l'Hôtel-de-Ville quand cela fut appris, et les messieurs du gouvernement regrettèrent profondément mais vainement la vaine tactique à laquelle ils s'étaient si bêtement livrés. Pour aggraver les choses, nous avons reçu dans la soirée des informations selon lesquelles les Allemands avaient chassé les hommes de Carré de Bellemare du Bourget après quelques combats brefs mais désespérés. Trochu déclara qu'il n'avait pas besoin de la position du Bourget, qu'elle n'était jamais entrée dans son plan de défense et que Bellemare avait été trop zélé pour l'attaquer et la prendre aux Allemands. Mais si tel était le cas, pourquoi le gouverneur de Paris n'avait-il pas ordonné l'évacuation du Bourget immédiatement après sa prise, sans attendre que les Allemands le reprennent à la pointe de la baïonnette ? Dans ces conditions, les Parisiens étaient naturellement exaspérés. Ce soir-là, les scènes étaient tumultueuses sur les boulevards, et les discours dans les clubs étaient véhéments et menaçants.

Lorsque les Parisiens quittèrent leurs maisons, le lundi 31 au matin, ils trouvèrent la ville placardée de deux affiches officielles, l'une concernant l'arrivée de Thiers et les propositions d'armistice, et la seconde reconnaissant le désastre de Metz. Un ouragan d'indignation balaya aussitôt la ville. Le Bourget perdu ! Metz pris ! Les propositions d'armistice avec les Prussiens détestés sont acceptées ! Le plan de Trochu et le plan de Bazaine pourraient-ils alors être synonymes ? Le seul mot « Trahison ! » était sur toutes les lèvres. Quand midi arriva, la place de l'Hôtel-de-Ville était pleine de gens indignés. Des députations, composées principalement d'officiers de la garde nationale, interrogeèrent le gouvernement et ne furent nullement satisfaites des réponses qu'elles reçurent de Jules Ferry et d'autres. Pendant ce temps, la foule sur la place augmentait en nombre. Plusieurs membres du gouvernement tentèrent de l'amener à se disperser ; mais on n'y prêta aucune attention.

Enfin un corps libre commandé par Tibaldi, conspirateur italien de l'époque impériale, fit son entrée dans l'Hôtel-de-Ville, suivi d'une bonne partie de la foule. Dans la salle du trône, ils furent accueillis par Jules Favre, dont les tentatives pour s'adresser à eux échouèrent, les cris de « La Commune ! La Commune ! noyant rapidement sa voix. Entre-temps, deux coups de feu furent tirés par quelqu'un sur la place, une vitre fut brisée et le cri des envahisseurs devint " Aux armes ! aux armes ! Nos frères sont massacrés ! " C'est en vain que Trochu et Rochefort s'efforcèrent d'endiguer le flot des invasions. En vain aussi le gouvernement, réuni dans la salle du conseil, offrit-il de se soumettre aux suffrages des citoyens, d'accorder l'élection des conseillers municipaux, et de promettre qu'aucun armistice ne serait signé sans consulter la population. La foule se pressait de pièce en pièce, brisant sur son passage tables, bureaux et fenêtres, et tout à coup l'appartement même où le gouvernement délibérait fut à son tour envahi, plusieurs officiers de la garde nationale, plus tard éminents, au moment de la Commune, dirigeant les intrus et exigeant l'élection d'une Commune et la nomination d'une nouvelle administration sous la présidence de Dorian, le populaire Ministre des Travaux Publics.

Dans la confusion qui suivit, M. Ernest Picard, avocat très corpulent et d'air jovial, qui était à la tête du ministère des Finances, parvint à s'échapper ; mais tous ses collègues furent encerclés, insultés par les envahisseurs et sommés de démissionner de leur poste. Ils s'y refusent, et la querelle est encore à son paroxysme lorsque Gustave Flourens et ses tireurs d'élite de Belleville arrivent sur la place de l'Hôtel-de-Ville. Flourens entra dans le bâtiment, qui était alors occupé par sept ou huit mille hommes, et proposa que la Commune soit élue par acclamation. Cela fut convenu ; Le nom de Dorian — qui, soit dit en passant, était un riche maître de forges, et en aucun cas un communard — était mis en tête de liste. Parmi eux, Flourens lui-même, Victor Hugo, Louis Blanc, Raspail, Mottu, Delescluze, Blanqui, Ledru-Rollin, Rochefort, Félix Pyat, Ranvier et Avrial. Alors Flourens, à son tour, entra dans la salle du conseil, monta sur la table et somma de démissionner les membres captifs du gouvernement ; Ils ont de nouveau refusé de le faire et ont donc été placés en état d'arrestation. Jules Ferry et Emmanuel Arago parviennent cependant à s'échapper et des gardes nationaux amis parviennent à pénétrer dans le bâtiment et à enlever le général Trochu. Ernest Picard, quant à lui, avait été très actif dans l'élaboration des plans de reconquête de l'Hôtel-de-Ville et dans la sécurité des différents services gouvernementaux. Ainsi, lorsque Flourens envoya un lieutenant au trésor pour exiger le paiement immédiat de *600 000 £ (!)* , la demande fut refusée et le messager fut arrêté. Néanmoins, les insurgés se rendirent maîtres de plusieurs mairies de district.

Mais Jules Ferry rassemblait les fidèles gardes nationales, et à onze heures et demie du soir, elles et quelques mobiles marchèrent sur l'Hôtel-de-Ville. Les forces militaires laissées là par les insurgés n'étaient pas importantes. Un pourparler s'ensuivit, et tandis qu'il était encore en cours, un bataillon entier de mobiles effectua une entrée par un passage souterrain partant d'une caserne adjacente. Delescluze et Flourens tentent alors de s'arranger avec

Dorian, mais Jules Ferry n'accepte aucune condition. Les membres du gouvernement emprisonnés furent libérés et les chefs insurgés furent contraints de se retirer. Vers cette époque, Trochu et Ducrot arrivèrent sur les lieux, et entre trois et quatre heures du matin je les vis passer en revue les forces gouvernementales sur la place.

Le lendemain, toutes les prétendues conventions entre M. Dorian et les dirigeants républicains rouges étaient désavouées. Il y eut cependant des divergences d'opinions quant à la question de savoir si ces dirigeants devaient ou non être arrêtés, certains membres du gouvernement admettant qu'ils avaient promis à Delescluze et à d'autres qu'ils ne seraient pas poursuivis. A la suite de ce différend, plusieurs fonctionnaires, dont Edmond Adam, successeur de Keratry au poste de préfet de police, ont démissionné de leurs fonctions. Quelques jours plus tard, vingt et un chefs insurgés sont arrêtés, parmi lesquels Pyat, mais rien n'est fait en ce qui concerne Flourens et Blanqui, qui ont tous deux joué un rôle important dans l'affaire.

Le 3 novembre, nous avons eu un plébiscite, la question posée aux Parisiens étant : « La population parisienne maintient-elle, oui ou non, les pouvoirs du gouvernement de la Défense nationale ? En ce qui concerne l'élément civil, qui comprenait la Garde nationale, le résultat du scrutin a été le suivant : vote « oui », 321 373 citoyens ; votant « non », 53 585 citoyens. Le vote de l'armée, y compris la Garde mobile, fut encore plus prononcé : « Oui », 236 623 ; "Non", 9063. Le résultat général fut donc de 557 996 voix pour le gouvernement et de 62 638 voix contre, la proportion étant de 9 contre 1 pour l'ensemble de la population masculine du cercle investi. Cela a naturellement rendu les autorités jubilatoires.

Mais l'affaire du 31 octobre eut des conséquences déplorables en ce qui concerne les négociations d'armistice. Cette explosion de sédition alarma les autorités allemandes. Ils perdirent confiance dans la capacité de la Défense nationale à exécuter les conditions qui pourraient être stipulées et, finalement, Bismarck refusa de permettre le ravitaillement de Paris pendant le délai nécessaire à l'élection d'une assemblée législative qui devait décider de la décision de la Défense nationale. question de paix ou de guerre, à moins qu'un fort, et peut-être plusieurs, ne lui soient cédés. Thiers et Favre ne purent accepter une telle condition et les négociations furent rompues. Cependant, avant que Thiers ne quitte Bismarck, celui-ci lui fit savoir de manière significative que les conditions de la paix à ce moment-là seraient la cession de l'Alsace à l'Allemagne et le paiement de trois milliards de francs d'indemnité ; mais qu'après la chute de Paris, les conditions seraient la cession de l'Alsace et de la Lorraine et le paiement de cinq milliards.

Au début du siège, il n'y avait pas de rationnement des provisions, bien que le prix de la viande soit fixé par décret gouvernemental. Mais fin septembre, les autorités ont décidé de limiter l'offre à un maximum de 500 bœufs et 4 000 moutons par jour. Il fut également décidé que les boucheries n'ouvriraient que tous les quatre jours et que quatre jours de viande seraient distribués aux prix officiels. Au cours de la période antérieure, la ration journalière variait entre 80 et 100 grammes, soit environ 2 2/3 onces. à 3-1/3 onces. en poids, un cinquième étant constitué d'os dans le cas du bœuf, mais, pour le mouton, il était interdit aux bouchers de compenser le poids avec des os qui n'adhéraient pas à la viande. Au début du siège, vingt ou trente chevaux seulement étaient abattus chaque jour ; mais le 30 septembre, ce nombre était monté à 275. Une semaine plus tard, il y avait à Paris près de trente magasins où l'on vendait exclusivement de la chair de cheval, et il ne se passait guère de jour sans qu'il y en ait une augmentation. Finalement, la chair de cheval devint pratiquement la seule viande disponible pour toutes les classes des assiégés, mais dans la période antérieure, elle était principalement consommée par les gens les plus pauvres, les prix fixés par l'autorité étant naturellement inférieurs à ceux dictés pour le bœuf et le mouton.

Quant aux dispositions prises par mon père et moi concernant la nourriture, elles étaient, dans les premiers jours du siège, très simples. Nous n'avions aucun domestique dans notre appartement de la rue de Miromesnil. Le concierge de la maison et sa femme effectuèrent tous les travaux dont nous avions besoin. Ce concierge, nommé Saby, était un zouave et avait servi d'ordonnance à son capitaine en Algérie. Il était personnellement expert dans l'art de préparer le "couscoussou" et d'autres plats algériens, et sa femme était une très bonne cuisinière *à la française* . Dès que la viande fut rationnée, Saby me dit : « L'allocation est très petite ; vous et Monsieur votre père pourrez manger bien plus que cela. Maintenant, certains des plus pauvres n'ont pas les moyens de se payer de la viande de boucherie, ils se contentent de viande de cheval, qui n'est pas encore rationnée, et sont prêts à vendre leurs cartes de rationnement. Vous pouvez très bien vous permettre d'en acheter un ou deux, et ainsi obtenir des provisions supplémentaires de bœuf ou de mouton.

Ce plan fut adopté et, pendant un certain temps, tout se passa de manière satisfaisante. A quelques reprises, je faisais la queue devant notre boucher, rue de Penthièvre, et j'attendais une heure ou deux pour avoir notre part de viande. Nous n'étions pas bondés dans ce quartier de Paris. Un grand nombre de membres de l'aristocratie et de la bourgeoisie, qui y résidaient habituellement, avaient quitté la ville avec leurs familles et leurs domestiques avant l'investissement ; et ainsi les files d'attente et les attentes n'étaient pas aussi longues que dans les quartiers les plus pauvres et les plus densément peuplés. Mais Saby se procurait souvent notre viande lui-même ou employait quelqu'un d'autre pour le faire, car les femmes étaient très heureuses de pouvoir gagner environ un demi-franc en agissant comme adjointes d'autres personnes.

Nous avions obtenu une petite quantité de conserves et nous l'aurions augmenté si les prix n'avaient pas augmenté à pas de géant, de telle sorte qu'une boîte de corned-beef ou quelque chose de similaire, que l'on voyait le matin vers 5 heures, francs, fut étiqueté 20 francs quelques heures plus tard. Les haricots secs et les pois étaient encore faciles à se procurer, mais les légumes frais devenaient aussitôt rares et coûteux. Les pommes de terre nous ont fait défaut très tôt. Par contre, on pouvait facilement se procurer des confitures et des fruits en conserve chez l'épicier du coin de notre rue. Le pain se détériorait peu à peu en qualité, mais restait encore très juste jusqu'à la date de mon départ de Paris (8 novembre [Voir le chapitre suivant.]). Mais le lait et le beurre devinrent rares — le premier étant réservé aux hôpitaux, aux ambulances, aux mères d'enfants, etc. — tandis qu'on soupirait en vain pour un peu de Gruyère, de Roquefort, de Port-Salut, de Brie, ou bien tout autre fromage.

Saby, qui était un homme très astucieux, avait eu une idée brillante avant même le début du siège. Les Chateaubriand ayant quitté la maison et retiré leurs chevaux des écuries, il prit possession de ces dernières, acheta quelques lapins, plusieurs biches et quelques dollars, leur fit une provision de nourriture, et résolut de faire fortune grâce au lapin. -reproduction. Il n'a pas tout à fait atteint son objectif, mais les lapins sont si prolifiques qu'il a été récompensé plusieurs fois pour la peine qu'il a prise à les élever. Pendant quelque temps, il garda l'affaire très secrète. Plus d'une fois je le vis entrer et sortir des écuries, sans en deviner la raison ; mais un matin, ayant eu l'occasion de lui parler, je le suivis et découvris la vérité. Il a certainement élevé plusieurs dizaines de lapins au cours du siège, arrêtant simplement de le faire lorsqu'il s'est trouvé dans l'impossibilité de continuer à nourrir les animaux. A deux ou trois reprises, nous lui avons payé une dizaine de francs pour un lapin, et c'était certainement « la nation la plus favorisée » ; car, à la même époque, il facturait vingt et vingt-cinq francs à d'autres personnes. Les cuisiniers avec lesquels il communiquait lui venaient de demeures proches et lointaines. Il vendit un bon nombre de lapins au *chef du baron Alphonse de Rothschild* au prix de 2 livres chacun, et d'autres au comte Pillet-Will à peu près au même prix, de sorte que, en ce qui concerne ses poches, il ne souffrit en aucune façon. par le siège de Paris.

Nous avions la chance d'avoir en abondance du charbon de bois pour la cuisine, et des charbons et du bois pour les feux ordinaires, ayant à notre disposition non seulement le stock de nos propres caves, mais celui que la famille Chateaubriand avait laissé derrière nous. Le froid s'installa très vite et les tirs furent rapidement très demandés. Notre artiste Jules Pelcoq, qui demeurait rue Lepic à Montmartre, se trouvait dans de grandes difficultés à cet égard, rien ne pouvant se procurer chez les marchands, si ce n'est du bois presque vert, abattu peu de temps auparavant dans le bois de Boulogne et

Bois de Vincennes. A plusieurs reprises, Pelcoq et moi portâmes du charbon dans des sacs jusqu'à son appartement, et mon père, soucieux de son confort, voulut lui en fournir une plus grande quantité. Saby fut donc réquisitionné pour se procurer un homme qui se chargerait de transporter des charbons dans une charrette à bras jusqu'à Montmartre. L'homme a été retrouvé et a payé ses services à l'avance. Mais hélas! les charbons n'arrivèrent jamais au pauvre Pelcoq. Lorsque nous vîmes ensuite l'homme qui avait été engagé, il nous raconta qu'il avait été intercepté en chemin par des gardes nationaux, qui lui avaient demandé quel était son chargement, et, ayant découvert qu'il s'agissait de charbons, les avaient promptement confisqués. et la brouette aussi, traînant celui-ci jusqu'à quelque bivouac sur les remparts. Mais j'ai toujours douté de cette histoire et j'ai tendance à penser que notre porteur improvisé avait simplement vendu les charbons et empoché les bénéfices.

Un jour, au début de novembre, alors que notre réserve de bœuf ou de mouton augmentait peu à peu et devenait de moins en moins fréquente, la chair de cheval devenant de plus en plus *évidente* dans les boucheries, [Seulement 1-1/2 oz. de bœuf ou de mouton était désormais permis par jour, mais à la place on pouvait obtenir 1/4 livre de chair de cheval.] J'ai eu l'occasion de faire appel à un de nos artistes, Blanchard, qui habitait le faubourg Saint-Germain. Quand nous eûmes fini nos affaires, il me dit : "Ernest, c'est mon jour *de fête* . Je vais faire un superbe dîner. Mon beau-frère, qui est fonctionnaire de la Ligne de chemin de fer de l'Est, le cède en mon honneur. Venez avec moi, je vous invite. Nous nous rendîmes alors chez son beau-frère, où je fus reçu très cordialement, et bientôt nous nous mîmes à table dans une salle à manger chaude et bien éclairée, la compagnie composée de deux dames et de trois hommes, moi y compris. .

La soupe, je crois, avait été préparée à partir de chair de cheval additionnée d'un peu d'extrait de viande de Liebig ; mais il était suivi d'un beau gigot de mouton, avec des haricots à la bretonne et... des pommes de terre ! Je n'avais pas goûté de pomme de terre depuis des semaines, car l'ingénieux Saby avait vainement tenté de m'en procurer. Mais le couronnement de la soirée fut l'apparition d'un énorme morceau de gruyère, qu'on ne voyait à l'époque dans aucun magasin parisien. Même Chevet, ce célèbre fournisseur de friandises, avait déclaré qu'il n'en avait pas.

Ma surprise devant le fromage et les pommes de terre étant évidente, le beau-frère de Blanchard m'informa doucement qu'il les avait volés. « Il n'y a aucun doute, dit-il, que beaucoup de commerçants détiennent des réserves secrètes de telle ou telle chose, mais souhaitent que les prix montent encore plus haut qu'ils ne le sont avant de les produire. Mais je n'ai pas pris ces pommes de terre ni ce fromage. de la cave de n'importe quel commerçant. Mais, dans les magasins de la compagnie ferroviaire à laquelle j'appartiens, il y a des tonnes et des tonnes de provisions, y compris du fromage et des pommes de terre, pour lesquelles les destinataires ne demandent jamais, préférant, comme ils le font, partir. je les ai là jusqu'à ce que les prix de famine soient atteints. Eh bien, je me suis servi de quelques choses, pour offrir un bon dîner à Blanchard ce soir. Quant au gigot de mouton, j'ai soudoyé le boucher, pas avec de l'argent, il aurait pu. je l'ai refusé, mais avec du fromage et des pommes de terre, et c'était un échange équitable. En rentrant chez moi ce soir-là, j'avais dans mes poches plus d'une demi-livre de gruyère et deux ou trois livres de pommes de terre, ce que mon père accueillit chaleureusement. La vérité sur les provisions qui étaient encore entreposées dans certains dépôts ferroviaires fut bientôt révélée aux autorités.

Même si mon père n'avait alors que cinquante ans et possédait beaucoup d'énergie nerveuse, sa santé lui faisait au moins momentanément défaut. Il menait une vie extrêmement fatigante depuis l'âge de vingt ans, lorsque la mort de mon grand-père lui avait imposé de grandes responsabilités. Il avait également souffert de maladies qui exigeaient qu'il dispose d'une quantité suffisante de nourriture nourrissante. Tant qu'on pouvait se procurer une bonne quantité de viande de boucherie ordinaire, il ne se plaignait pas ; mais lorsqu'il s'agissait de manger de la viande de cheval deux ou trois fois par semaine, il ne pouvait pas l'entreprendre, bien que, seulement un an ou deux auparavant, il eût assisté à un grand *banquet hippophagique* donné à Paris, et qu'il eût même alors écrit favorablement sur *la viande de cheval* dans un article qu'il a préparé sur le sujet. Pour ma part, étant un petit garçon, j'avais un appétit et un estomac de garçon, et je ne trouvais pas si désagréable la chair de cheval, surtout celle préparée avec de l'ail et d'autres saveurs par Mme. Les mains expertes de Saby. Mais au bout d'un jour ou deux, mon père a refusé d'y toucher. Pendant trois jours, je me souviens, il essaya de vivre de pain, de confiture et de fruits confits ; mais la douceur d'un tel régime lui devint nauséabonde — tout comme elle devint nauséabonde pour nos soldats lorsque les autorités les bombardèrent de confiture en Afrique du Sud. Il était très difficile de proposer quelque chose qui corresponde au goût de mon père ; il n'y avait ni volaille ni œufs. C'est à cette époque que Saby nous vend quelques lapins, mais, encore une fois, *toujours lapin* ne donne pas satisfaction.

Les gens commençaient maintenant à participer à diverses choses étranges. Les chauves-souris ont certainement été mangées avant la fin du siège, mais en aucun cas en quantités aussi grandes que certains l'ont affirmé. Cependant, il existait déjà des endroits où les chiens et les chats, écorchés et préparés pour la cuisine, étaient ouvertement exposés à la vente. Labouchere raconta aussi qu'en entrant un jour dans un restaurant et en voyant *le cochon de lait* mentionné dans le menu, il appela le garçon et l'interrogea à ce sujet, car il doutait fort qu'il y en ait. des cochons de lait dans tout Paris. "C'est un cochon de lait ?" il a demandé au serveur. "Oui, monsieur", répondit l'homme. Mais Labby n'était pas convaincue. "C'est un petit cochon ?" s'enquit-il. "Oui, monsieur, un tout petit." "Est-ce un jeune cochon ?" poursuivit Labby, qui était encore dubitatif. Le garçon hésita et répondit enfin : « Eh bien, je ne peux pas être sûr, monsieur, si c'est bien jeune. "Mais il faut qu'il soit jeune s'il est petit, comme tu dis. Voyons, qu'est-ce qu'il y a, dis-moi ?" "Monsieur, c'est un cobaye !" Labby bondit de sa chaise, prit son chapeau et s'enfuit. Il ne se sentait pas égal à un cobaye, même s'il avait très faim.

Mais peut-être que la meilleure histoire de Labouchere à cette époque était celle du vieux couple qui, toutes les autres ressources leur faisant défaut, fut finalement contraint de sacrifier leur petit chien de compagnie. Il arriva à table bien rôti, et ils le regardèrent tous deux un instant en soupirant. Alors Monsieur rassembla son courage et aida Madame à prendre le tendre viand. Elle poussa un nouveau soupir, mais, faisant une vertu de nécessité, elle se mit à manger, et pendant qu'elle le faisait, elle déposait de temps en temps un petit os sur le bord de son assiette. Lorsqu'elle eut fini, il y avait là toute une collection de petits os, et tandis qu'elle se penchait en arrière sur sa chaise et les contemplait, elle s'exclama soudain : « Pauvre petit Toto ! S'il avait été vivant, quel beau régal il aurait eu. !"

Mais pour en revenir à mon père et à moi-même, je dois dire qu'il y avait une petite taverne et un restaurant anglais dans la rue de Miromesnil, tenus par un homme nommé Lark, avec qui j'avais quelque connaissance. Nous lui procurions occasionnellement de la bière anglaise et un jour, fin octobre, alors que je passais devant son établissement, il me dit : « Comment va ton père ? autres?" J'ai demandé à Lark ce qu'il voulait dire par sa dernière question ; sur quoi il me dit que si j'allais à l'ambassade, je verrais au bureau consulaire un avis concernant le départ des sujets britanniques, des dispositions ayant été prises pour permettre à tous ceux qui désireraient quitter Paris de le faire. J'ai compris l'allusion et lu l'avis, qui était rédigé comme Lark l'avait déclaré, avec cet addendum : « L'ambassade *ne peut* cependant pas se charger des dépenses liées à l'aide aux sujets britanniques pour quitter Paris. Je suis immédiatement rentré chez moi et j'ai transmis les informations que j'avais obtenues à mon père.

Au-delà de l'affichage de cet avis dans le bureau du consul, l'ambassade n'a pris aucune mesure pour informer les sujets britanniques en général de la possibilité qui leur était offerte d'échapper aux bombardements et à la famine. Il est vrai qu'elle était en contact avec le British Charitable Fund et que ce dernier a fait connaître l'affaire à divers demandeurs d'aide. Mais la colonie britannique comptait encore 1 000 habitants, dont des centaines auraient profité de cette opportunité si seulement ils en avaient eu connaissance. Mon père se décida rapidement à quitter la ville et, au cours des jours suivants, des dispositions furent prises avec nos artistes et d'autres personnes afin que les intérêts de l' *Illustrated London News* ne pâtissent en aucune manière de son absence. Notre système était perfectionné depuis longtemps et tout fonctionnait bien après notre départ. Je puis ajouter ici, parce que cela expliquera quelque chose qui suit, que mon père distribua tout l'argent qu'il pouvait épargner à ceux qu'il laissait derrière lui, de telle sorte qu'en quittant Paris nous en avions relativement peu, et - comme la suite le montra : manque d'argent avec nous. Mais on pensait que nous pourrions obtenir tout ce dont nous pourrions avoir besoin en arrivant à Versailles.

VII

DE PARIS À VERSAILLES

Je quitte Paris avec mon père - Jules Favre, Wodehouse et Washburne -
Par Charenton jusqu'à Créteil - Aux avant-postes - Premiers aperçus des
Allemands - Un abonnement pour fusiller le roi de Prusse - La route de
Brie-Comte-Robert - Billets pour la nuit —Discussions avec des soldats
allemands—La difficulté avec les réfugiés les plus pauvres—M. Wodehouse
et mon père—En route vers Corbeil—Un flirt franco-allemand—Affaires à
Corbeil—Sur la route sous la pluie—Longjumeau—Une tempête de
neige—Le paysan de Champlan—Arrivée à Versailles.

Depuis le départ de Lord Lyons de Paris, l'ambassade était restée sous la
responsabilité du deuxième secrétaire, M. Wodehouse, et du vice-consul. En
réponse à l'avis établi dans le bureau de ce dernier, et diffusé également parmi
une dîme de la communauté par le British Charitable Fund, il fut convenu
que soixante ou soixante-dix personnes accompagneraient le secrétaire et le
vice-consul hors de la ville, les militaires attaché, le colonel Claremont, seul y
restant. Les dispositions prises par le Fonds de bienfaisance pour les plus
pauvres consistaient en un don de 4 £ à chaque personne, ainsi que d'environ
trois livres de biscuits et quelques onces de chocolat à grignoter en chemin.
Aucun moyen de transport n'était cependant prévu pour ces gens, alors qu'on
savait que nous devions nous rendre à Versailles, où était installé le quartier
général allemand, par un itinéraire très détourné et que les voies ferrées
étaient coupées.

Nous devions partir le 2 novembre, en même temps qu'un certain nombre
d'Américains, de Russes et d'autres, et il avait été convenu que tout le monde
se retrouverait tôt ce matin-là à la porte de Charenton, au sud-est de Paris.
Paris. Cependant, en arrivant là-bas, tous les Anglais qui se joignaient au
rassemblement reçurent l'ordre de rebrousser chemin, car des informations
avaient été reçues selon lesquelles l'autorisation de quitter la ville leur était
refusée. Cela provoqua une grande consternation parmi le groupe, mais
l'ordre dut naturellement être obéi, et moitié en colère, moitié inconsolable,
de nombreux Britanniques déçus retournèrent dans leurs récents quartiers.
Nous apprîmes ensuite que Jules Favre, le ministre des Affaires étrangères,
avait d'abord absolument refusé d'écouter les demandes de M. Wodehouse,
peut-être parce que la Grande-Bretagne n'avait pas reconnu la République
française ; mais si telle était bien la raison, il était difficile de comprendre
pourquoi les Russes bénéficiaient d'un traitement très différent, le tsar,
comme la reine, s'étant jusqu'ici abstenu de toute reconnaissance officielle de
la Défense nationale. D'un autre côté, Favre aurait peut-être partagé l'opinion
de Bismarck, qui à cette époque exprimait laconiquement son opinion sur

nous-mêmes en ces termes : « L'Angleterre ne compte plus » - si bas, à son avis, si nous étions tombés dans le comité des nations sous notre administration Gladstone *cum* Granville.

Cependant, M. Wodehouse, dans sa situation désagréable, a demandé l'aide de son collègue, M. Washburne, le ministre des États-Unis, et ce dernier, qui possédait plus d'influence à Paris que tout autre représentant étranger, a immédiatement mis le pied à terre, déclarant qu'il quitterait lui-même la ville si les sujets britanniques se voyaient toujours refuser l'autorisation de partir. Favre céda alors sans grâce ; mais à peine son assentiment fut-il obtenu, qu'on découvrit que le ministère britannique des Affaires étrangères avait négligé de demander à Bismarck l'autorisation pour les Anglais quittant Paris de passer par les lignes allemandes. Il y eut donc un retard, et ce ne fut que le matin du 8 novembre que les Anglais partirent en même temps qu'un certain nombre de citoyens suisses et de sujets autrichiens.

La porte Charenton était à nouveau le lieu de rendez-vous désigné. En nous y rendant, entre six et sept heures du matin, nous croisâmes de très longues files d'attente attendant devant les boucheries des bouchées de viande, et devant certains dépôts municipaux où, après une attente prolongée, quelques dé à coudre de lait étaient distribués aux ceux qui pouvaient prouver qu'ils avaient de jeunes enfants. Près de la porte de Charenton, un détachement considérable de la garde nationale était rangé comme pour donner une sorte de solennité à l'exode prochain des étrangers. Deux jeunes officiers d'état-major étaient également présents, avec un trompettiste à cheval et un autre soldat portant l'habituel drapeau blanc sur une lance.

Les plus aisés de notre groupe se trouvaient dans des véhicules achetés pour la circonstance, quelques-uns étant également montés sur des chevaux de valeur, qu'on voulait sauver du sort qui arriva finalement à la plupart des animaux restés à Paris. D'autres étaient dans des fiacres loués, qui n'étaient cependant pas autorisés à s'éloigner des avant-postes ; tandis qu'un grand nombre des membres les plus pauvres du groupe se trouvaient dans des omnibus spécialement engagés, qui devaient également faire demi-tour avant que nous soyons remis à une escorte allemande ; le résultat étant que leurs occupants ont dû parcourir à pied un bon nombre de kilomètres avant de se procurer d'autres moyens de transport. A cet égard, les Suisses et les Autrichiens étaient bien mieux traités que les Anglais. Bien que le temps fût glacial, M. Wodehouse, mon père, moi-même, quelques domestiques de M. Wodehouse et un jeune homme qui avait été lié, je crois, à une banque parisienne, voyageâmes dans un couple ouvert à cheval. casser. Le vice-consul et sa femme, qui nous accompagnaient également, occupaient un petit omnibus particulier.

Avant de quitter Paris, nous fûmes tous rassemblés et nos *laisser-passer* examinés. Ceux détenus par des sujets britanniques émanaient invariablement de l'ambassade des États-Unis et étaient dûment signés par M. Washburne, de sorte que nous quittions la ville pratiquement en tant que citoyens américains. Enfin le cortège se formait, les Anglais précédant les Suisses et les Autrichiens, tandis qu'en arrière-plan, chose étrange, arrivaient plusieurs ambulances arborant la croix rouge de Genève. Personne ne pouvait expliquer leur présence parmi nous, mais comme les Allemands étaient accusés de tirer occasionnellement sur des drapeaux de trêve, ils furent peut-être envoyés pour être utiles en cas d'incident. Tout étant prêt, nous traversâmes le pont-levis massif de la porte de Charenton, et serpentâmes dans le chemin couvert qu'une redoute avancée protégeait. Un petit détachement de cavalerie légère nous rejoint alors et nous traversons rapidement la piste dévastée dite « zone militaire », où tous les arbres ont été abattus au moment de l'investissement. Immédiatement après, nous nous trouvâmes dans les rues étroites et sinueuses de Charenton, presque entièrement désertées par leurs habitants, mais remplies de soldats qui se tenaient aux portes et aux fenêtres, surveillant notre curieuse caravane. Le pont sur la Marne était miné, mais toujours intact, et défendu à l'extrémité par une redoute retranchée et meurtrière, face à des chevaux de frise très complexes et artistiques. Une fois la rivière traversée, nous tournons à gauche, traversons le village d'Alfort, où toutes les villas et les restaurants du bord de la rivière ont été transformés en postes militaires ; et, en regardant en arrière, nous vîmes l'immense maison de fous de Charenton, dominant une hauteur boisée et arborant un grand drapeau noir. Au début du siège, il avait été suggéré que les détenus les plus inoffensifs devraient être libérés plutôt que de rester exposés aux dangers des obus allemands accidentels ; mais le directeur de l'établissement déclara que, dans bien des cas, la folie exacerbait le sentiment patriotique, et que si ses malades étaient mis en liberté, ils désireraient au moins devenir membres du gouvernement. On les a donc laissés dans leur position exposée.

Nous avons continué en longeant le domaine de Charentonneau, dont le mur du parc avait été abattu et de nombreux arbres abattus. A notre droite se trouvait le fort de Charenton, armé de gros canons navals noirs. Tous les murs du jardin sur notre tracé avaient été rasés ou percés. La route était parfois barricadée d'arbres, ou coupée de tranchées, et ce n'était pas sans peine que nous surmontions ces obstacles. Au Petit Créteil, nous avons été étonnés de voir nombre de maraîchers travailler avec autant d'insouciance qu'en temps de paix. Il est vrai que le village était couvert par le feu du fort de Charenton, et que les Allemands auraient couru de grands risques en y portant une attaque sérieuse. Néanmoins, de petits groupes d'entre eux se glissaient de temps en temps et échangeaient des coups de feu avec les mobiles qui étaient stationnés là, ayant leur quartier général dans une auberge déserte, à l'arrivée de laquelle nous fîmes notre première halte.

Les véhicules de location furent alors renvoyés à Paris, et après un bref intervalle, nous repartirent, passant par une ouverture dans une barricade d'apparence redoutable. Nous préparâmes alors Créteil proprement dit, et là les premières traces sérieuses des ravages de la guerre se présentèrent à nos yeux. Le village autrefois agréable était sans vie. Chaque maison avait été cambriolée et pillée, chaque porte et chaque fenêtre brisées. Les petits meubles, etc., avaient été enlevés, les plus gros réduits en fragments. Un esprit infernal de destruction avait balayé les lieux ; et pourtant, remarquez-le, nous étions toujours dans les lignes françaises.

Notre progression le long de la rue principale étant soudainement stoppée par une autre énorme barricade, nous tournâmes vers la droite et atteignîmes enfin une maison où moins d'une vingtaine de mobiles étaient rassemblés, protégés d'un assaut soudain par une fragile barrière de planches, de tonneaux, des tabourets et des chaises cassées. C'était l'avant-poste français le plus avancé dans la direction que nous suivions. Nous le passâmes en traversant des champs ouverts où un homme solitaire cueillait tranquillement des pommes de terre, risquant sa vie à chaque tour de sa bêche, mais sachant que chaque livre du précieux tubercule qu'il parviendrait à emmener à Paris y rapporterait peut-être autant. comme dix francs.

Nous nous arrêtâmes de nouveau, et le trompettiste et le cavalier au drapeau blanc se dirigèrent vers la partie la plus éloignée du village quelque peu dispersé. Soudain, l'appel de la trompette retentit dans l'air vif et glacial, puis nous repartirent, traversant une autre rue du village où plusieurs chats décharnés et affamés tentèrent de nous suivre, à pas désespérés et avec des miaulements pitoyables. Bientôt, nous aperçûmes, debout au milieu de la route, devant nous, deux soldats allemands en capote longue et en bottes arrivant jusqu'aux tibias. L'un d'eux portait un drapeau blanc. Une brève conversation s'ensuivit avec eux, car ils parlaient tous deux français et l'un d'eux connaissait également l'anglais. Peu de temps après, derrière une solide barricade que nous apercevions devant nous, trois ou quatre de leurs officiers arrivèrent, et des saluts un peu raides et cérémonieux furent échangés entre eux et les officiers français chargés de notre parti.

Notre arrivée était sans doute anticipée. Quoi qu'il en soit, un grand et très apprécié feu de bûches et de branches flambait à proximité, et pendant qu'un ou deux officiers de chaque côté, accompagnés du colonel Claremont et de quelques fonctionnaires du British Charitable Fund, s'occupaient des sauf-conduits des alors sujets de Majesté, les autres officiers français et allemands conversaient autour du feu dont j'ai parlé. Ces derniers étaient probablement des Saxons ; en tout cas, ils appartenaient aux forces du prince héritier, plus tard roi, de Saxe, qui commandait cette partie des lignes d'investissement, et avec lequel le principal correspondant de guerre anglais était Archibald Forbes, fraîchement arrivé du siège de Metz. La chute récente de cette place et la conduite du maréchal Bazaine furent le principal sujet de la conversation qui eut lieu aux avant-postes de Créteil entre les officiers des nations rivales. De temps à autre, on faisait référence à Sedan et au renversement de l'empire bonapartiste. Toute la conversation s'est déroulée en français – je doute en effet que nos gardiens français puissent parler allemand – et la plus grande courtoisie a prévalu ; même si les Français refusèrent régulièrement les cigares de Hambourg que leur offraient leurs adversaires.

J'écoutai quelque temps la conversation, mais après avoir examiné le sauf-conduit pour mon père et moi, je passai de l'autre côté de la route pour scruter l'étendue des champs qui s'étendaient dans cette direction. Tout à coup, j'aperçus un officier allemand, monté sur un cheval à l'air puissant, galoper dans notre direction sur le terrain accidenté. Il est venu droit vers moi. C'était un homme d'âge moyen, bien bâti, d'un certain grade, peut-être colonel. Maîtrisant sa monture, il s'adressa à moi en français, me posant plusieurs questions. Mais quand je lui eus dit qui nous étions, il poursuivit la conversation en anglais et me demanda si j'avais apporté des journaux de Paris. Or, nous étions tous engagés à ne donner aucune information utile à l'ennemi, mais j'avais dans mes poches des exemplaires de deux des imprimés les plus violents qui parurent alors dans la ville, c'est-à-dire *La Patrie en Danger* , inspiré par Blanqui. , et *Le Combat* , édité par Félix Pyat. Le premier était tout bruit et fureur, et le second contenait une liste de souscription pour une récompense pécuniaire et un fusil d'honneur à offrir au Français qui parviendrait heureusement à tuer le roi de Prusse. Comme l'officier allemand était si désireux de savoir quel pourrait être le sentiment populaire à Paris et s'il favorisait une nouvelle résistance, j'ai eu l'idée, dans un esprit comme diabolique, de lui présenter les journaux susmentionnés, pour lesquels il a exprimé ses sincères remerciements, puis est parti au galop.

Comme je ne l'ai jamais revu, je ne peux pas dire comment il a pris les invectives et la « souscription au meurtre ». Peut-être n'ai-je pas eu tout à fait raison de lui imposer, comme exemples de la véritable opinion parisienne, deux journaux comme ceux que je lui ai remis ; mais alors tout est juste, non seulement en amour, mais aussi en guerre, et quant aux disputes de la France et de l'Allemagne, mes sympathies étaient entièrement du côté de la France.

Nous n'étions pas encore transférés à l'escorte allemande qui nous attendait, lorsque tout à coup nous entendîmes plusieurs coups de feu tirés du bord de la Marne, sur quoi deux dragons allemands partirent au galop dans cette direction. Les tirs cessèrent aussi brusquement qu'ils avaient commencé, et alors, tout étant prêt pour nous, le colonel Claremont, les gens du Charitable Fund, les officiers et la cavalerie française, les ambulances reprirent leur chemin vers Paris, tandis que notre la caravane continuait à la charge d'un détachement de dragons allemands. Pas pour longtemps cependant, car les instructions reçues à notre sujet étaient évidemment imparfaites. Le lecteur aura remarqué que nous avons quitté Paris par son côté sud-est, bien que notre destination soit Versailles, qui se trouve au sud-ouest de la capitale, n'étant dans cette direction qu'à onze milles environ. De plus, en quittant Créteil, au lieu de prendre une route directe vers la ville de Louis Quatorze, nous fîmes, comme le lecteur le verra tout à l'heure, un immense *détour*, de sorte que notre voyage jusqu'à Versailles dura trois jours entiers. Cela s'est produit parce que les Allemands voulaient nous empêcher de voir quoi que ce soit des lignes d'investissement les plus proches et des préparatifs déjà commencés pour le bombardement de Paris.

Cependant, à notre départ de Créteil, notre itinéraire n'était pas encore définitivement fixé, aussi nous nous arrêtâmes aussitôt, et un officier de notre escorte partit pour prendre de nouvelles instructions, tandis que nous restions près d'un avant-poste allemand, où nous ne pouvions nous empêcher de constater à quel point nous étions en bonne santé. - Les hommes étaient robustes et bien vêtus. Les ordres concernant nos déplacements étant arrivés, nous repartîmes au pas, peut-être parce que beaucoup de notre groupe étaient à pied. Des troupes étaient postées près de chaque route secondaire que nous traversions. Les officiers galopaient constamment, s'enquérant des nouvelles de la situation à Paris, voulant savoir notamment si les ministres de la Défense nationale étaient encore prisonniers de la population, et s'il y avait maintenant une République rouge avec Blanqui à sa tête. Ce qui les étonnait le plus, c'était d'apprendre que, bien que Paris se nourrisse de plus en plus de viande de cheval, il ne mourait pas encore de faim et qu'en ce qui concerne la famine, il pourrait continuer à résister pendant quelques temps. mois de plus. En fait, c'était le 8 novembre, et la ville ne se rendit que le 28 janvier. Mais les officiers allemands ne voulurent pas croire ce que nous disions sur les ressources des assiégés ; ils répétaient sans cesse les mêmes questions et semblaient toujours incrédules, comme s'ils pensaient effectivement que nous les trompions.

A Boissy-Saint Léger, nous nous arrêtâmes pendant que les représentants britanniques, autrichiens et suisses interrogeaient le général qui commandait là-bas. Il était installé dans un joli petit château, devant lequel se trouvait la guérite la plus pittoresque que j'aie jamais vue, car elle était faite de planches, de rondins et de toutes sortes de débris de meubles, tandis qu'à côté se trouvait un landau de poupée et le chariot à jouets d'un petit garçon. Mais nous repartîmes, rencontrant près de Gros-Bois une longue file de wagons de provisions allemands lourdement chargés ; et bientôt, sans adresser un mot à aucun de nous, l'officier de notre escorte donna un ordre, ses cavaliers firent volte-face et s'éloignèrent au galop, nous laissant seuls.

À ce moment-là, le soir approchait et les véhicules de notre groupe roulaient au petit trot, laissant les malheureux piétons loin en arrière. Personne ne semblait savoir exactement où nous étions, mais des paysans de passage nous informèrent que nous étions sur la route de Bâle et que la localité la plus proche était Brie-Comte-Robert. Les chevaux qui tiraient les véhicules des représentants suisses et autrichiens étaient supérieurs à ceux attelés à la pause de M. Wodehouse, nous étions donc éloignés sur la route, et en arrivant à Brie, nous trouvâmes que tous les logements des deux auberges — je peux à peine les appeler des hôtels — avait été attribué aux premiers arrivés. Le groupe de M. Wodehouse s'est assuré un logement dans une maison privée d'apparence supérieure, tandis que mon père, moi-même et une trentaine d'autres personnes nous rendions à la *mairie* pour chercher un logement.

Une scène saisissante s'est présentée là à mes yeux. A cette heure-là, la nuit était tombée. Dans une pièce presque vide de meubles, le maire était assis devant une petite table sur laquelle brûlaient deux bougies. De chaque côté de lui se tenait un fantassin allemand armé d'un fusil et d'une baïonnette au canon. Çà et là aussi se trouvaient plusieurs hussards allemands, ainsi qu'une dizaine ou une douzaine de paysans de la localité. Et le malheureux maire, à moitié arrêté, s'efforçait d'accéder aux réquisitions ennemies de vivres, de fourrages, de vins, de chevaux et de véhicules, tandis que les paysans protestaient qu'ils étaient déjà spoliés de tout et qu'ils n'avaient plus rien du tout. gauche. "Alors tu veux qu'on me tire dessus ?" leur dit enfin le maire. "Vous savez très bien qu'il faut trouver les choses. Allez les rassembler. Faites de votre mieux. Nous verrons après."

Lorsque, faisant comme d'habitude l'interprète de mon père, je demandai un logement au maire, il leva les bras au plafond. "Je n'ai pas de lits", dit-il. "Toute la literie disponible, sauf dans les auberges, a été réquisitionnée pour les ambulances prussiennes. Je trouverai peut-être de la paille, et il y a des latrines et des chambres vides. Mais vous êtes si nombreux, et je ne sais pas comment je pourrai le faire." accommodez-vous tous. »

Il n'était cependant pas de mon devoir ni de celui de moi-même de répondre aux besoins de tout le groupe. C'était plutôt le devoir des fonctionnaires de l'ambassade, alors j'ai de nouveau pressé le maire de me donner au moins quelques logements décents. Il réfléchit un instant, puis me tendit un papier portant un nom et une adresse, après quoi nous partîmes, mon père et moi. Mais il faisait nuit noire, et comme nous ne trouvions pas l'endroit indiqué, nous retournâmes à la *mairie* , où, après pas mal de peine, on me remit un deuxième papier. A cette époque, les membres les plus pauvres du groupe avaient été envoyés dans des hangars, etc., où ils trouvaient de la paille sur laquelle s'allonger. L'adresse de mon deuxième papier était celle d'un vannier dont on nous avait indiqué la maison. Nous y fûmes reçus très cordialement et conduits dans une chambre contenant un lit muni d'un *sommier élastique* .

Mais il n'y avait ni matelas, ni drap, ni couverture, ni traversin, ni oreiller, tout de ce genre ayant été réquisitionné pour les ambulances allemandes ; et je me souviens que deux ou trois heures plus tard, lorsque mon père et moi nous retirions pour nous reposer dans cette chambre glacée dont la fenêtre était gravement brisée, nous étions heureux de poser notre tête sur deux paniers durs, après avoir laissé nos sacs dans L'accusation de M. Wodehouse.

Mais avant d'essayer de dormir, nous avions besoin de nourriture ; car dans la journée nous avions consommé jusqu'au bout un lapin froid et du pain de siège que nous avions rapporté de Paris. Les aubergistes se révélèrent extrêmement indépendants et irritables, et nous ne pouvions obtenir que très peu d'eux. Heureusement, nous découvrîmes un boucher, lui procurâmes de la viande et persuadâmes la femme de notre hôte, la vannière, de nous la cuisiner. Nous ressortîmes ensuite et trouvâmes des cafés et des cavistes remplis de soldats allemands. On y trouvait du vin et du café noir, et pendant que nous nous rafraîchissions, plus d'un soldat allemand, connaissant soit le français, soit l'anglais, nous engageait dans une conversation. Mon propre allemand était à cette époque très limité, car je n'avais pas apprécié l'étude de cette langue et, de plus, je n'avais obtenu que peu d'occasions d'essayer de converser dans cette langue. Cependant, je me souviens bien que certains soldats allemands déclaraient qu'ils étaient profondément las du siège et exprimaient l'espoir que les Parisiens se rendraient rapidement, afin qu'eux, les Allemands, puissent rentrer dans leur patrie à temps pour fêter leur Noël. arbres prêts. Un beau uhlan, en apparence très sympathique, me parla aussi des ballons parisiens, racontant que dès qu'une ascension était observée, la nouvelle en était télégraphiée sur toutes les lignes d'investissement, que chacun avait l'ordre de tirer si l'engin aérien arrivait. à peu près à portée, et que lui et ses camarades essayaient souvent de descendre en ballon.

Après une nuit misérable, nous nous sommes lavés à la pompe dans la cour du vannier et avons déjeuné de pain et *de café noir*. D'ailleurs, le lait était aussi rare à Brie qu'à Paris même, les Allemands, disait-on, ayant enlevé toutes les vaches qui fournissaient autrefois à la France le fameux fromage Brie. Nous découvrîmes alors que, pour atteindre Versailles, il nous faudrait nous rendre d'abord à Corbeil, distant d'une quinzaine de milles, alors que nous serions à trente milles du quartier général allemand. C'était vraiment une bonne nouvelle ! Nous avions déjà fait un voyage de plus de vingt milles, et maintenant un autre de quarante-cinq milles environ s'offrait à nous. Et pourtant, si nous avions seulement pu prendre le bon chemin, nous serions arrivés à Versailles après avoir parcouru à peine onze milles au-delà de Paris !

Dans ces circonstances, la situation des malheureux piétons était très désagréable, et mon père se chargea de parler en leur faveur auprès de M.

Wodehouse, lui faisant remarquer qu'il était injuste de laisser ces malheureux marcher péniblement jusqu'à Versailles.

"Mais que dois-je faire ?" M. Wodehouse a répondu. "Je crains qu'aucun véhicule ne puisse être obtenu ici."

« Les autorités allemandes vous aideront peut-être en cette matière », insistait mon père.

"J'en doute. Mais rappelez-vous que tout le monde a été prévenu avant de quitter Paris qu'il le ferait à ses risques et périls, et que l'ambassade ne pouvait pas se charger des frais."

"C'est exactement ce qui m'a surpris", dit mon père. "Je sais que le Fonds caritatif a fait quelque chose, mais je pensais que l'ambassade aurait fait davantage."

"Je n'avais aucune instruction", a répondu M. Wodehouse.

"Mais il est certain qu'à un moment comme celui-ci, c'est un homme qui prend l'initiative de ses propres instructions."

"Peut-être ; mais je n'avais pas d'argent."

En entendant cela, mon père, pendant un instant, faillit se mettre en colère. " Sûrement, M. Wodehouse, " dit-il, " vous n'aviez qu'à vous rendre chez le baron de Rothschild : il vous aurait donné tout l'argent dont vous aviez besoin. " [J'ai reconstitué le dialogue ci-dessus à partir de mon journal, que j'ai posté en arrivant à Versailles. .]

M. Wodehouse avait l'air inquiet. C'était certainement un homme très aimable, mais il n'était pas, je pense, tout à fait l'homme de la situation. De plus, comme mon père, il était en très mauvaise santé à cette époque. Il se rendit néanmoins compte qu'il devait essayer de faire quelque chose et finalement, avec l'aide du maire et des autorités allemandes, quelques charrettes de ferme furent achetées pour le logement des sujets britanniques les plus pauvres. Cependant, pendant le long intervalle qui s'était écoulé, bon nombre d'hommes étaient partis d'eux-mêmes, fatigués d'attendre et résolus à tenter leur chance dans un sens ou dans l'autre. Notre cortège était donc un peu plus petit lorsque nous quittions enfin Brie-Comte-Robert pour Corbeil.

Nous rencontrâmes sur notre chemin de nombreux soldats allemands, parfois des détachements importants, et nous parcourâmes à peine un kilomètre de terrain sans être interrogés sur l'état des choses à Paris et sur la durée probable de sa résistance, nos réponses décevant invariablement les interlocuteurs. tant ils étaient impatients de voir la guerre prendre fin. Ce fut particulièrement le cas d'un jeune sous-officier qui sauta sur la marche du break de M. Wodehouse et engagea la conversation avec nous pendant que nous continuions notre chemin. Avant de nous quitter, il nous fit remarquer, je m'en souviens, qu'il aimerait beaucoup faire une visite en Angleterre ; sur quoi mon père répondit qu'il serait très heureux de le voir là-bas, à condition toutefois qu'il vienne seul et non avec un demi-million de camarades armés.

Si les soldats allemands étaient nombreux, les paysans que nous rencontrions sur la route étaient rares. Cependant, en arrivant au petit village de Lieusaint, plusieurs personnes se précipitèrent aux portes de leurs maisons et nous regardèrent avec étonnement, car depuis deux mois les seuls étrangers qu'ils avaient vus étaient des soldats allemands, et ils ne comprenaient pas. le sens de notre caravane civile de voitures et de charrettes. Enfin nous entrâmes dans Corbeil et suivions la rue principale vers le vieux pont de pierre par lequel nous espérions traverser la Seine, mais nous découvrîmes bientôt qu'il avait sauté et que nous ne pouvions passer de l'autre côté de la rivière que par un pont-ponton plus bas. Cela fait, nous nous rendîmes à l'hôtel principal, avec l'intention d'y passer la nuit, car il était devenu évident que nous ne pourrions atteindre Versailles à une heure raisonnable.

Cependant, l'hôtel tout entier était en possession d'officiers allemands, dont plusieurs furent surpris en train de flirter avec la jolie fille de l'hôtesse, qui, comme elle portait une alliance, était, je présume, mariée. Je me souviens bien qu'elle fit quelques allusions aux dames de Berlin, à quoi un des lieutenants qui la lorgnaient lui répondit galamment qu'elles n'étaient pas à moitié aussi charmantes que les dames de Corbeil. La jeune femme parut apprécier le compliment, car, au moment où le lieutenant se levait pour prendre congé d'elle, elle lui tendit gracieusement la main et lui dit en souriant : « Au plaisir de vous revoir, monsieur.

Mais les choses étaient bien différentes avec la vieille dame, sa mère, qui, dès que la voie était libre, se mit à s'insurgeer contre les Allemands en bons termes, les décrivant, je m'en souviens, comme des semi-sauvages qui détruisaient tout ce qu'ils ne volaient pas. Elle leur en voulait particulièrement de ne pas permettre à M. Darblay, riche magnat du commerce des grains et des farines, et en même temps maire de Corbeil, de conserver une seule voiture ou un seul cheval pour son usage personnel. Pourtant il leur avait déjà cédé quatre voitures et huit chevaux, et ne voulait garder qu'un petit cabriolet et un épi.

Nous avons obtenu un repas à l'hôtel, mais il nous a été impossible d'y trouver un lit. Nous sommes donc partis en ville pour une expédition d'exploration. De tous côtés, nous observions des affiches indiquant le taux de change des monnaies française et allemande, et l'endroit semblait rempli de bureaux de tabac, invariablement occupés par des Juifs allemands faisant le commerce des cigares de Hambourg. En nous renseignant dans un café au sujet du logement, on nous dit que nous n'y parviendrons qu'avec difficulté, car la ville était pleine de troupes, dont plus d'un millier de malades et de blessés, dont quinze à vingt mouraient chaque jour. Enfin, nous traversâmes de nouveau la rivière et trouvâmes logement dans un hôtel de qualité inférieure, dont le dernier étage avait été gravement endommagé par la chute de blocs de pierre au moment où les Français faisaient sauter le pont de la ville. Cependant, nos lits étaient assez confortables et nous avons passé une bonne nuit de sommeil.

Le café noir était encore la seule boisson disponible le matin. Il n'y avait pas de lait, pas même un morceau de sucre. À cet égard, Corbeil était encore plus mal loti que Paris. Le temps avait maintenant changé et la pluie tombait régulièrement. Nous avons clairement eu une sale journée devant nous. Néanmoins, un autre jeu de charrettes fut obtenu pour les gens les plus pauvres de notre groupe, et lors du rassemblement, un homme manqua. Il était tombé malade, nous a-t-on dit, et ne pouvait plus continuer le voyage. On découvrit bientôt qu'il s'agissait d'un cas de variole, maladie qui s'était récemment déclarée à Paris. Laissant le malade se faire soigner à l'hôpital local déjà bondé, nous partîmes et, en sortant de la ville, croisâmes un troupeau de deux cents bœufs et quelque trois cents moutons, sous la garde de soldats allemands. A peine avions-nous parcouru un kilomètre que, près d'Essonnes, célèbre pour ses papeteries, une de nos charrettes tomba en panne, ce qui n'était guère surprenant, le pays étant vallonné, les routes lourdes et les chevaux épargnés. De nouveau, la pluie tombait maintenant à torrents, au très grand inconfort des occupants des charrettes, ainsi que celui du groupe de M. Wodehouse pendant la pause. Mais il n'y avait aucune aide pour cela, et ainsi de suite nous avons roulé kilomètre après kilomètre, jusqu'à ce que nous soyons enfin complètement trempés.

La pluie s'est transformée en neige fondue lorsque nous atteignons Longjumeau, célèbre pour son beau et amoureux postillon. Les deux tiers des magasins étaient fermés et les auberges étaient remplies de soldats allemands. Nous avons donc continué notre route en direction de Palaiseau. Mais nous n'avions parcouru que la moitié environ de la distance lorsqu'une tempête de neige nous surprit et nous dussions nous réfugier à Champlan. Un officier allemand nous aidait à mettre nos véhicules à l'abri, mais les quelques paysans que nous voyions nous regarder d'un air inquisiteur depuis la porte de leur maison déclarèrent que la seule chose qu'ils pouvaient nous laisser manger était du pain sec, car il n'y avait pas de viande, pas d'alcool. des œufs, pas de beurre, pas de fromage, dans tout le village. De plus, ils affirmèrent qu'ils n'avaient même pas une pinte de vin à mettre à notre disposition. « Les Allemands ont tout pris », disaient-ils ; "Nous en avons 800 dans et autour du village, et nous ne sommes plus qu'une douzaine ici, tous les autres ayant fui à Paris au début du siège."

Les perspectives semblaient mauvaises, mais le valet de chambre de M. Wodehouse, un homme astucieux et énergique d'environ trente ans, nommé Frost, m'a dit : « Je ne crois pas à tout cela. J'ose dire que si un peu d'argent est produit, nous pourrons avoir quelque chose." En conséquence, nous nous attaquâmes ensemble à un individu à l'air inconsolable qui, si je me souviens bien, était soit le charron du village, soit le forgeron ; et, laissant momentanément de côté la question de la nourriture, nous lui demandâmes s'il n'avait pas au moins un feu dans sa maison pour nous réchauffer. Notre groupe comprenait une dame, la femme du vice-consul, et bien qu'elle fasse le voyage dans un omnibus privé fermé, elle souffrait du froid. Cela fut expliqué à l'homme à qui nous nous adressions, et après s'être assuré que nous n'étions pas des Allemands déguisés, il nous dit que nous pourrions entrer dans sa maison et nous réchauffer jusqu'à ce que la tempête se calme. Neuf ou dix d'entre nous, dont la dame dont j'ai parlé, ont profité de cette permission, et l'homme nous a conduits à l'étage dans une pièce du premier étage, où brûlait un grand feu de bois. Devant lui étaient assises sa femme et sa fille, toutes deux de bons spécimens de la beauté rustique française. Avec beaucoup de bonhomie, ils nous firent aussitôt de la place et ajoutèrent de l'huile sur le feu.

La moitié de la bataille fut gagnée, et bientôt nous fûmes régalés de tout ce qu'ils pouvaient nous offrir comme nourriture, c'est-à-dire du pain et des poires cuites au four, ce qui se révéla très acceptable. Finalement, après avoir regardé par la fenêtre pour s'assurer qu'aucun Allemand ne rôdait près de la maison, notre hôte ferma la porte de la chambre à clé et, se tournant vers un gros tas de paille, de bois de chauffage et d'ustensiles de ménage, se mit en route. il voulut le démolir, jusqu'à ce qu'il révélât à la vue un petit tonneau, une demi-fût de porc, je crois, qui, dit-il à voix basse, contenait du vin. C'était tout ce qu'il avait pu cacher. A l'arrivée de l'ennemi dans le district, un groupe d'officiers était venu chez lui et avait ordonné à leurs hommes de lui enlever le reste de son vin, ainsi que presque toute sa literie, ainsi que toutes les volailles et tous les porcs qu'il possédait. "Ils ont fait la même chose dans tout le canton", ajouta l'homme, "et vous devriez voir quelques châteaux : ils ont été absolument dépouillés de leur contenu."

Son visage s'éclaira lorsque nous lui révélâmes que Paris semblait résolu à ne pas se rendre et que, selon les rapports officiels, elle aurait suffisamment de pain pour continuer à résister jusqu'au mois de février suivant. Comme la plupart de ses compatriotes, notre hôte de Champlan estimait que, quoi qu'il arrive, l'honneur de la nation serait au moins sauvé si seulement les Allemands pouvaient être tenus à l'écart de Paris ; et c'est pourquoi il était à juste titre heureux d'apprendre que la défense de la ville se prolongerait.

Il fut bien rémunéré pour son hospitalité et, le temps s'améliorant légèrement, nous reprenâmes notre route vers Versailles, suivant la route principale par

Palaiseau et Jouy-en-Josas, et poussant les chevaux au plus vite tandis que la lumière déclinait et que le les ombres du soir se rassemblaient autour de nous.

VIII

DE VERSAILLES À LA BRETAGNE

Correspondants de guerre à Versailles—Dr. Russell—Lord Adare—La maison de David Dunglas et sa carrière extraordinaire—Ses *séances* à Versallies—Une
entrevue amusante avec le colonel Beauchamp Walker—La subvention du Parlement pour les réfugiés britanniques—Les généraux Duff et Hazen, États-Unis—L'aide américaine—Un aperçu du roi Guillaume et de Bismarck—Notre sécurité- Conduits—De Versailles à SaintGermain-en-Laye—Troubles à Mantes—Le diable allemand de la destructivité—Des lignes allemandes aux lignes françaises—Un train enfin—À travers la Normandie et le Maine—Saint Servan et sa colonie anglaise—Je décide d'aller à le devant.

Il faisait nuit lorsque nous entrâmes enfin dans Versailles par l'avenue de Choisy. Nous vîmes quelques sentinelles, mais elles ne nous défièrent pas, et nous continuâmes jusqu'à atteindre l'avenue de Paris, où nous passâmes devant la Préfecture, dont chacune des fenêtres brillait de lumière. Roi, plus tard empereur, Guillaume y avait ses quartiers ; Bismarck, cependant, résidant dans une maison de la rue de Provence appartenant au général français de Jessé. En faisant le tour de la place d'Armes, nous remarquâmes qu'une aile du célèbre palais de Louis XIV avait ses fenêtres éclairées, destinée à des fins hospitalières, et que quatre batteries d'artillerie étaient disposées sur la place, peut-être pour inciter les Versaillais à soyez sur leur meilleur comportement. Cependant, nous avons continué notre route et quelques instants plus tard nous nous sommes arrêtés devant le célèbre Hôtel des Réservoirs.

Il n'y avait aucune possibilité d'y obtenir un logement. Depuis son rez-de-chaussée jusqu'à ses mansardes, l'hôtel était rempli de princes, ducs, ducs et de leurs suites allemands, ainsi que d'un certain nombre de correspondants de guerre anglais, américains et autres. Mais tout près, et même, si je me souviens bien, de l'autre côté du chemin, il y avait un café où mon père et moi dirigeions nos pas. Nous la trouvâmes bondée d'officiers et de journalistes, et grâce à l'un ou l'autre de ces derniers, nous parvînmes à obtenir un logement confortable dans une maison particulière. L' artiste *de l'Illustrated London News* avec l'équipe allemande était Landells, fils du graveur de ce nom, et nous avons rapidement découvert où il se trouvait. Il partageait sa chambre avec Hilary Skinner, la représentante *du Daily News* à Versailles ; et ils nous saluèrent tous deux cordialement.

Le correspondant principal au quartier général allemand était William Howard Russell du *Times* , à propos duquel - peut-être parce qu'il se tenait quelque peu à l'écart de ses collègues - une variété d'histoires peu aimables furent racontées ; principalement destiné à montrer qu'il surestimait quelque peu sa propre importance. Selon une rumeur, chaque fois que le Docteur montait à cheval, il était d'usage que le prince héritier de Prusse, plus tard l'empereur Frédéric, lui tienne son étrier. Personnellement, je peux seulement dire que, lors de ma visite à Russell, mon père nous a reçus très cordialement (il avait déjà rencontré mon père et connaissait bien mon oncle Frank), et que lorsque nous avons quitté Versailles, comme je le dirai, Je raconte actuellement qu'il a mis son courrier et son omnibus privé à notre disposition. Des années plus tard, un de mes cousins, feu Montague Vizetelly, accompagna Russell en Amérique du Sud. J'ai encore quelques lettres que ce dernier m'a écrites à propos du roman de Zola "La Débâcle", auquel il s'intéressait beaucoup.

Un autre correspondant de guerre à Versailles était l'actuel comte de Dunraven, alors âgé d'à peine trente ans et connu sous le titre de courtoisie de Lord Adare. Il avait auparavant été le représentant *du Daily Telegraph* auprès de l'expédition de Napier contre Théodore d'Abyssinie, et il séjournait maintenant à Versailles, pour le compte, je crois, du même journal. Ses chambres à l'Hôtel des Réservoirs étaient partagées par Daniel Dunglas Home, le médium, avec qui mon père et moi avons rapidement fait connaissance. Très grand et mince, avec des yeux bleus et une abondance de cheveux jaunâtres, Home, alors âgé d'environ trente-sept ans, était issu de l'ancienne souche des comtes de Home, dont le nom figure si souvent dans l'histoire écossaise. Son père était un fils illégitime du dixième comte et sa mère appartenait à une famille qui prétendait posséder le don de « seconde vue ». Home lui-même - selon son propre récit - a commencé à avoir des visions et à recevoir de mystérieux avertissements au moment de la mort de sa mère, et au fil du temps, ses nombreuses visites de l'autre monde ont tellement bouleversé la tante avec laquelle il vivait, une Mme. McNeill Cook de Greeneville, Connecticut [Il avait été emmené d'Écosse en Amérique quand il avait environ neuf ans.] - qu'elle a fini par le mettre à la porte. D'autres, cependant, prenaient un plaisir malsain à voir leurs meubles bouger sans intervention humaine et à recevoir des messages plus ou moins ridicules du pays des esprits ; et parmi les gens de cette description, Home trouva quelques amis utiles.

Il arriva à Londres au printemps 1855 et, en donnant une *séance* au Cox's Hotel, dans Jermyn Street, il parvint à tromper Sir David Brewster (alors âgé de soixante-quatorze ans), mais eut moins de succès avec un autre septuagénaire, Lord Brougham. Plus tard, il captura l'imaginatif Sir Edward Bulwer (plus tard Lord Lytton), qui, en tant qu'auteur de "Zanoni", était peut-être destiné à croire en lui, et il impressionna également Mme Browning, mais pas Browning lui-même. Ce dernier, en effet, dépeint Home comme "Les boues, le médium." Parti un temps en Italie, l'aventurier déjà célèbre donna *des séances* dans une villa hantée près de Florence, mais après s'être converti à la foi catholique en 1856, il fut reçu en audience privée par ce pontife beau, urbain, mais en aucun cas satisfaisant, Pio. Nono, qui cependant, huit ans plus tard, le fit expulser sommairement de Rome comme sorcier de connivence avec le Diable.

Entre-temps, Home s'était attiré les bonnes grâces de plusieurs têtes couronnées : Napoléon III et l'impératrice Eugénie, en présence de laquelle il donnait *des séances* aux Tuileries, à Fontainebleau et à Biarritz ; le roi de Prusse, par qui il fut reçu à Baden-Baden ; et la reine Sophie de Hollande, qui lui donna l'hospitalité à La Haye. En épousant une dame russe, fille du général comte de Kroll, il reçut des cadeaux du tsar Alexandre II et, après son retour en Angleterre, devint l'une des « attractions » du salon de Milner-Gibson : Mme. Gibson, fille du révérend Sir Thomas Gery Cullum, étant l'une des premières patronnes anglaises du soi-disant spiritualisme, à une foi dans laquelle elle fut « convertie » par Home, qu'elle rencontra pour la première fois lors d'un voyage sur le continent. Je me souviens avoir entendu très peu parler de lui dans ma jeunesse. L'ami de Thackeray, Robert Bell, a écrit un article sur lui dans *The Cornhill*, qui a fait l'objet de nombreuses discussions. Bell, je pense, était également mêlé à l'affaire des "Davenport Brothers", dont je me souviens avoir été témoin d'une représentation. Ils furent ensuite effectivement signalés à Paris par le vicomte Alfred de Caston. Home, de son côté, n'était guère pris au sérieux par les Parisiens, et lorsque, lors d'une *séance* donnée en présence de l'impératrice Eugénie, il fit des gaffes grossières et répétées au sujet de son père, le comte de Montijo, il fut informé que sa présence à Le tribunal pourrait être supprimé. Il se console alors en se rendant à Peterhof et en exposant ses pouvoirs au tsar.

Certains scientifiques écossais et anglais, comme le Dr Lockhart Robertson, le Dr Robert Chambers et le Dr James Manby Gully, l'apôtre de l'hydropathie, qui a connu un désastre dans la fameuse affaire Bravo, ont chaleureusement soutenu Home. Samuel Carter Hall, sa femme, William Howitt et Gerald Massey aussi ; et il finit par établir un soi-disant « Athénée spirituel » dans Sloane Street. Une riche veuve d'un âge avancé, Mme Jane Lyon, devint abonnée à cette institution et, devenant entichée de Home, lui fit un cadeau d'environ 30 000 £ et lui fixa un montant similaire à payer à son décès. Mais au bout d'un an ou deux, elle s'est repentie de son engouement et a intenté une action en justice pour récupérer son argent. Elle n'a pas réussi à étayer certaines de ses accusations, mais le vice-chancelier Giffard, qui a entendu l'affaire, a tranché en sa faveur, dans son jugement décrivant Home comme un homme nécessiteux et intrigant. Home, dois-je ajouter, était à cette époque veuf et en conflit avec les parents de sa défunte épouse en Russie, au sujet de ses biens.

Parmi les arts attribués à Home était celui appelé lévitation, dans lequel il était élevé dans les airs par une force invisible et inconnue, et y restait suspendu ; ceci étant, pour ainsi dire, le premier pas vers le vol humain sans l'aide d'aucun biplan, monoplan ou autre appareil mécanique. La première fois que Home aurait fait preuve de ce pouvoir, c'était à la fin des années cinquante, lorsqu'il se trouvait dans un château près de Bordeaux en tant qu'invité de la veuve de Théodore Ducos, neveu du collègue de Bonaparte au Consulat. Dans les ouvrages présentés en faveur de Home — l'un d'eux, intitulé « Incidents dans ma vie », a été principalement écrit, semble-t-il, par son ami et avocat, un certain MWM Wilkinson —, il est également affirmé que son pouvoir de lévitation était dû à son pouvoir de lévitation. attesté plus tard par Lord Lindsay, par la suite comte de Crawford et Balcarres, et par l'actuel comte de Dunraven. On nous dit en effet qu'à une occasion, ce dernier a effectivement vu Home flotter hors d'une pièce par une fenêtre, et y entrer de nouveau par une autre. Je ne sais pas si Home a également favorisé le professeur Crookes avec une exposition de ce genre, mais ce dernier a certainement exprimé l'opinion que certains des exploits de Home étaient authentiques.

Lorsque mon père et moi l'avons rencontré pour la première fois à Versailles, il était constamment en compagnie de Lord Adare. Il prétendait agir comme correspondant d'un journal californien, mais sa principale occupation semblait être de donner des *séances* pour le divertissement de tous les princes et princelets allemands séjournant à l'Hôtel des Réservoirs. La plupart de ces altesses et puissances faisaient partie de ce que les Allemands eux-mêmes appelaient sarcastiquement leur « bâton ornemental », et comme Moltke leur permettait rarement de participer réellement aux opérations militaires, ils trouvèrent sans doute dans les performances de Home un certain soulagement du *taedium vitae* qui les envahit. pendant leur longue attente de la capitulation de Paris. Maintenant que Metz était tombé, telle était la question principale qui occupait l'esprit de tous les Allemands rassemblés à Versailles, et Home était appelé à prédire quand cela aurait lieu. En certaines occasions, je crois, il évoquait les esprits de Frédéric le Grand, de Napoléon, de Blücher et d'autres, pour en obtenir une prévision exacte. À une autre époque, il s'efforçait de regarder vers l'avenir au moyen de l'observation des cristaux, dans laquelle il avait besoin de l'aide d'un petit enfant. « Mes expériences n'ont pas réussi », dit-il un jour, alors que nous étions assis avec lui au café près de l'Hôtel des Réservoirs ; " mais ce n'est pas ma faute. J'ai besoin d'un enfant absolument pur d'esprit, et je n'en trouve pas ici, car cette race française est corrompue dès son enfance. " Il jeûnait à cette époque, ne prenant apparemment qu'un peu d' *eau sucrée* pendant plusieurs jours d'affilée. "Les esprits ne me bougeront pas si je ne fais pas cela", a-t-il déclaré. "Pour me les amener, je dois lutter contre la part matérielle de ma nature."

[Remarque : Les Allemands considéraient cela comme d'autant plus urgent au moment de mon arrivée à Versailles, que quelques informations seulement auparavant (9 novembre), la nouvelle armée française de la Loire sous D'Aurelle de Paladines avait vaincu les Bavarois à Coulmiers, et ainsi assuré à nouveau la possession d'Orléans.]

Quelques années plus tard, après une autre visite à Saint-Pétersbourg, où, semble-t-il, il fut de nouveau bien accueilli par le tsar et épousa de nouveau une dame de la noblesse russe, la santé de Home commença à se détériorer, peut-être à cause de la semi-santé. - la famine à laquelle il se soumettait par intervalles. Je l'ai vu occasionnellement dans ses dernières années, quand, habitant Auteuil, il était presque mon voisin. Il y mourut en 1886, alors âgé d'environ cinquante-trois ans. Personnellement, je n'ai jamais eu confiance en lui. Je l'ai d'abord regardé avec une grande curiosité, mais quelque temps avant la guerre, j'avais beaucoup lu sur Cagliostro, Saint Germain, Mesmer et d'autres charlatans, assistant également à une conférence sur eux à la salle des Conférences ; et tout cela, combiné à la dénonciation des frères Davenport et d'autres spiritualistes et illusionnistes, a contribué à me préjuger contre un homme tel que Home. En même temps, ce soi-disant « sorcier du XIXe siècle » était certainement une personnalité curieuse, dotée, je présume, de pouvoirs suggestifs considérables, qui lui permettaient parfois de faire croire ce qu'il désirait. Il aurait fallu avoir l'opinion de Charcot sur son cas.

Comme il nous avait fallu trois jours, à mon père et à moi, pour rejoindre Versailles depuis Paris, et que nous ne pouvions prévoir quelles autres expériences désagréables l'avenir pourrait nous réserver, notre situation pécuniaire suscitait quelques inquiétudes. J'ai dit précédemment que nous avions quitté la capitale avec relativement peu d'argent, et il semblait maintenant que notre voyage pourrait devenir une affaire longue et quelque peu coûteuse, d'autant plus que l'état-major allemand souhaitait nous envoyer par le nord de la France et de là par la Belgique. Après avoir consulté Landells, Skinner et quelques autres correspondants, il apparut que plusieurs jours pourraient s'écouler avant que nous puissions obtenir des fonds d'Angleterre. D'un autre côté, chaque correspondant s'accrochait à l'argent qu'il avait en sa possession, car la vie coûtait très cher à Versailles, et à tout moment une situation critique pouvait survenir, nécessitant une dépense inattendue. Il a été suggéré, cependant, que nous devrions nous adresser au colonel Beauchamp Walker, qui était le représentant officiel britannique auprès de l'état-major allemand, car, nous a-t-on dit, le Parlement, dans sa générosité, avait voté une somme de 4 000 £ pour aider tout des sujets britanniques nécessiteux qui pourraient sortir de Paris, et le colonel Walker était chargé de gérer l'argent en question.

Naturellement, mon père commença par s'opposer à cette suggestion, disant qu'il ne pouvait pas demander *in formâ pauperis* la charité. Mais il a été souligné qu'il n'était pas nécessaire de faire une telle chose. "Allez voir Walker", disait-on, "expliquez votre difficulté et offrez-lui une note de la main ou un brouillon sur l' *Illustrated* , et si vous le souhaitez, une demi-douzaine d'entre nous le soutiendront." Un tel plan ayant été décidé, nous rendîmes visite au colonel Walker le deuxième ou le troisième jour de notre séjour à Versailles.

Son nom complet était Charles Pyndar Beauchamp Walker. Né en 1817, il n'avait pas fait peu de service. Il avait servi d' *aide de camp* à Lord Lucan en Crimée, devenant ensuite lieutenant-colonel du 2e Dragoon Guards. Il se trouvait en Inde lors des dernières opérations de répression de la mutinerie, puis en Chine lors de l'expédition franco-britannique dans ce pays. Pendant la guerre austro-prussienne de 1866, il fut attaché comme commissaire britannique auprès des forces du prince héritier de Prusse et fut témoin de la bataille de Königgratz. Il servit au même titre pendant la guerre franco-allemande, lorsqu'il se trouvait à Weissenburg, Wörth et Sedan. Au cours des années suivantes, il devint major-général, lieutenant-général, KCB et colonel du 2e Dragoon Guards ; et de 1878 jusqu'à sa retraite en 1884, il fut inspecteur général de l'éducation militaire. J'ai exposé ces faits parce que je n'ai aucune envie de minimiser les services et les capacités de Walker. Mais je ne peux m'empêcher de sourire à une phrase que j'ai trouvée dans le récit de lui donné dans le « Dictionnaire de biographie nationale ». Il fait référence à ses fonctions pendant la guerre franco-allemande et se lit comme suit : « L'irritation des Allemands contre l'Angleterre et le nombre d'Anglais itinérants rendaient sa tâche difficile, mais il était bien qualifié pour cela par son tact et génialité, et son action a rencontré la pleine approbation du gouvernement.

Le gouvernement en question aurait approuvé n'importe quoi. Mais laissons cela passer. Nous rendîmes visite au colonel vers onze heures et demie du matin et fûmes conduits dans une grande pièce confortablement meublée, où carafes et cigares étaient bien en vue sur une table centrale. Au bout de dix minutes, le colonel apparut, vêtu d'une belle robe de chambre à motifs avec une ceinture à pompons. Je savais que l'officier britannique aimait se débarrasser de son uniforme, et j'étais tout à fait conscient que les officiers français le faisaient également lorsqu'ils étaient en permission à Paris, mais cela a été un choc pour mon jeune esprit de voir le représentant militaire de Sa Majesté aux côtés du roi Guillaume. une robe de chambre voyante en pleine journée. Il s'assit et demanda d'un air maussade à mon père quelles étaient ses affaires. Cela lui a été dit très brièvement. Il fronça les sourcils, fredonna, hura, se renversa dans son fauteuil et s'écria sèchement : « Je ne suis pas un prêteur d'argent !

Le fait que l' *Illustrated London News* soit le premier journal mondial de sa catégorie n'a servi à rien. Les offres des autres correspondants de la presse anglaise de soutenir la signature de mon père furent rejetées avec dédain. Lorsqu'on rappelle au colonel qu'il détient une somme d'argent considérable votée par le Parlement, il rétorque : « C'est pour les personnes nécessiteuses ! Mais vous me demandez de vous *prêter* de l'argent ! "Tout à fait", répondit mon père; "Je ne souhaite pas être une charge pour le Trésor. Je veux simplement un prêt, car j'ai devant moi un voyage difficile et peut-être coûteux." "Combien veux-tu?" claqua le colonel. "Eh bien," dit mon père, "je me sentirais plus à l'aise si j'avais mille francs (40 £) en poche." « Quarante livres ! s'écria le colonel Walker, comme perdu dans l'étonnement. Et se levant de sa chaise, il reprit de la manière la plus théâtrale possible : « Eh bien, savez-vous, monsieur, que si je vous cédais quarante livres, je pourrais me trouver dans les plus grandes difficultés possibles. — peut-être même ce soir — il y aurait des centaines de nos compatriotes souffrants devant les portes de Versailles, et je ne pourrais pas les soulager ! » "Mais," dit doucement mon père, "vous détiendriez toujours 3 960 £, Colonel Walker." Le colonel lui lança un regard noir et mon père, ne voulant pas prolonger un tel entretien, sortit de la pièce, suivi de moi.

Bon nombre des plus pauvres qui quittèrent Paris avec nous ne se rendirent jamais à Versailles, mais nous laissèrent à Corbeil ou ailleurs pour traverser la France tant bien que mal. Un autre groupe, composé d'une centaine de personnes, fut cependant par la suite expulsé de la capitale avec l'aide de M. Washburne, et dans leur cas, le colonel Walker dut dépenser de l'argent. Mais chaque subvention était très mesquine, et je ne serais pas surpris d'apprendre que la majeure partie de l'argent voté par le Parlement était finalement restituée au Trésor - circonstance qui expliquerait probablement la « pleine approbation » que le gouvernement a accordée au projet. conduite du colonel à cette époque. Il mourut au début de 1894 et, peu après, une partie de sa correspondance fut publiée dans un volume intitulé « Jours de la vie d'un soldat ». En lisant une critique de cet ouvrage dans l'une des principales revues littéraires, j'ai été frappé par un passage dans lequel Walker était décrit comme un homme déçu et aigri, qui avait toujours le sentiment que ses mérites n'étaient pas suffisamment reconnus, bien qu'il ait reçu le titre de chevalier. et se retira avec le grade honorifique de général. Je présume que son ambition était au moins un vicomté, sinon un comté, et un *bâton* de maréchal .

En quittant le monsieur dont « le tact et la gentillesse » sont commémorés dans le « Dictionnaire de biographie nationale », nous nous rendîmes, mon père et moi, au café où se réunissaient la plupart des journalistes anglais. Plusieurs étaient là, et mon père fut immédiatement assailli de demandes de renseignements concernant son entretien avec le colonel Walker. Son récit provoqua quelques rires et diverses remarques qui n'auraient guère amélioré l'humeur du colonel. Je me souviens cependant que le capitaine, devenu ensuite colonel Sir, Henry Hozier, l'auteur de « La guerre de Sept Semaines », souriait doucement, mais gardait par ailleurs son propre conseil. Enfin, on demanda à mon père ce qu'il comptait faire dans ces circonstances, et il répondit qu'il avait l'intention de communiquer avec l'Angleterre le plus rapidement possible et de rester dans l'intervalle à Versailles, bien qu'il désire particulièrement s'enfuir.

Or, il se trouve que parmi les clients du café se trouvaient deux officiers américains, l'un étant le brigadier-général Duff, frère d'Andrew Halliday, l'auteur dramatique et essayiste, dont le véritable patronyme était également Duff. Mon père a connu Halliday grâce à leurs amis communs Henry Mayhew et les Brough. L'autre officier américain était le major-général William Babcook Hazen, dont le nom est parfois mentionné dans ce document populaire sur la carrière du président Garfield, « From Log Cabin to White House ». Pendant la guerre civile aux États-Unis, il avait commandé une division lors de la marche de Sherman vers la mer. Il introduisit également le système de signaux par ondes froides dans l'armée américaine et, en 1870-71, il suivit les opérations des Allemands pour le compte de son gouvernement.

Je ne me souviens pas si le général Duff (qui, m'a-t-on dit, est toujours en vie) était également à Versailles à titre officiel, mais au cours d'une conversation, il a entendu parler de l'entretien de mon père avec le colonel Walker et a parlé au général Hazen sur l'objet. Hazen n'a pas hésité, mais est venu voir mon père, a eu une brève conversation avec lui, a déboutonné son uniforme, a sorti une caisse contenant des billets de banque et a demandé à mon père combien il voulait, en lui disant de ne pas se pincer. L'ensemble de la transaction a été réalisé en quelques minutes. Mon père n'était pas disposé à accepter autant qu'il l'avait demandé au colonel Walker, mais le général Hazen lui remit quelque 20 ou 30 livres sterling en billets, dont un ou deux furent ensuite modifiés, moyennant une belle contrepartie, par l'un des soldats allemands. Des Juifs qui infestèrent alors Versailles et profitèrent de la rareté de l'or. Nous avons donc été redevables à deux reprises aux représentants des États-Unis. Le *laisser-passer* nous permettant de quitter Paris avait été fourni par M. Washburne, et les moyens de continuer notre voyage confortablement étaient fournis par le général Hazen. Je lève mon chapeau à la mémoire de ces deux messieurs.

Durant les quelques jours que nous avons passés à Versailles, nous avons aperçu le roi Guillaume et Bismarck, que nous avions déjà vus tous deux à Paris en 1867, alors qu'ils étaient les invités de Napoléon III. Je trouve dans mon journal un mémorandum, dicté peut-être par mon père : « Bismarck beaucoup plus gros et gonflé ». Nous le vîmes un jour sortir de la Préfecture, où le Roi avait ses quartiers. Il resta un moment dehors, bavardant et riant bruyamment avec d'autres personnages allemands, puis s'éloigna à grands pas avec un compagnon. Il n'avait que cinquante-cinq ans et était alors plein de vigueur, même s'il avait peut-être pris de la chair ces dernières années et donc renoncé à danser, sa dernière partenaire dans la valse ayant été Mme. Carette, la lectrice de l'Impératrice Eugénie, qu'il conduisit à l'un des bals de 67 aux Tuileries. Très sain et chaleureux aussi paraissait le roi dont Bismarck allait faire un empereur. Pourtant le vainqueur de Sedan avait déjà soixante-treize ans. Je ne l'ai vu qu'à cheval lors de mon séjour à Versailles. Mes souvenirs de lui, de Bismarck et de Moltke remontent plus particulièrement à l'année 1872, lorsque j'étais à Berlin à l'occasion de la fameuse réunion des trois empereurs.

Mon père et moi étions restés en contact avec M. Wodehouse, de qui nous avions appris que nous devions nous adresser au général allemand commandant à Versailles pour tout autre sauf-conduit. On nous informa d'abord qu'il ne pouvait y avoir de dérogation au projet de nous faire sortir de France par Epernay, Reims et Sedan, ce qui ne coïncidait en aucune façon avec les désirs de la plupart des Anglais sortis de Paris. , ils souhaitent se diriger vers l'ouest et s'assurer un passage à travers la Manche depuis Le Hâvre ou Dieppe. Mon père et moi voulions aussi aller vers l'ouest, mais pour nous frayer un chemin jusqu'en Bretagne, ma belle-mère et ses enfants étant à Saint Servan, près de Saint Malo. Finalement, les autorités allemandes décidèrent de nous donner les itinéraires alternatifs de Mantes et de Dreux, le premier étant le plus préférable pour ceux qui se rendaient en Angleterre. Elle fut choisie aussi par mon père, car la route de Dreux nous eût conduit dans une région où les hostilités étaient en cours et où nous aurions pu nous trouver subitement « retenus ».

Le groupe entier des réfugiés britanniques était désormais limité à quinze ou seize personnes, les uns, fatigués d'attendre, s'étant enfuis par la route de Sedan, tandis que quelques autres, comme des cochers et des palefreniers, cherchant un emploi auprès de princes et de généraux allemands, résolu à rester à Versailles. M. Wodehouse y est également resté pendant une courte période. Auparavant en mauvaise santé, il avait en outre contracté un rhume au cours de nos trois jours de route en véhicule découvert. Comme la plupart de ceux qui se rendaient immédiatement en Angleterre se trouvaient maintenant presque insolvables, il fut convenu de payer leurs dépenses par les lignes allemandes et de donner à chacun d'eux une somme de cinquante shillings, afin qu'ils puissent se rendre vers la Manche. lorsqu'ils eurent atteint une partie non envahie de la France. Bien entendu, le colonel Walker s'est séparé avec le moins d'argent possible.

A Versailles, il était absolument impossible de louer des véhicules pour nous conduire jusqu'à Mantes, mais on nous assurait qu'on pourrait se procurer des moyens de transport à Saint-Germain-en-Laye ; et c'est ainsi que le docteur Russell prêta à mon père son petit omnibus pour le voyage jusqu'à cette dernière ville, en envoyant en même temps son courrier pour l'aider à prendre de nouvelles dispositions. Je ne me souviens pas de la nationalité de ce courrier, mais il parlait anglais, français et allemand, et ses services furent extrêmement utiles. Nous nous rendîmes à Saint-Germain en passant par Rocquencourt, où nous trouvâmes un certain nombre de paysans rassemblés au bord de la route avec de petites échoppes où ils vendaient du vin et des fruits aux soldats allemands. Cette partie des environs de Paris semble avoir moins souffert que les quartiers de l'Est et du Sud. Jusqu'à présent, il n'y avait eu qu'une seule sortie de ce côté, celle faite par Ducrot en direction de La Malmaison. Elle avait cependant momentanément alarmé les forces d'investissement, et tandis que nous étions à Versailles, j'appris que, ce jour-là, tout était préparé pour le déplacement du roi Guillaume à Saint-Germain au cas où les Français obtiendraient un réel succès. Mais cela s'est avéré être une petite affaire, la force de Ducrot étant tout à fait sans commune mesure avec l'effort qu'elle exigeait.

A Saint-Germain, le courrier du Dr Russell a aidé à obtenir des moyens de transport pour tout notre groupe, et nous nous sommes bientôt mis en route vers Mantes-la-Jolie, célèbre comme la ville où Guillaume le Conquérant, tout en se livrant au pillage et à la destruction. , a reçu les blessures qui ont causé sa mort. Ici, nous avons dû nous présenter au commandant allemand qui, à la consternation générale, a commencé par lui refuser l'autorisation de procéder. Il l'a fait parce que la plupart des sauf-conduits qui nous ont été remis à Versailles avaient d'abord indiqué seulement que nous devions voyager par Sedan ; les mots « ou Mantes ou Dreux » étant ensuite ajoutés entre les lignes. Cette interligne était irrégulière, disait le général à Mantes ; ce pourrait même être un faux ; en tout cas, il ne pouvait pas le reconnaître, il fallait donc rebrousser chemin d'où nous venions, et vite aussi : en effet, il ne nous a donné qu'une demi-heure pour quitter la ville ! Mais il arriva heureusement que dans quelques sauf-conduits il n'y avait aucune interlinéation, les mots « Sedan ou Mantes ou Dreux » étant dûment inscrits dans le corps du document, et ceci étant signalé, le général vint à la conclusion que nous n'essayions pas de lui imposer. Il annula alors son ordre précédent et décida que, le crépuscule tombant déjà, nous pourrions rester cette nuit à Mantes et reprendre notre route le lendemain à 5 heures 45, sous la direction d'une escorte de cavalerie.

Après avoir réservé quelques lits et commandé un dîner dans une des auberges, mon père et moi nous promenâmes dans la ville, qui était pleine de uhlans et de hussards. Le vieux pont de pierre sur la Seine avait été fait sauter par les Français avant leur évacuation de la ville et une partie de la voie ferrée avait également été détruite par eux. Mais les Allemands étaient responsables de l'aspect épouvantable de la gare. Depuis, je n'ai jamais rien vu de semblable. Un millier de carreaux de verre appartenant aux fenêtres ou aux toitures avaient été réduits en atomes. Tous les miroirs des salles d'attente et des buvettes avaient été mis en pièces ; chaque cadre doré brisé en petits morceaux. Les horloges gisaient en petits fragments ; les livres de comptes et les formulaires imprimés avaient été réduits en miettes ; les cloisons, les chaises, les tables, les bancs, les caissons, les nids de tiroirs, avaient été ébréchés, fendus, brisés, réduits à de simples lamelles de bois. Les grands poêles étaient renversés et brisés, et le comptoir de rafraîchissements en marbre, long d'une trentaine de pieds et autrefois l'un des éléments caractéristiques de la gare, jonchait désormais le sol de particules évoquant du gravier. C'était en effet un spectacle étonnant, d'autant plus étonnant qu'aucun travail de destruction de ce genre n'aurait pu être accompli sans un travail extrême. De retour à l'auberge pour le dîner, j'ai posé quelques questions. "Qui l'a fait?" "Les premières troupes allemandes sont arrivées ici", fut la réponse. "Pourquoi ont-ils fait cela ? Est-ce parce que vos hommes avaient coupé les fils télégraphiques et détruit une partie de la voie permanente ?" "Oh non ! Ils s'attendaient à trouver de quoi boire à la buvette, et quand ils ont découvert que tout avait été emporté, ils se sont mis à casser les installations !" Chers, gentils et placides soldats allemands, rechignés quelques minutes à boire du vin de France !

Le matin, nous quittions Mantes au clair de lune, à l'heure dite, sans être accompagnés cependant d'aucune escorte. Soit le commandant avait oublié l'affaire, soit ses hommes avaient dormi trop longtemps. Dans les faubourgs, nous fûmes arrêtés par une sentinelle qui porta notre laissez-passer jusqu'à un poste de garde, où un sous-officier l'inspecta à la lueur d'une lanterne. Ensuite, nous avons continué pendant environ un demi-mètre, lorsque nous avons été une fois de plus défiés, cette fois par l'avant-poste allemand. Comme nous reprenons notre route, nous apercevons à l'arrière un petit groupe de hussards qui ne nous suivent pas, mais tournent brusquement vers la gauche, penchés sans doute sur quelque expédition de reconnaissance. Nous sommes désormais au-delà des lignes allemandes et l'aube se lève. Là-bas se trouvait la Seine, avec plusieurs îles sur son sein et quelques hauteurs boisées s'élevant au-delà. En nous rapprochant de la rivière, nous traversâmes le village de Rolleboise, qui donne son nom au principal tunnel de la ligne occidentale, et traversâmes un terrain discutable où les francstireurs français étaient constamment à l'affût des uhlans aventureux. Nous arrivâmes enfin à Bonnières, petite ville de sept à huit cents habitants, aux limites de la Seine-et-Oise ; et c'est là qu'il fallut descendre, car les véhicules qui nous avaient amenés de Saint-Germain ne pouvaient plus avancer.

Heureusement, nous en trouvâmes d'autres et continuâmes vers le village de Jeufosse, où étaient établis les avant-postes français les plus proches. Nous déployons le drapeau blanc, mais les premières sentinelles françaises que nous rencontrons, des jeunes gens de la Garde mobile, refusent un moment de nous laisser passer. Finalement, ils en parlèrent à un officier qui, en découvrant que nous étions Anglais et venions de Paris, se mit à causer avec nous d'une manière très amicale, nous posant toutes les questions d'usage sur la situation des affaires dans la capitale et nous exprimant : la satisfaction habituelle que la ville pouvait encore offrir. Lorsque nous prenons congé, il nous souhaite cordialement *bon voyage* , et nous nous hâtons, toujours en suivant le cours de la Seine, vers la petite ville de Vernon. Ses habitants curieux nous entourèrent aussitôt, désireux de savoir qui nous étions, d'où nous venions et où nous allions. Mais nous ne tardâmes pas longtemps, car nous apprîmes tout à coup que la communication ferroviaire avec Rouen ne commençait qu'à Gaillon, quelques lieues plus loin, et qu'il n'y avait qu'un train par jour. La question qui s'est immédiatement posée était : pourrions-nous l'attraper ?

Nous continuâmes donc notre route, montant, traversant et descendant cette fois une succession de collines escarpées, jusqu'à ce que nous atteignions enfin la gare de Gaillon et constatâmes, à notre grande joie, que le train ne démarrerait pas avant vingt minutes. Tous nos compagnons prirent des billets pour Rouen, d'où ils comptaient se rendre à Dieppe ou au Hâvre. Mais mon père et moi avons bifurqué avant d'atteindre la capitale normande, puis, arrivés à Elbeuf, avons traversé les départements de l'Eure et de l'Orne en passant par Alençon pour nous rendre au Mans. A deux ou trois reprises, nous avons dû changer de train. Le voyage était extrêmement lent et il y avait d'innombrables arrêts. Les lignes étaient constamment encombrées de fourgons chargés de matériel militaire et les gares étaient pleines de troupes allant dans une direction ou dans une autre. Dans les salles d'attente, on trouvait des foules d'officiers allongés sur les divans, les chaises et les tables, s'efforçant de prendre quelques heures de sommeil ; tandis que partout sur les étages et sur les plates-formes, des soldats s'étaient étendus dans le même but. Il était très rare que l'on puisse obtenir de la nourriture, mais j'ai eu la chance de me procurer un pain, du fromage et une bouteille de vin à Alençon. Il devait être environ une heure du matin lorsque nous arrivâmes enfin au Mans et constatâmes qu'il n'y aurait pas de train pour Rennes avant quatre ou cinq heures.

La grande gare du Mans regorgeait de renforts pour l'armée de la Loire. Après avoir flâné quelques minutes, mon père et moi nous sommes assis sur la plate-forme, le dos contre un mur, car il n'y avait pas de banc ni de tabouret. De temps en temps, un train se préparait à démarrer, des hommes étaient rassemblés à la hâte, puis montaient dans toutes sortes de voitures et de fourgons. Un général en retard se précipita, accompagné d' *aides de camp enthousiastes* . De temps en temps, un fusil échappait des mains d'un garde mobile qui avait trop bu et tombait avec fracas sur la plate-forme. Puis les magasins furent entassés dans des camions, les sifflets retentirent, les moteurs sonnèrent, et pendant ce temps, même si les hommes partaient sans cesse, la gare semblait toujours aussi bondée. Quand enfin je me levai pour m'étirer, je remarquai, apposée sur le mur contre lequel j'étais adossé, une proclamation de Gambetta concernant la victoire de d'Aurelle de Paladines sur von der Tann à Orléans. Dans une autre partie de la gare se trouvaient des affiches lithographiées émanant du préfet du département et récitant divers arrêtés gouvernementaux récents et des nouvelles de guerre, d'escarmouches, de reconnaissances, etc. Mais enfin notre train arriva. Il était composé presque entièrement de wagons de troisième classe avec des sièges en bois, et nous dussions nous contenter de ce logement.

Commence alors un autre voyage long et fastidieux. Une fois de plus, nous avons voyagé lentement, de nouveau il y a eu d'innombrables arrêts, de nouveau nous avons croisé des trains bondés de soldats ou remplis de provisions militaires. À un endroit où nous nous sommes arrêtés, il y avait un train transportant des dizaines de chevaux, pour la plupart de vieilles créatures pauvres et misérables. Je les ai regardés et je me suis étonné à leur vue. « Ils viennent d'Angleterre », dit un autre passager ; "chaque bateau de Southampton à Saint Malo en amène un bon nombre." Il était désagréable de penser que des bêtes aussi lamentables avaient été expédiées par ses propres compatriotes. Cependant nous arrivâmes enfin à Rennes, où nous pûmes prendre un bon repas carré, et aussi envoyer un télégramme à ma belle-mère pour l'avertir de notre arrivée anticipée. Ce fut cependant à une heure tardive que nous arrivâmes à Saint-Malo, d'où nous nous rendîmes à la Petite Amélia à Saint-Servan.

Cette dernière ville renfermait alors une colonie considérable d'Anglais, parmi lesquels prédominait l'élément militaire. Un bon nombre d'officiers à demi-solde ou à la retraite étaient venus y vivre avec leurs familles, trouvant Jersey surpeuplée et désireux de pratiquer l'économie. La colonie comprenait également plusieurs propriétaires irlandais dans des conditions difficiles, qui avaient quitté l'île agitée pour échapper à l'assassinat aux mains de « Rory of the Hills » et de gens de sa trempe. En outre, il y avait plusieurs jeunes filles d'âges divers, mais toutes de modestes moyens ; un ou deux seigneurs de courtoisie de haute descendance, mais chargés d'une nombreuse descendance ; avec un maître d'équitation qui écrivait des romans et un ecclésiastique âgé nommé par l'évêque de Gibraltar. J'ose dire qu'il y avait peut-être quelques moutons noirs dans la colonie ; mais l'image que Mme Annie Edwardes en a donnée dans son roman « Susan Fielding » était exagérée, bien qu'il y ait du vrai dans les incidents qu'elle a introduits dans un autre de ses ouvrages, « Devrions-nous lui rendre visite ? Dans l'ensemble, la colonie de Saint Servan était très respectable, même si elle ne disposait pas de grands moyens. En m'y rendant pendant mes vacances, j'ai rencontré beaucoup de jeunes gens de mon âge ou à peu près, et appartenant pour la plupart à des familles de militaires. Il y avait aussi plusieurs charmantes filles, anglaises et irlandaises. Avec les jeunes gens je faisais du bateau, avec les demoiselles je jouais au croquet.

Or, pendant que mon père et moi étions enfermés à Paris, nous avions fréquemment écrit à ma belle-mère par ballon postal, et comme certaines de nos lettres étant montrées au clergé de la colonie, il demandait la permission de les lire à sa congrégation. — ce qu'il faisait fréquemment, en omettant bien sûr les passages les plus privés, mais en donnant toutes les nouvelles et commentaires sur la situation que contenaient les lettres. En fait, cela a aidé le révérend monsieur à se sortir d'une situation difficile. C'était un homme excellent, mais, comme beaucoup d'autres de sa trempe, il ne savait pas prêcher. En fait, un an ou deux plus tard, j'ai moi-même écrit pour lui un ou deux sermons, en y abordant certains sujets intéressant la colonie. Cependant, au début du siège de Paris, la lecture en chaire des lettres de mon père et des miennes, à la fin du service habituel, évitait au pasteur de la colonie la peine de composer un mauvais sermon ou de choisir un sermon indifférent. un issu d'un ouvrage théologique oublié. Mon père, en arrivant à Saint-Servan, s'enferma le plus possible, afin de se reposer quelque temps avant de se rendre en Angleterre ; mais j'allais partout comme d'habitude ; et mes lettres lues en chaire, et diverses autres choses, ayant fait de moi une sorte de « personnage public », j'ai été immédiatement attaqué dans les rues, emmené au club et dans des maisons privées, et là interrogé et contrarié. interrogé par une douzaine ou une vingtaine d'officiers vétérans de Crimée et d'Inde qui suivaient le déroulement de la guerre avec un intérêt passionné.

D'ailleurs, depuis un an ou deux, ma belle-mère s'était liée d'amitié avec l'une des principales familles françaises de la ville. Le père, un officier à la retraite de la marine française, devait commander un bataillon de marche local, mais il tomba malheureusement malade et mourut, laissant sa femme avec une fille, une belle fille qui avait à peu près mon âge. Or, à cette famille étaient venus s'ajouter les parents de la femme, un couple âgé, qui, à l'approche des Allemands de Paris, avait quitté le faubourg où ils résidaient. J'étais souvent avec ces amis à Saint-Servan, et en arrivant de Paris, notre conversation tourna naturellement sur la guerre. Comme la maison du vieux gentilhomme située dans les environs de la capitale se trouvait bien à l'intérieur des lignes françaises, il n'avait pas beaucoup de raisons de craindre pour sa sécurité, et d'ailleurs il avait pris la précaution de transporter ses objets de valeur dans la ville. Mais il était profondément troublé par toutes les nouvelles contradictoires sur les opérations militaires en province, les victoires annoncées qui se révélaient être des défaites, les rumeurs défavorables sur l'état des forces françaises, le prétendu scandale du camp de Conlie, où les

On disait que les levées bretonnes plus récentes mouraient comme des moutons pourris, et bien d'autres choses encore. Chaque soir, lorsque je rendais visite à ces amis, la conversation était la même. Les dames, la grand-mère, la fille et la petite-fille, étaient assises là, confectionnant des vêtements pour les soldats ou préparant de la charpie pour les blessés - telles étaient les occupations constantes des femmes bretonnes pendant toutes les heures qu'elles pouvaient consacrer à leurs travaux domestiques - et Pendant ce temps, le vieux monsieur discutait avec moi des nouvelles vraies et des fausses nouvelles du jour. Le résultat de ces conversations fut que, aussitôt que mon père se serait rendu en Angleterre, je résolus d'aller moi-même au front, de vérifier autant de vérité que possible et de devenir effectivement correspondant de guerre sur « mon propre." En prenant cette décision, j'ai été influencé, en outre, par l'un de ces rêves de jeunesse que la vie réalise rarement, voire jamais.

IX

LA GUERRE DANS LES PROVINCES

Premiers efforts des délégués de la Défense nationale — La Motte-Rouge et ses
cheveux teints — L'avancée allemande au sud de Paris — Moltke et le roi Guillaume — Bourges, l'objectif allemand — Caractéristiques de la Beauce, du Perche et de la Sologne — Évacuation française d'Orléans — Arrivée de Gambetta à Tours—Son coadjuteur, Charles Louis de Saulces de Freycinet—Forces totales de la Défense nationale à l'arrivée de Gambetta—D'Aurelle de Paladines remplace La Motte-Rouge—L'Affaire de Châteaudun—Cambriels—Garibaldi—JessieWhite Mario—Edouard Vizetelly—La haine catholique de Garibaldi — Les Allemands à Dijon — Le soulagement projeté de Paris — Les erreurs de Trochu et les projets de Ducrot — La victoire française de Coulmiers — Changement de plan à Paris — Mon travail dans le journal — Mon frère Adrian Vizetelly — La position générale.

Lorsque j'atteignis la Bretagne, venant de Paris, au début de la deuxième quinzaine de novembre, la Délégation provinciale du Gouvernement de la Défense nationale put rencontrer les Allemands avec des forces très considérables. Mais tel n'avait pas été le cas immédiatement après Sedan. Comme je l'ai souligné précédemment, indépendamment de la fleur de l'ancienne armée impériale assiégée autour de Metz, une force bien trop nombreuse pour de simples objectifs de défense était confinée à l'intérieur des lignes avec lesquelles les Allemands investissaient Paris. En province, le nombre des troupes prêtes à entrer en campagne était en effet très réduit. Le vieux Crémieux, ministre de la Justice, fut renvoyé de Paris dès le 12 septembre et emmena avec lui un certain général Lefort, qui devait s'occuper des affaires d'organisation militaire en province. Mais on n'avait que peu ou pas confiance dans les ressources disponibles. Les militaires du gouvernement de défense nationale, le général Trochu, son président, et le général Le Flò, son ministre de la Guerre, n'avaient pas la moindre idée que la France provinciale pût être capable d'un grand effort. Ils s'appuyaient principalement sur l'armée de Paris emprisonnée, comme le montrent toutes leurs dépêches et leurs excuses ultérieures. Cependant Glais-Bizoin suivit Crémieux à Tours, où il avait été convenu que la délégation gouvernementale s'installerait, et il était accompagné de l'amiral Fourichon, ministre de la Marine. En arrivant dans la Loire, les nouvelles autorités trouvèrent quelques bataillons de gardes mobiles, mal armés et mal équipés, un bataillon de tireurs d'élite ramenés d'Algérie, une ou deux batteries d'artillerie et une division de cavalerie de quatre régiments commandés par Général Reyau. Cette division avait été rassemblée dans les derniers jours de l'Empire et devait être envoyée à Mézières pour assister MacMahon dans ses efforts pour secourir Bazaine ;

mais n'y parvenant pas, elle n'avait fait que quelques vaines tentatives pour freiner l'avancée allemande sur Paris, puis se repliait au sud de la capitale.

La première tâche du général Lefort fut de réunir les éléments nécessaires à un corps d'armée supplémentaire, le 15e, et il appela à son aide le vétéran général de la Motte-Rouge, autrefois officier très compétent, maintenant presque septuagénaire, dont la particularité était de se teindre les cheveux et de s'efforcer ainsi de ne pas paraître plus de cinquante ans. Sans doute, au XVIIe siècle, le célèbre prince de Condé au regard d'aigle emportait avec lui une vingtaine de perruques lorsqu'il partait en campagne ; mais même une telle pratique n'est pas adaptée aux conditions de guerre modernes, même s'il faut admettre qu'il faut moins de temps pour changer de perruque que pour se faire teindre les cheveux. Cette dernière pratique peut, bien sûr, aider un homme à faire bonne figure lors d'un défilé, mais elle n'est d'aucune utilité sur le terrain. Dans une polémique née après la publication du roman de Zola « La Débâole », les témoignages s'affrontaient sur la question de savoir si les joues de Napoléon III étaient ou non fardées pour cacher son horrible pâleur le jour fatal de Sedan. Cela peut toujours rester un point discutable ; mais il est, je pense, certain que pendant les deux dernières années de son règne, sa moustache et son « impérial » furent teints.

Mais permettez-moi de revenir à la Défense nationale. Paris, comme je l'ai dit précédemment, fut investi le 19 septembre. Le 22, une force bavaroise occupa le village de Longjumeau, mentionné dans mon récit de mon voyage à Versailles. Quelques jours plus tard, la Quatrième Division de cavalerie allemande, commandée par le prince Albert (l'aîné) de Prusse, partit vers le sud à travers les départements de l'Eure-et-Loir et du Loiret, en direction d'Artenay en direction d'Orléans. Cette division, qui rencontra d'abord peu d'opposition, appartenait à une force détachée de l'armée principale du prince héritier de Prusse et placée sous le commandement du grand-duc Frédéric François de Mecklembourg-Schwerin. Près de cette « Armée-Abtheilung », comme l'appelaient les Allemands, se trouvait le premier corps d'armée bavarois qui avait combattu à Bazeilles, la journée de Sedan. Elle était commandée par le général von und zu der Tann-Rathsamhausen, communément appelé Von der Tann, *tout court* .

Comme le prince Albert de Prusse, en s'approchant d'Artenay, trouva bon nombre   de
soldats français, réguliers et irréguliers, c'est-à-dire des Francs-tireurs, situés dans le district, il jugea préférable de se retirer sur Toury et Pithiviers. Mais son apparition si loin au sud avait suffi à alarmer le commandant français à Orléans, le général de Polhès, qui ordonna aussitôt à ses hommes d'évacuer la ville et de se retirer, partie sur Blois, partie sur LaMotte-Beuvron. Cette pusillanimité exaspéra les délégués de la Défense nationale, et Polhès fut

momentanément remplacé par le général Reyau, puis (5 octobre) par La Motte-Rouge.

On sait aujourd'hui que les Allemands furent d'abord perplexes quant à la meilleure marche à suivre après avoir achevé l'investissement de Paris. Moltke n'avait pas prévu un long siège de la capitale française. Il avait imaginé que la ville se rendrait bientôt et que la guerre prendrait alors fin. Connaissant parfaitement la région située entre le Rhin et Paris, il connaissait beaucoup moins les autres régions de la France ; et, de plus, bien qu'il sache depuis longtemps combien d'hommes pouvaient être mis en campagne par l'organisation militaire de l'Empire, il sous-estimait sans doute les ressources supplémentaires des Français et ne s'attendait pas à une vigoureuse résistance provinciale. Son souverain, le roi Guillaume, se fit une appréciation plus juste quant à la prolongation de la lutte, et, comme je l'ai mentionné dans mon livre précédent, « La France républicaine », il rectifia plus d'une fois les erreurs commises par le grand stratège allemand. .

L'objectif de l'envahisseur en ce qui concerne le centre de la France était Bourges, l'ancienne capitale du Berry, célèbre pour ses usines d'artillerie et de munitions et, à l'époque où les troupes de notre Henri V envahissaient la France, théâtre de la retraite de Charles VII, avant qu'il ne soit inspiré soit par Agnès Sorel, soit par Jeanne d'Arc. Pour permettre à une armée venant du côté de Paris de s'emparer de Bourges, il faut d'abord, comme le montrera la référence à n'importe quelle carte de France, s'assurer la possession d'Orléans, qui est située au point le plus septentrional, le sommet de la ville. , pour ainsi dire, du cours de la Loire, et n'est qu'à environ soixante-huit milles de Paris. En même temps, il convient que toute avance sur Orléans soit couverte, vers l'ouest, par une avance correspondante sur Chartres, et de là sur Châteaudun. C'est devenu le plan allemand, et tandis qu'une force dirigée par le général von Wittich marchait sur Chartres, les hommes de Von der Tann s'approchaient d'Orléans par la région de la Beauce.

De la forêt de Dourdan au nord à la Loire au sud, et du pays de Chartres à l'ouest au Gatinais à l'est, ce grand plateau céréalier (théâtre du célèbre roman de Zola "La Terre") est presque niveau. Quoique son sol soit très fertile, il y a peu de cours d'eau en Beauce, aucun d'ailleurs n'étant de nature à gêner la marche d'une armée. Les routes sont bordées d'ormes rabougris, et çà et là on aperçoit un petit bosquet, une ferme dispersée, un petit village, ainsi que de nombreuses rangées de meules, le tout se formant à la fin de l'automne et en hiver, lorsque les ouragans, la pluie , et des tempêtes de neige balayent la grande étendue – un tableau aussi morne que pourrait le désirer l'individu le plus mélancolique. Même s'il n'existe aucun obstacle naturel pour entraver l'avancée d'un envahisseur, il n'existe pas non plus de couverture à des fins de défense. De Chartres à Orléans, la grande route n'est pas une fois coupée par une rivière. Presque tous les rares cours d'eau qui existent dans les environs coulent du sud au nord, et ils ne fournissent aucun moyen de défense contre une armée venant du côté de Paris. La région est mieux adaptée à l'emploi de la cavalerie et de l'artillerie qu'à celui des fantassins.

Le pays chartrain est mieux arrosé que la Beaude. Vers l'ouest, dans les deux départements du Perche, en allant soit vers Mortagne, soit vers Nogent-le-Rotrou, le pays est plus vallonné et plus boisé ; et les haies, les fossés et les sentiers y abondent. Dans ces régions, l'infanterie peut très bien être employée à des fins défensives. Au-delà du Loir, et non de la Loire, au sud-sud-ouest de Chartres, se trouve le Pays Dunois, c'est-à-dire le district de Châteaudun, petite ville protégée au nord et à l'ouest par le Loir et la Conie, et par les collines entre lesquelles coulent ces rivières. , mais ouverte à toute attaque vers l'est, direction par laquelle d'ailleurs les Allemands s'en approchèrent naturellement.

Au-delà de la Loire, au sud-est de la Beauce et d'Orléans, s'étend la région ovine appelée Sologne, que les Allemands auraient dû traverser s'ils avaient poursuivi leur marche projetée sur Bourges. Ici, la cavalerie et l'artillerie sont de peu d'utilité, le pays regorgeant de ruisseaux, d'étangs et de marais. Cependant, indépendamment des obstacles naturels, aucune avancée sur Bourges ne pouvait être poursuivie tant que les Français tenaient Orléans ; et même lorsque cette ville fut tombée aux mains des Allemands, la présence d'importantes forces françaises à l'ouest obligea les envahisseurs à porter les hostilités dans cette direction et à abandonner leur marche projetée vers le sud. Ainsi la campagne à laquelle je me suis intéressé s'est déroulée principalement dans les départements de l'Eure-et-Loir, du Loiret, du Loir-et-Cher et de la Sarthe, pour se terminer enfin en Mayenne.

Une grande indiscipline régnait parmi les troupes que La Motte-Rouge avait sous ses ordres. Une attaque de Von der Tann au nord d'Orléans le 10 octobre entraîne le retrait d'une partie des forces françaises. Le lendemain, alors que les Français avaient entre 12 000 et 13 000 hommes engagés, ils furent sévèrement vaincus, environ 1 800 de leurs hommes étant mis *hors de combat* et autant faits prisonniers. Ce revers, dû en partie à quelques erreurs commises par La Motte-Rouge, en partie à la qualité inférieure de ses troupes, entraîna l'évacuation immédiate d'Orléans. Or, c'est précisément à ce moment que Gambetta entre en scène. Il avait quitté Paris, on s'en souvient, le 7 octobre ; le 8, il est à Rouen, le 9 il rejoint les autres délégués du gouvernement à Tours, et le 10, veille de la défaite de La Motte-Rouge, il devient ministre de la Guerre en même temps que ministre de l'Intérieur.

Auparavant, le portefeuille de la guerre était détenu dans les provinces par l'amiral Fourichon, avec pour adjoint le général Lefort ; mais Fourichon avait démissionné à la suite d'un soulèvement communautariste qui avait eu lieu à Lyon vers la fin de septembre, lorsque le préfet Challemel-Lacour avait été momentanément fait prisonnier par les insurgés, mais avait ensuite été libéré par quelques gardes nationaux fidèles. [Voir mon livre, « Les Anarchistes : leur foi et leur bilan », John Lane, 1911.] Se plaignant que le général Mazure, commandant de la garnison, n'avait pas fait son devoir à cette occasion, Challemel-Lacour le fit arrêter, et Fourichon, aux côtés du général, démissionna alors du ministère de la Guerre, Crémieux le prenant en charge jusqu'à l'arrivée de Gambetta. On peut se demander comment on peut espérer que les affaires militaires de la France prospèrent alors qu'elles sont soumises à de si misérables querelles.

Parmi les hommes que Gambetta trouva à Tours, se trouvait un ingénieur qui, après la Révolution du 4 septembre, avait été nommé préfet du Tarn-et-Garonne, mais qui, entrant en conflit avec les extrémistes de Montauban, tout comme Challemel-Lacour, était entré en conflit avec ceux de Lyon, avait aussitôt démissionné de ses fonctions. Il s'appelait Charles Louis de Saulces de Freycinet, et quoique né à Foix près des Pyrénées, il appartenait à une ancienne famille du Dauphiné. A cette époque (octobre 1870), Freycinet avait presque accompli sa quarante-deuxième année. Ingénieur à l'Ecole Polytechnique, il occupe différents postes à Mont-de-Marsan, Chartres et Bordeaux, avant d'obtenir en 1864 le poste de régisseur du Chemin de Fer du Midi. Par la suite, diverses missions lui furent confiées à l'étranger et, en 1869, l'Institut de France couronna un de ses petits travaux sur l'emploi des femmes et des enfants dans les usines anglaises. L'ingénierie minière était sa spécialité, mais il était extrêmement polyvalent et ingénieux et attira immédiatement l'attention de Gambetta. Il faut reconnaître que, dans cette heure de crise, il a mis de côté tous les préjugés. Il ne se souciait pas des antécédents de tout homme disposé à coopérer à la défense de la France ; et ainsi, bien que Freycinet soit issu d'une ancienne maison aristocratique et ait fait son chemin sous l'Empire, qui l'avait créé d'abord chevalier puis officier de la Légion d'honneur, Gambetta le choisit aussitôt pour lui servir de chef. dé-cabinet et délégué aux affaires militaires.

A ce moment, la Défense nationale n'avait sur le terrain ou prête à entrer en campagne que 40 000 fantassins réguliers, un nombre équivalent de gardes mobiles, de 5 000 à 6 000 cavaliers et environ 100 canons, certains de modèles vétustes et avec très peu d'hommes pour les servir. Il y avait certainement beaucoup d'hommes dans divers dépôts régimentaires, ainsi que des gardes mobiles et des gardes nationales dans toutes les provinces de France non envahies ; mais tout cela devait être entraîné, équipé et armé. C'était la première partie de la grande tâche qui attendait Gambetta et Freycinet. Mais au bout d'un mois, sans tenir compte de ce qui se faisait dans d'autres régions du pays, la France disposait sur la seule Loire d'une armée de 100 000 hommes qui, du moins, renversèrent un instant le cours de la guerre. En même temps, j'ajouterai qu'avant l'arrivée de Gambetta, les délégués de la

Défense nationale avaient commencé à concentrer quelques petits corps de troupes tant en Normandie qu'en Picardie et en Artois, cette dernière formant le premier noyau de l'Armée du Nord. que Faidherbe commanda ensuite. En outre, dans l'est de la France, il y avait une force dirigée par le général Cambriels, dont le but était de couper les communications allemandes dans les Vosges.

Von der Tann, après avoir vaincu La Motte-Rouge, occupa Orléans, tandis que les Français se retirèrent à travers la Loire jusqu'à La Motte-Beuvron et Gien, au sud et au sud-est de leur ancienne position. Gambetta a dû agir immédiatement. Il le fit en retirant La Motte-Rouge de son commandement, qu'il confia à d'Aurelle de Paladines. Ce dernier, général de réserve, au palmarès distingué, était dans sa soixante-sixième année, étant né dans le Languedoc en 1804. Il avait des capacités d'organisateur et était connu pour être un disciplinaire, mais il grandissait. vieux et avait l'air confiant en lui-même et en ses hommes. Au moment de la nomination de d'Aurelle, von der Tann voulait s'avancer sur Bourges, conformément aux instructions de Moltke, et, ce faisant, il proposait d'évacuer Orléans ; mais cela fut interdit par le roi Guillaume et le prince héritier, et le général bavarois fut repoussé à Salbris, ce qui stoppa son avance vers le sud. Couvrant toujours Bourges et Vierzon, d'Aurelle eut bientôt 60 000 hommes sous ses ordres, grâce aux efforts de Gambetta et de Freyeinet. Mais l'ennemi progressait maintenant vers l'ouest d'Orléans, dans quelle direction se produisit la tragique affaire de Châteaudun le 18 octobre. La colonne allemande opérant de ce côté, sous les ordres du général von Wittich, se composait de 6 000 fantassins, de quatre batteries et d'un régiment de cavalerie. , qui s'avança sur Châteaudun par l'est, et, face à la résistance des villageois de Varize et de Civry, les abattit sans pitié et incendia toutes leurs maisons (au nombre d'environ 130). Néanmoins, ce châtiment n'empêcha pas les gardes nationales de Châteaudun et les francs-tireurs qui les avaient rejoints d'opposer la plus acharnée résistance aux envahisseurs, même si la supériorité numérique de ces derniers était à elle seule de sept contre un. Le combat acharné fut suivi de scènes terribles. La plupart des Francs-tireurs, qui n'étaient pas tombés au combat, effectuèrent la retraite, et en s'en apercussant, les Allemands furieux, pour qui le seul nom de Franc-tireur était comme un chiffon rouge pour un taureau, n'eurent pas de scrupule à abattre un certain nombre de non-combattants, dont des femmes et des enfants.

Je me souviens de l'émoi que provoqua la nouvelle de l'affaire de Châteaudun dans Paris assiégé ; et quand je quittai la capitale, quelques semaines plus tard, j'en entendis constamment parler. C'est en vain que les Allemands s'efforçaient de passer sous silence la vérité. Les preuves étaient trop nombreuses et la réalité trop affreuse. Deux cent trente-cinq maisons de cette petite ville dévouée ont été incendiées. Pour la première fois au cours de la guerre, des femmes furent délibérément agressées et quelques princes allemands déshonorèrent leur position élevée dans une orgie ivre et incendiaire.

Pendant ce temps, dans l'est de la France, Cambriels avait échoué dans sa tentative de couper les communications allemandes et avait été contraint de battre en retraite. Il faut dire pour lui que ses troupes étaient un très mauvais groupe sur lequel on ne pouvait pas compter. Non seulement ils étaient mal disciplinés et adonnés à l'ivresse, mais ils se livraient également au maraudage et au pillage, et n'étaient en aucun cas à la hauteur des hommes que le général allemand von Werder dirigeait contre eux. Garibaldi, le libérateur italien, avait offert son épée à la France, peu après la chute du Second Empire. Le 8 octobre, c'est-à-dire un jour avant Gambetta, il arriva à Tours pour organiser un commandement, comme celui de Cambriels, dans l'est de la France. La petite armée des Vosges, qui fut finalement constituée sous ses ordres, était composée d'éléments très hétérogènes. Des Italiens, des Suisses, des Polonais, des Hongrois, des Anglais, mais aussi des Français se trouvaient dans ses rangs. Le général ne pouvait pas être considéré comme un homme très âgé, n'ayant en effet que soixante-trois ans, mais il avait mené une vie mouvementée et ardue ; et, on s'en souvient, depuis l'affaire de l'Aspromonte en 1862, il était boiteux et devenait peu à peu de plus en plus infirme. Il avait cependant avec lui deux de ses fils, Menotti et Ricoiotti (le second était un soldat plus compétent que le premier), et plusieurs hommes capables, comme son compatriote Lobbia et le Polonais Bosak-Hauké. Son chef d'état-major, Bordone, ancien médecin de la marine, était cependant un homme très pointilleux qui se voyait comme un génie militaire. Parmi les Anglais qui accompagnaient Garibaldi se trouvaient Robert Middleton et mon frère Edward Vizetelly ; et il y avait une Anglaise, Jessie White Mario, fille de White, le constructeur de bateaux de Cowes, et veuve de Mario, compagnon d'armes de Garibaldi aux jours glorieux de la Libération. Mon frère me disait souvent que Mme. Mario était aussi à l'aise dans une ambulance que dans une charge, car elle était une excellente infirmière et une admirable cavalière ainsi qu'un bon tireur. Elle fait partie des femmes à qui je pense quand j'entends ou lis que les membres du sexe complet ne peuvent pas se battre. Mais ce n'est évidemment que l'opinion de certains médecins et journalistes.

Mme. Mario a rédigé un certain nombre d'articles pour le *Daily News* . Mon frère aussi — c'est en effet comme correspondant *du Daily News* qu'il rejoignit pour la première fois les forces de Garibaldi — mais il devint rapidement officier du général, puis capitaine d'état-major. Il participa aux batailles de Dijon et d'Autun, et servit sous Lobbia pour relever Langres. Certains historiens français de ces derniers temps ont écrit des écrits si méprisants sur la petite armée des Vosges, que je regrette que mon frère n'ait laissé aucune trace permanente de ses expériences. La tâche de Garibaldi n'était pas facile.

Dans un premier temps, la Défense nationale a hésité à l'embaucher ; deuxièmement, ils voulaient le subordonner à Cambriels, et il refusa d'accepter une telle position ; non pas qu'il s'opposait à servir sous les ordres d'un commandant supérieur qui le traiterait équitablement, mais parce que lui, Garibaldi, était un libre penseur et savait qu'il était amèrement détesté par les généraux fervents catholiques, tels que Cambriels. En l'occurrence, il obtint un commandement indépendant. Mais pour l'exercer, il dut coopérer de diverses manières avec Cambriels, et plus tard, mon frère me raconta combien Cambriels avait agi honteusement à plusieurs reprises envers les forces garibaldiennes. Il s'agissait bien d'une répétition de ce qui s'était produit au tout début de la guerre, lorsqu'une jalousie si intense régnait parmi certains maréchaux et généraux qu'on préférait en laisser un autre être vaincu plutôt que de marcher « au bruit des canons » vers son assistance.

Je me souviens aussi que mon frère me racontait que lorsque Langres (qui se trouve dans la Haute Marne, à l'ouest de l'Aube et de la Côte d'Or) fut relevé par la colonne de Lobbia, le commandant de la garnison refusa d'abord de laisser entrer les Garibaldiens dans la ville. . Il était prêt à se rendre aux Allemands, si nécessaire ; mais l'idée que lui, fervent catholique, devait quelque secours à une bande de brigands incrédules comme les ennemis garibaldiens du pape lui était absolument odieuse. Heureusement, ce genre de sentiment ne s'est pas manifesté dans l'ouest de la France. Il y eut, à un moment, quelques petites difficultés à respecter la position de Cathélineau, le descendant du célèbre chef vendéen, mais, dans l'ensemble, catholiques, royalistes et républicains se soutenèrent loyalement, animés d'un patriotisme commun.

L'échec des tentatives de Cambriel pour couper les communications allemandes et l'importance relativement faible de la force garibaldienne inspira à Gambetta l'idée de former une grande armée de l'Est qui, avec Langres, Belfort et Besançon comme bases, assumerait vigoureusement l'offensive dans cette partie de la France. Moltke, cependant, avait déjà envoyé au général von Werder l'ordre de poursuivre les Cambriels en retraite. Divers engagements, fin octobre, furent suivis d'une marche allemande sur Dijon. Il y avait alors 12 000 ou 13 000 gardes mobiles en Côte d'Or, mais aucun général ne les commandait. L'autorité était exercée par un civil, le Dr Lavalle. Les forces rassemblées à Dijon et à Beaune s'élevaient, y compris les réguliers et les gardes nationales, à environ 20 000 hommes, mais elles étaient très mal équipées et mal armées, et leurs officiers étaient peu nombreux et d'une capacité très indifférente. Le Werder s'est abattu sur Dijon de manière quelque peu hésitante, comme un homme qui n'est pas sûr de son terrain ni de la force de l'ennemi qui lui fait face. Mais les Français furent alarmés par son approche et, le 30 octobre, Dijon fut évacuée et peu après occupée par le Werder avec deux brigades.

Trois jours auparavant, Metz s'était rendu, et la France chancelait sous ce coup inattendu, malgré toutes les proclamations ardentes par lesquelles Gambetta s'efforçait de donner l'espoir et de stimuler le patriotisme. La capitulation de Bazaine impliquait naturellement la libération des forces dirigées par le prince Frédéric Charles, par lesquelles il avait été investi, et leur transfert vers d'autres régions de France pour une poursuite plus vigoureuse de l'invasion. Le Werder, après avoir occupé Dijon, devait se diriger vers l'ouest à travers le Nivernais pour aider d'autres forces dans leurs projets sur Bourges. Mais quelques jours avant la chute effective de Metz, Moltke lui envoya différentes instructions, précisant qu'il ne devait plus s'occuper de Bourges, mais tenir Dijon et se concentrer sur Vesoul, surveillant Langres et Besançon. Pendant un instant, cependant, 3 600 Français sous les ordres d'un officier nommé Fauconnet reprirent soudainement Dijon, bien qu'il y ait plus de 10 000 Badeners installés là sous les ordres du général von Beyer. Malheureusement Fauconnet fut tué dans l'affaire, une nouvelle évacuation de la capitale bourguignonne s'ensuivit et les Allemands restèrent alors en possession de la ville pendant plus de deux mois.

A l'ouest, l'armée de la Loire s'accroissait et se consolidait sans cesse, grâce aux efforts inlassables de Gambetta, Freycinet et d'Aurelle, dont le dernier contribua certainement largement à l'organisation de la force, bien qu'il fût peu enclin à quitter ses lignes et assumer l'offensive. C'est sans doute sur cette armée que Gambetta fondait ses principaux espoirs. La tâche qui lui était assignée était plus grande que celles assignées à aucune des autres armées qui se formaient peu à peu, étant même le soulagement de Paris assiégé.

Les propres mémoires de Trochu montrent qu'au début du siège, sa seule pensée était de rester sur la défensive. A ce propos, on estime aujourd'hui qu'il a méconnu le tempérament allemand, que se souvenant des vigoureuses tentatives des Alliés sur Sébastopol - il se trouvait, comme on le sait, en Crimée à ce moment-là - il a imaginé que les Allemands feraient de même tentatives vigoureuses sur Paris. Il ne s'attendait pas à un siège long et pour ainsi dire passif, un simple blocus au cours duquel l'armée investisseuse se contenterait simplement de repousser les efforts des assiégés pour percer ses lignes. Il savait que les Allemands s'étaient comportés différemment dans le cas de Strasbourg et de certains autres bastions de l'Est, et prévoyait une ligne d'action similaire à l'égard de la capitale française. Mais les Allemands préférèrent suivre une politique d'attente tant à l'égard de Metz que de Paris. On a dit que c'était moins l'idée de Moltke que celle de Bismarck, dont on se souvient de la fameuse phrase selon laquelle on laisse les Parisiens mijoter dans leur jus. Mais il ne faut pas oublier non plus que Metz et Paris étaient défendus par de grandes forces et qu'il y avait peu de chances qu'un *coup de main* réussisse ; tandis que, quant au bombardement, bien qu'il puisse avoir une certaine morale, il n'aurait probablement que très peu d'effet matériel.

Metz n'est pas vraiment bombardée et la tentative de bombarder Paris est reportée de plusieurs mois. Lorsqu'elle eut enfin lieu, un certain nombre de bâtiments furent endommagés, 100 personnes furent tuées et 200 personnes blessées : un effet matériel qui ne peut être décrit que comme absolument insignifiant dans le cas d'une ville si grande et si peuplée.

L'idée de Trochu de rester simplement sur la défensive ne plaît pas à son coadjuteur, le général Ducrot. Celui-ci avait voulu percer les lignes allemandes le jour de Sedan, et il veut maintenant les percer autour de Paris. Divers projets lui sont venus à l'esprit. L'une était de faire une sortie en direction du Bourget et de la plaine de Saint-Denis, mais il semblait inutile de tenter une percée par le nord, les Allemands tenant Laon, Soissons, La Fère et Amiens. On songeait aussi à tenter une tentative vers le sud, en direction de Villejuif, mais tout semblait indiquer que les Allemands étaient extrêmement forts de ce côté de la ville et occupaient une grande partie de la campagne environnante. La question d'une sortie à l'est, à travers la Marne, fut également évoquée et écartée pour diverses raisons ; l'idée finalement adoptée était de percer par la presqu'île de Gennevilliers formée par le cours de la Seine au nord-ouest, puis (les hauteurs de Cormeil étant assurées) de traverser l'Oise, et de marcher ensuite sur Rouen, où il serait possible de ravitailler l'armée. De plus, des instructions devaient être envoyées dans les provinces pour que les forces de la Loire et celles du nord se dirigent vers la Normandie et y rejoignent l'armée de Paris, de telle sorte qu'il y ait un quart de million d'hommes. entre Dieppe, Rouen et Caen. Trochu finit par accepter ce projet, et entretenait même l'espoir de pouvoir ravitailler Paris par la Seine, ce pour quoi une flottille de bateaux fut préparée. Ducrot et lui comptaient être prêts le 15 ou le 20 novembre, mais on dit qu'ils furent gênés dans leurs préparatifs par les objections soulevées par Guiod et Chabaud-Latour, le premier ingénieur, le second général d'artillerie. De plus, le cours des événements en province provoqua brusquement un renversement complet des plans de Ducrot.

Le 9 novembre, D'Aurelle de Paladines bat Von der Tann à Coulmiers, à l'ouest d'Orléans. Les jeunes troupes françaises se comportèrent extrêmement bien, mais la victoire, n'étant pas suivie avec suffisamment de vigueur par d'Aurelle, resta quelque peu incomplète, bien qu'elle contraignît les Allemands à évacuer Orléans. Dans l'ensemble, ce fut le premier succès considérable remporté par les Français depuis le début de la guerre, et il contribua beaucoup à raviver les esprits qui s'étaient affaissés depuis la prise de Metz. Un autre de ses résultats fut de modifier les plans de Ducrot concernant la sortie de Paris. Lui et Trochu avaient jusqu'alors peu tenu compte des armées provinciales, et le succès de Coulmiers leur fut une surprise et une révélation. Il y avait donc bien une armée de la Loire, et elle s'avançait sur Paris depuis Orléans. Les forces parisiennes doivent donc éclater vers le sud-est et s'associer à cette armée de secours dans ou à proximité de la forêt de Fontainebleau. Ainsi, tous les préparatifs d'une sortie par Gennevilliers furent abandonnés, et suivis d'autres pour une tentative dans la direction de Champigny.

Telle était à peu près la situation au moment où j'arrivai en Bretagne et conçus l'idée de rejoindre les forces françaises sur la Loire et de transmettre en Angleterre le récit de leurs opérations. Durant mon séjour à Paris avec mon père, je l'avais aidé à préparer plusieurs articles et j'en avais écrit d'autres pour mon propre compte. Mon frère aîné, Adrian Vizetelly, était à cette époque secrétaire adjoint à l'Institution des architectes navals. Il avait été étudiant à l'École Royale d'Architecture Navale avec les Blancs, les Elgars, les Yarrows, les Turnbulls et d'autres constructeurs navals célèbres, et en quittant l'école, il avait accepté le poste de secrétaire adjoint en question comme occupation en attendant une vacance appropriée dans la fonction publique. ou une grande cour privée. Le célèbre constructeur naval EJ Reed avait débuté sa vie exactement au même poste, et c'est d'ailleurs sur sa suggestion personnelle que mon frère l'accepta. Un an ou deux plus tard, lui et son ami le Dr Francis Elgar, par la suite directeur des chantiers navals et l'un des dirigeants de la Fairfield Shipbuilding Company, aidaient Reed à diriger sa revue *Naval Science*. Cependant, à l'époque de la guerre franco-allemande, mon frère, alors âgé de vingt-six ans, écrivait sur des sujets navals pour le *Daily News* et la *Pall Mall Gazette,* édités respectivement par John Robinson et Frederick Greenwood. Quelques articles que j'avais écrits pendant mes jours de siège furent envoyés directement à ces derniers par ballon, mais je ne savais pas quel pourrait être leur sort. Le *Pall Mall* ne pourrait peut-être pas les utiliser et il n'y avait aucune possibilité qu'ils me soient restitués à Paris. Mon père, que j'ai aidé à préparer une variété d'articles, a suggéré que tout ce qui était de ce genre, c'est-à-dire tout travail non destiné à l' *Illustrated London News* , soit envoyé à mon frère pour qu'il s'en occupe dès que l'occasion s'en présentait. Il publie quelques articles dans *le Times* , notamment certains assez longs sur les fortifications et l'armement de Paris, tandis que d'autres sont publiés dans le *Daily News* et le *Pall Mall* .

Quand, après être sorti de Paris, j'arrivai en Bretagne, j'appris que pratiquement tout ce que mon père ou moi-même envoyais de la capitale avait été utilisé dans tel ou tel journal, et je n'étais pas peu content de recevoir une traite sur un Saint-Malo. banque pour ma part des bénéfices. Cet argent me permit d'avancer, dans un premier temps, vers Le Mans, que les Allemands menaçaient déjà. Mais avant de me référer à mes propres expériences, je dois dire quelque chose de plus concernant la position générale. La bataille de Coulmiers (9 novembre) est suivie d'une période d'inaction de l'armée de la Loire. Si d'Aurelle avait poursuivi Von der Tann, il aurait pu tirer parti de sa stérile victoire. Mais il n'avait pas beaucoup confiance en ses troupes et le temps était mauvais : grésil et neige tombaient continuellement. De plus, le commandant français pensait que la retraite bavaroise cachait un piège. Dans une conférence tenue entre lui, Gambetta, Freyoinet et les généraux à la tête des différents corps d'armée, un seul de ces derniers, Chanzy, était favorable à une marche immédiate sur Paris. Borel, qui était chef d'état-major de d'Aurelle, proposait de borner les opérations à une avance sur Chartres, qui eût certainement été une bonne position à occuper, car elle eût rapproché l'armée de la capitale, lui donnant deux voies ferrées. ceux du Mans et de Granville, à des fins de ravitaillement, et lui permettant de se replier sur la Bretagne en cas de revers sérieux. Mais aucune avancée n'a été réalisée. Les Allemands eurent tout le temps nécessaire pour augmenter leurs forces, les Français restant inactifs dans les lignes de D'Aurelle et leur *moral* déclinant régulièrement en raison des épreuves auxquelles ils étaient soumis. Le général en chef refusa de les loger dans les villages, par crainte, disait-il, de l'indiscipline, et les obligea à bivouaquer, sous toile, dans la boue ; d'ailleurs, il est rare qu'un incendie s'allume. Pendant vingt jours cet état de choses dura, et l'on en vit l'effet à la bataille de Beaune-la-Rolande.

La responsabilité du traitement réservé aux troupes repose sur la mémoire de d'Aurelle et sur celle de certains de ses confrères généraux. Pendant ce temps, Gambetta et Freycinet s'efforçaient d'améliorer la situation en général. Ils comprirent que la libération des forces du prince Frédéric-Charles de l'investissement de Metz nécessitait le renforcement de l'armée de la Loire, et ils prirent des mesures en conséquence. Cambriels est désormais remplacé dans l'Est de la France par un certain général Michel, qui perd la tête et est remplacé par son camarade Crouzat. Ce dernier avait avec lui 30 000 hommes et 40 canons pour lutter contre les 21 000 hommes et les 70 canons de l'armée du Werder. Cependant, afin de renforcer les forces de la Loire, la moitié des hommes de Crouzat et lui-même reçurent l'ordre de se rapprocher d'Orléans par Nevers et Gien, le reste de son armée ayant pour instruction de se retirer sur Lyon, afin d'apaiser l'agitation qui régnait dans cette région. ville, qui se considérait comme sans défense et s'en plaignait amèrement, bien qu'il n'y ait aucune probabilité d'attaque allemande avant au moins un certain temps.

Les nouvelles dispositions laissaient Garibaldi commandant en chef dans l'est de la France, bien que les forces directement sous ses ordres ne dépassaient pas alors 5 000 hommes et ne comprenaient en outre pas moins de soixante petits corps libres, peu soucieux de discipline. [Il y avait des femmes dans plusieurs de ces compagnies, l'une de ces dernières comprenant pas moins de dix-huit amazones.] Un mois ou deux auparavant, on avait prophétisé avec assurance l'arrivée de vingt à trente mille volontaires italiens, mais très peu d'entre eux se manifestèrent. Néanmoins, Ricciotti Garibaldi (avec qui se trouvait mon frère Édouard) battit une force allemande lors d'un engagement brutal à Châtillon-sur-Seine (19 novembre), et une semaine plus tard, les Garibaldiens tentèrent vaillamment de reprendre la ville de Dijon. Mais cinq mille hommes ne servaient à rien contre un corps d'armée ; et ainsi, même si l'attaque garibaldienne avait momentanément réussi, il eût été impossible de tenir Dijon contre les troupes du Werder. La tentative ayant échoué, le commandant allemand résolut d'écraser l'armée des Vosges, qui s'enfuit et se dispersa, rapidement poursuivie par une brigade du général von Keller. Une grande jalousie régnait en ce moment parmi les généraux français commandant les différents corps qui auraient pu aider les Garibaldiens. Bressolles, Crévisier et Crémer étaient à couteaux tirés. Le 30 novembre, ce dernier mena une action indécise à Nuits, suivie près de trois semaines plus tard d'une autre dans laquelle il revendiqua la victoire.

Pendant ce temps, les forces de Crouzat, désormais connues sous le nom de 20e corps d'armée, se dirigeaient vers Nevers. Pour assister encore davantage l'armée de la Loire, le général Bourbaki avait été appelé du nord-ouest de la France. A la chute de l'Empire, la défense de cette partie du pays avait été confiée à Fririon, auquel succéda Espinet de la Villeboisnet. Les ressources dont disposaient ces deux généraux étaient très limitées, se limitant même aux hommes des dépôts régimentaires et à quelques gardes mobiles. Les officiers et les armes manquaient, et dans les premières escarmouches qui eurent lieu avec l'ennemi, les principaux combattants étaient des paysans armés, des pompiers ruraux et des gardes nationales de diverses villes. Il est vrai que pendant un certain temps, les forces allemandes ne consistèrent qu'en un bataillon d'infanterie et un peu de cavalerie saxonne. Sous Anatole de la Forge, préfet de l'Aisne, la ville ouverte de Saint Quentin opposa une vaillante résistance à l'envahisseur, mais bien que cela ait un certain effet moral, son importance n'était pas grande. Bourbaki, qui succéda à La Villeboisnet à la tête de la région, se montra aussi méfiant quant à la valeur de ses troupes que l'était d'Aurelle sur la Loire. Il avait auparavant commandé l'élite de l'armée française, c'est-à-dire la Garde Impériale, et les hommes désormais placés sous ses ordres n'étaient nullement de la même classe. Bourbaki n'avait alors que cinquante-quatre ans, et lorsque, après avoir été envoyé de Metz en mission auprès de l'impératrice Eugénie à Hastings, il avait offert ses services à la Défense nationale, celle-ci lui avait donné le meilleur accueillir. Mais il devient l'un des grands échecs militaires de l'époque.

Après la chute de Metz, les Allemands envoyèrent des forces plus importantes sous Manteuffel dans le nord-ouest de la France. Au total, il y avait 35 000 fantassins et 4 000 cavaliers, avec 174 canons, contre une force française de 22 000 hommes répartis avec 60 canons sur un front d'une trentaine de milles, leur but étant de protéger Amiens et Rouen. Lorsque Bourbaki fut appelé sur la Loire, il laissa Farré comme commandant en chef dans le nord, avec Faidherbe et Lecointe comme principaux lieutenants. La stratégie fut mauvaise des deux côtés, mais La Fère capitula devant les Allemands le 26 novembre et Amiens le 29.

Pendant ce temps, la situation dans Paris assiégé devenait très mauvaise. Quelque dix mille hommes, tant des forces régulières que des forces auxiliaires, furent hospitalisés, moins à cause de blessures que de maladies. Le charbon de bois, destiné à la cuisine selon le système orthodoxe français, était strictement rationné. Le 20 novembre, de tout le cheptel bovin rassemblé auparavant, il ne restait plus qu'un certain nombre de vaches laitières et quelques centaines de bœufs, réservés aux patients des hôpitaux et des ambulanciers. le siège. Fin novembre, 500 chevaux étaient abattus chaque jour. En revanche, l'allocation de pain avait été augmentée de 750 grammes à un kilogramme par jour, et une grande quantité de pain était donnée aux chevaux comme nourriture. Des communications assez incertaines avaient été ouvertes avec les provinces au moyen du pigeonnier, le premier pigeon à amener dans la ville les dépêches qui y arrivaient le 15 novembre. Les dépêches, photographiées à l'échelle la plus petite possible, étaient généralement enfermées dans des plumes fixées sous un ou plusieurs une autre des ailes des oiseaux. Chaque ballon qui quittait la ville emportait désormais avec lui un certain nombre de pigeons voyageurs pour ce service. Cependant, à cause du froid glacial qui régnait cet hiver-là, beaucoup d'oiseaux périrent au retour, et ainsi les dépêches qu'ils transportaient ne parvinrent pas à Paris. Chaque fois que de telles communications y arrivaient, il fallait les agrandir au moyen d'une lanterne magique, afin de pouvoir être déchiffrées. Pendant ce temps, les aéronautes quittant la ville acheminaient des dépêches du gouvernement ainsi que de la correspondance privée, et Trochu put ainsi informer Gambetta que l'armée de Paris comptait faire un grand effort le 29 novembre.

X

AVEC L'ARMÉE DE BRETAGNE

L'avancée allemande vers l'ouest — Gambetta au Mans — L'« armée de Bretagne   »
et le comte de Kératry — Le camp de Conlie — La division de marche bretonne — Kératry démissionne — La sortie de Champigny de Paris — Le retardateur D'Aurelle — La pitoyable 20e armée Corps — Batailles de Beaune-la-Rolande et de Loigny — Perte d'Orléans — D'Aurelle remplacé par Chanzy — Lente retraite de Chanzy — Le 21e corps appelé au front — Je marche avec la division bretonne — Marchenoir et Fréteval — Notre retraite — Notre Action d'arrière-garde à Droué. — Comportement des habitants. — Nous nous frayons un chemin de Fontenelle à Saint-Agil. — Canons et bourbiers. — Notre retour au Mans. — Je me dirige vers Bennes et Saint-Malo.

Après l'affaire de Châteaudun, les Allemands s'emparent de Chartres, d'où ils lancent des raids dans le département de l'Eure. Passant par Nogent-le-Roi et Châteauneuf-en-Thimerais, ils s'emparent de la vieille ville ecclésiastique d'Evreux le 19 novembre, après quoi les Français se replient en toute hâte dans l'Orne. S'ensuivirent quelques engagements mineurs, tous à l'avantage des Allemands qui, le 22, attaquèrent et occupèrent l'ancienne et stratégique ville de Nogent-le-Rotrou, dont la seigneurie, juste avant la grande Révolution, appartenait à la famille de le célèbre comte d'Orsay, amant de Lady Blessington et ami de Napoléon III. L'occupation de Nogent amena les Allemands à un point favorable sur la ligne ferroviaire directe entre Paris et Le Mans, la capitale du Maine. La région avait été occupée par un corps d'armée français quelque peu squelettique, le 21e, commandé par un certain général Fiereck. A la perte de Nogent, Gambetta le remplaça immédiatement par l'un des nombreux officiers de marine qui étaient désormais dans les armées françaises, à savoir le post-capitaine (plus tard amiral) Constant Jaurès, oncle du célèbre leader socialiste des temps plus récents. Jaurès décide aussitôt de se retirer sur Le Mans, à une distance d'un peu plus de cent milles, et cela se fait en deux jours, mais dans des circonstances lamentables. Des milliers d'hommes affamés désertèrent, et d'autres ne furent retenus dans les colonnes que par l'emploi de la cavalerie et la menace de retourner contre eux l'artillerie.

Dès que Gambetta fut informé de l'état des choses, il accourut au Mans pour pourvoir à la défense de ce point extrêmement important, où convergeaient pas moins de cinq grandes lignes de chemin de fer, celles de Paris, d'Alençon, de Rennes, d'Angers et de Tours. Les troupes commandées par Jaurès étaient dans un état très déplorable, et il fallait absolument les renforcer. Il se trouva qu'un grand corps d'hommes fut rassemblé à Conlie, à seize ou dix-sept milles de là. Ils formaient ce qu'on appelait « l'Armée de Bretagne » et étaient commandés par le comte Emile de Kératry, fils d'un homme politique et littéraire distingué qui a échappé à la guillotine pendant le règne de la Terreur. Le comte lui-même avait siégé au Corps législatif du Second Empire, mais avait commencé sa vie comme soldat, servant à la fois en Crimée et au Mexique, pays dans lequel il avait été l'un des officiers d'ordonnance de Bazaine. A la Révolution, Kératry est nommé préfet de police, mais le 14 octobre il quitte Paris en ballon, chargé par Trochu et Jules Favre d'une mission à Prim, dans l'espoir d'obtenir le soutien espagnol à la France. Prim et ses collègues refusent cependant d'intervenir et Kératry se précipite alors à Tours, où il se met à la disposition de Gambetta, avec qui il entretient des relations d'amitié étroite. Il fut convenu entre eux que Kératry rassemblerait tous les hommes disponibles restés en Bretagne, les formerait et les organiserait, ce à quoi un camp fut établi à Conlie, au nord-ouest du Mans.

Conlie fut le premier endroit que je décidai de visiter en quittant Saint Servan. Les rumeurs les plus effroyables couraient dans toute la Bretagne au sujet du nouveau camp. On a dit qu'il était gravement mal géré et qu'il constituait un foyer de maladies. Je l'ai visité, rassemblé une quantité d'informations et préparé un article qui a été imprimé par le *Daily News* et a attiré une attention considérable, étant cité par plusieurs autres journaux londoniens et pris à deux reprises comme texte d'articles de fond. En ce qui concerne la défense du camp et l'armement des hommes rassemblés en son sein, mes critiques étaient pleinement justifiées, mais certains documents officiels, publiés depuis, indiquent que je me suis trompé sur certains points. L'ensemble de la question ayant donné lieu à de nombreuses controverses parmi les auteurs de la guerre franco-allemande - certains d'entre eux considérant Conlie comme une preuve flagrante de la mauvaise gestion des affaires militaires par Gambetta - je vais exposer ici ce que je crois être strictement la vérité. le respectant.

Le camp était établi à proximité de l'emplacement d'un ancien camp romain, situé entre Conlie et Domfront, la partie principale occupant une colline au centre d'une vaste vallée. Il était destiné à être un camp d'entraînement plutôt qu'un camp retranché et fortifié, bien qu'une redoute ait été érigée au sud et que quelques travaux aient été commencés sur les côtés nord et nord-est. Lorsque le grand-duc de Mecklembourg atteignit Conlie après la bataille du Mans, il s'étonna que les Français n'aient pas fortifié plus sérieusement une si bonne position et la défendit avec vigueur. La voie ferrée et la grande route entre Laval et Le Mans étaient à proximité, et à quelques kilomètres seulement se trouvait la vieille ville de Sillé-le-Guillaume, l'un des principaux marchés aux céréales et aux bestiaux de la région. Il y avait des terres forestières considérables dans les environs et le bois était abondant. Mais il n'y avait pas de cours d'eau, et les puits des différentes petites fermes adjacentes ne fournissaient qu'une réserve d'eau très insuffisante pour un camp dans lequel étaient rassemblés à un moment donné quelque 40 000 hommes. Ainsi, au départ, il manquait au camp un grand élément essentiel, et ce fut le cas lorsque je l'ai visité en novembre. Mais je dois ajouter qu'une source fut bientôt découverte au centre même du camp et exploitée avec tant de succès au moyen d'un système de pompage à vapeur qu'elle finit par produire plus de 300 000 litres d'eau par jour. Les critiques du camp ont dit que l'endroit était très humide et boueux, et par conséquent nécessairement insalubre, et il y a du vrai dans cette affirmation ; mais on pourrait en dire autant de tous les camps de l'époque, notamment celui de d'Aurelle de Paladines devant Orléans. D'ailleurs, lorsqu'une semaine de neige était suivie d'un dégel d'une quinzaine de jours, les choses ne pouvaient guère être différentes. [Du premier au dernier (12 novembre au 7 janvier) 1942 cas de maladie ont été soignés dans les cinq ambulances du camp. Parmi eux se trouvaient 264 cas de variole. Il y a eu un grand nombre de cas de bronchites et d'affections apparentées, mais peu de cas de dysenterie. Parmi les cas de variole, 88 se sont révélés mortels.]

Je constate, en me référant aux documents de l'époque, que le 23 novembre, la veille de la visite de Gambetta au camp, comme je vais le raconter tout à l'heure, l'effectif total était de 665 officiers et 23 881 hommes. Le 5 décembre (bien qu'une division en marche d'environ 12 000 hommes soit alors partie pour le front), l'effectif s'élevait à 1 241 officiers avec environ 40 000 hommes. [Le rationnement des hommes coûtait en moyenne environ 7 jours par jour.] Il y avait 40 canons pour la défense du camp et une cinquantaine de pièces de campagne de divers types, souvent cependant sans affûts et presque toujours sans attelages. . A aucun moment, je trouve, il n'y eut plus de 360 chevaux et cinquante mulets dans le camp. Il y avait aussi une grande pénurie de munitions pour les armes à feu. Le 23 novembre, les 24,000 hommes rassemblés dans le camp avaient entre eux les armes à feu et munitions suivantes :

Armes Cartouches

Spencers (sans baïonnette) .. 5 000 912 080
Chassepots .. .. 2 080 100 000 Remingtons 2 000 218 000
Snyders .. .. 1 866 170 000 Mousquets de divers types .. . 9 684
Revolvers *insuffisants*
.. .. 500 *Suffisant*
_______ 21 130

Des objets tels que fusils, affûts, armes à feu, cartouches, baïonnettes, etc., faisaient l'objet d'innombrables télégrammes et lettres échangés entre Kératry et la délégation de la défense nationale à Tours. Le premier recevait constamment des promesses de Gambetta, qui étaient rarement tenues, les vivres qui lui étaient d'abord destinés étant expédiés au dernier moment dans d'autres directions, selon les besoins les plus pressants du moment. Par ailleurs, bon nombre des armes effectivement reçues par Kératry étaient défectueuses. Dans les premiers jours du camp, de nombreux hommes recevaient des bâtons – des bâtons de balai dans certains cas – pour les utiliser lors des exercices.

Lorsque Gambetta arriva au Mans après que Jaurès s'y soit retiré, il apprit que l'action était devenue d'autant plus urgente que les Allemands poursuivaient régulièrement leur avance. Sur ordre du grand-duc de Mecklembourg, à l'armée duquel appartenaient ces forces, les Français furent suivis jusqu'à La Ferté-Bernard ; et tandis qu'une colonne allemande se dirigeait alors vers l'ouest en direction de Saint Cosme, une autre avançait vers le sud jusqu'à Vibraye, menaçant ainsi sérieusement Le Mans. Telle était la situation le 23 novembre. Heureusement, Freycinet put envoyer des renforts à Jaurès qui portèrent son effectif à environ 35 000 hommes, et en même temps Gambetta pressa Kératry de préparer une division d'hommes en marche à Conlie. Dès le 24, Gambetta (qui, d'ailleurs, avait voyagé de Tours au Mans à toute vitesse sur une locomotive) visita le camp et approuva tout ce qu'il y vit. Je l'ai aperçu, emmitouflé dans son manteau de fourrure, et l'air, comme il se doit, extrêmement froid. Ses ordres à Kératry étaient de se diriger vers Saint Calais, et de là vers la forêt de Vibraye, afin de couvrir Le Mans à l'est. Il fallut quatorze heures et vingt et un trains pour acheminer la division en marche jusqu'à Yvré l'Evêque sur la Huisne, juste au-delà du Mans. L'effectif de la division était d'environ 12 000 hommes, presque tous des Bretons Mobilisés. L'artillerie se composait d'une batterie de 12 et d'une de 4, avec les chevaux nécessaires, de deux batteries de 4 traînées par des volontaires de la marine et de plusieurs canons Gatling qui venaient tout juste d'être livrés. Ces Gatling, alors absolument inconnues en France, n'étaient pas montées, mais emballées par tronçons dans des caisses en zinc scellées, qui étaient ouvertes dans les fourgons du chemin de fer, les canons y étant assemblés par un jeune officier de marine et un quelques ingénieurs civils. Un peu plus tard, l'artillerie de la force fut augmentée.

Après que ces troupes eurent pris position à Yvré, afin d'empêcher l'ennemi de franchir la Huisne, diverses conférences eurent lieu entre Gambetta, Jaurès et Kératry. Le général Le Bouëdec avait été laissé aux commandes de Conlie, et le général Trinité avait été choisi pour commander la division de marche des Bretons. Mais dès le début, Kératry s'oppose aux projets de Gambetta et de Jaurès et, pour le moment, les devoirs des Bretons se limitent à participer à une reconnaissance d'une assez grande ampleur : deux colonnes des forces de Jaurès, sous les ordres des généraux Colin et Rousseau s'associent à ce mouvement qui se dirige principalement vers Bouloire, à mi-chemin entre Le Mans et Saint Calais à l'est. Cependant, lorsque Bouloire fut atteint, les Allemands qui l'avaient momentanément occupé s'étaient retirés et les Français se retirèrent alors vers leurs anciennes positions près du Mans.

Puis vinrent les ennuis. Gambetta plaça Kératry sous les ordres de Jaurès, et Kératry n'acceptera pas le poste. Une grande jalousie régnait entre ces deux hommes ; Kératry, qui avait servi dix ans dans l'armée française, prétendait en savoir beaucoup plus sur les questions militaires que Jaurès, qui, comme je l'ai mentionné précédemment, avait été jusqu'alors officier de marine. Finalement, Kératry abandonna son commandement. Le Bouëdec lui succède à Conlie, et le capitaine de frégate Gougeard (plus tard ministre de la Marine dans le Grand Ministère de Gambetta) prend la direction des Bretons à Yvré, où il s'efforce de les amener à un état d'efficacité supérieur.

Je dois maintenant aborder d'autres questions. Trochu avait informé Gambetta de son intention de faire une sortie au sud-est de Paris. Les plans adoptés furent principalement ceux de Ducrot, qui en prit le commandement en chef. Une diversion effectuée par Vinoy au sud de la ville le 29 novembre donna aux Allemands une idée de ce qui était prévu et s'avéra une entreprise infructueuse qui coûta 1 000 hommes aux Français. Une autre diversion tentée par le général Susbielle le 30 novembre aboutit à un résultat similaire, avec une perte de 1 200 hommes. Ducrot franchit cependant la Marne, et des combats très désespérés s'ensuivirent à Champigny et dans les localités voisines. Mais les forces de Ducrot (moins de 100 000 hommes) étaient insuffisantes pour atteindre son objectif. Le temps était d'ailleurs extrêmement froid, les hommes n'avaient emporté ni tentes ni couvertures et devaient bivouaquer sans feu. Selon les mémoires de Trochu, il y aurait également un manque de munitions. Ainsi la sortie de Champigny échoua et les Français se retirèrent sur leurs anciennes lignes. [Du 30 novembre au 3 décembre, les Français perdirent 9 482 hommes ; et les Allemands 5288 hommes.]

Au moment même où l'armée de Paris était en pleine retraite, la seconde bataille d'Orléans commençait. Gambetta et Freyoinet souhaitaient que d'Aurelle s'avance avec l'armée de la Loire pour rencontrer les Parisiens qui, en cas de victoire, devaient marcher sur Fontainebleau par Melun. Dans les derniers jours de novembre, d'Aurelle couvrait encore Orléans au nord avec les 15e et 16e corps d'armée (généraux Martin des Pallières et Chanzy). A sa gauche se trouvait le 17e sous Durrieu, auquel, quelques jours plus tard, succéda un fringant officier de cavalerie, le général de Sonis. A proximité également se trouvait le 18e corps d'armée, pour le commandement duquel Bourbaki avait été appelé du nord de la France, remplacé provisoirement par le jeune général Billot, nommé chef d'état-major. L'ancienne armée de l'Est de Crouzat [devenue désormais le 20e corps d'armée.] se trouvait sur la rive sud de la Loire, quelque part entre Gien et Nevers, et elle était dans un état très déplorable. Il fallait des bottes pour 10 000 hommes, des tentes pour autant et des sacs à dos pour 20 000. Dans certains bataillons, il n'y avait que suffisamment de sacs à dos pour un quart des hommes, les autres transportaient leurs vêtements, leurs provisions et leurs cartouches, le tout pêle-mêle dans des sacs de toile. J'ai entendu un jour un témoin oculaire raconter que beaucoup de soldats de Crouzat marchaient avec leurs biscuits (approvisionnement pour quatre jours) attachés ensemble comme des chapelets, qui pendaient à leur cou ou à leurs épaules.

Les Allemands avaient entendu parler du déplacement des forces de Crouzat vers les pays de la Loire et, pour faire diversion, le grand-duc de Mecklembourg reçut l'ordre de marcher sur Beaugenoy, au sud-ouest d'Orléans. Cependant Gambetta et Freyoinet suppliaient vainement d'Aurelle d'avancer. Il a trouvé toutes sortes d'excuses. À un moment donné, il proposa de réfléchir à leurs projets, de ne pas s'y conformer ; tantôt il voulait attendre des nouvelles décisives de Trochu et de Ducrot. Enfin, au lieu que les cinq corps d'armée s'avançaient résolument vers Paris, on résolut simplement d'ouvrir la voie avec le 18e (Billot), le 20e (Crouzat) et quelques détachements du 15e (Martin des Pallières). Il en résulta la bataille acharnée et la grave défaite de Beaune-la-Rolande (28 novembre), où le 18e corps se comporta extrêmement bien, tandis que le 20e, dont je viens de parler de l'état déplorable, se retira après quelques combats ; les hommes du 15e, de leur côté, ne faisaient rien ou peu. Dans cet engagement, les Français, dont les forces auraient dû être plus concentrées, perdirent 4,000 hommes tués et blessés, et 1,800 faits prisonniers ; la perte allemande ne dépassant pas 1000 hommes. Quatre jours plus tard (2 décembre), eut lieu la très sérieuse défaite de Loigny-Poupry, dans laquelle furent engagés les 15e, 16e et 17e corps d'armée. Les Français perdent alors de 6 000 à 7 000 hommes (dont 2 500 faits prisonniers), et bien que les pertes allemandes dépassent 4 000, l'engagement finit par démoraliser assez l'armée de d'Aurelle.

Dans ces conditions eut lieu la bataille d'Orléans les 3 et 4 décembre, les Allemands étant désormais sous le commandement en chef de cet habile soldat, le prince Frédéric-Charles de Prusse, père de la duchesse de Connaught. A cette occasion, d'Aurelle ordonna aux corps engagés à Loigny de se retirer sur son camp retranché. Les 18e et 20e ne purent cependant coopérer à ce mouvement ; et les trois autres étant refoulés, d'Aurelle ordonna à Chanzy de se retirer sur Beaugency et Marchenoir, mais n'envoya aucun ordre à Bourbaki, qui était alors sur le terrain de l'action. Finalement, le commandant en chef décida d'abandonner son camp retranché, les troupes furent dissoutes et dispersées, et Orléans fut évacuée, la fuite étant si précipitée que deux des cinq ponts sur la Loire restèrent intacts, à la disposition de l'ennemi. De plus, l'armée française était désormais disloquée, Bourbaki, avec le 18e, et Des Pallières, avec le 15e corps, étant au sud du fleuve, tandis que les trois autres corps étaient du côté nord. Les premiers se retirèrent vers Bourges et Nevers, tandis que Chanzy, désormais placé aux commandes des autres, d'Aurelle étant démis de ses fonctions, se retira peu à peu vers la forêt de Marchenoir. Dans cette seconde bataille d'Orléans, les Français perdirent 20 000 hommes, mais 18 000 d'entre eux furent faits prisonniers. De leur côté, les Allemands (qui capturèrent 74 canons) perdirent moins de 1 800 hommes.

Pendant trois jours (du 8 au 10 décembre) Chanzy conteste l'avancée allemande à Villorceau, mais le 12 décembre Blois doit être évacué et l'armée se replie sur la ligne du Loir aux environs de Vendôme. Cependant, au moment même où se scellait le sort d'Orléans, l'ordre parvenait à Jaurès au Mans d'avancer au soutien de l'armée de la Loire. Je logeais dans une auberge de la ville, mes moyens étant trop maigres pour pouvoir fréquenter les grands hôtels de la place des Halles, qui étaient d'ailleurs bondés d'officiers, de fonctionnaires, etc. J'avais fait la connaissance de quelques officiers de la division bretonne de Gougeard et, apprenant qu'ils partaient au front, je parvins à obtenir du colonel Bernard, chef d'état-major de Gougeard, l'autorisation d'accompagner la colonne avec un des ambulanciers. des soirées. De temps en temps, pendant l'avancée, je montais dans l'une des camionnettes, mais la plupart du temps je marchais avec les hommes, ce qui était d'ailleurs la meilleure solution, car le temps était extrêmement froid. Même si j'en avais eu les moyens (et j'avais tout au plus environ 10 £ en poche), je n'aurais pas pu acheter un cheval au Mans. J'étais solidement vêtu, avec un pardessus très chaud à frise irlandaise grise, de bonnes bottes et une paire de guêtres confectionnées pour moi par Nicolas, le bottier de Saint-Malo, frère cadet (selon ce qu'il affirmait lui-même) du ténor Niccolini, autrefois mari. de Mme. Patti.

Notre effectif comptait de 10 000 à 12 000 hommes, qui formaient désormais la quatrième division du 21e corps d'armée. Presque tous les hommes des deux brigades étaient des Bretons Mobilisés, auxquels, cependant, peut-être pour les stabiliser, se trouvaient trois ou quatre très petits détachements d'anciens régiments de ligne. Il y avait aussi un petit contingent de la Légion étrangère française, amené d'Algérie. Partant d'Yvré l'Evêque vers midi le 4 décembre, nous avons marché jusqu'à Ardenay, où nous avons passé la nuit. Le temps était beau et sec, mais extrêmement froid. Le 5, nous campâmes sur quelques collines près de la ville de Saint-Calais, nous nous avançâmes seulement d'un mille ou deux plus loin le 6 (il y avait un retard dans la réception de certains ordres), puis, à sept heures, le 7, nous partîmes en la direction de Vendôme, marchant pendant environ douze heures avec seulement de très brefs arrêts. Nous passâmes du département de la Sarthe dans celui du Loir-et-Cher, continuâmes jusqu'à atteindre un petit endroit appelé Ville-aux-Cleros, où nous passâmes la nuit dans des conditions inconfortables, car il neigeait. Le lendemain, de bonne heure , nous repartîmes et, laissant Vendôme à quelques kilomètres sur notre droite, nous dépassâmes Fréteval et campâmes à l'orée de la forêt de Marchenoir.

La nuit s'est avérée extrêmement froide, la température étant d'environ quatorze degrés (centigrades) au-dessous du point de congélation. Je dormais recroquevillé dans une camionnette, mais les hommes étaient généralement sous des toiles et il y avait très peu de paille sur laquelle s'allonger, de sorte que le matin, certains d'entre eux trouvaient même leurs vêtements collés au sol par le gel ! Durant toute la nuit du 10, nous avons entendu des coups de feu retentir au loin. Les 11, 12 et 13 décembre, nous marchions continuellement, toujours dans la direction des canons. Nous allâmes d'Ecoman à Morée, à Saint Hilaire-la-Gravelle, et de là au château de Rougemont, près de Fréteval, lieu célèbre comme théâtre d'une victoire remportée par notre Richard Cœur-de-Lion sur Philippe Auguste. Les tirs d'artillerie plus ou moins lointains étaient incessants de jour comme de nuit ; mais nous ne faisions que soutenir d'autres divisions du corps, et nous ne nous trouvions pas réellement engagés. Le 15 cependant, les combats furent très vifs tant à Fréteval qu'à Morée, et le 16 au matin nos Gatlings s'avancèrent pour soutenir la deuxième division de notre corps d'armée, durement pressée par les Allemands.

Mais tout à coup, les ordres de retraite générale arrivent, Chanzy ayant finalement décidé de se replier sur Le Mans. Il y eut une grande confusion, mais finalement nos hommes partirent en direction du nord-ouest. Un assez bon ordre régnait sur la route, et les petits Bretons nerveux prouvèrent au moins que leurs capacités de marche n'étaient pas altérées. Nous avons continué notre route sans cesse, bien que lentement, pendant la nuit, et ne nous sommes vraiment arrêtés que vers sept heures du matin le lendemain, lorsque, presque à bout de souffle, nous avons atteint une petite ville appelée Droué.

Jaurès, faut-il le mentionner, avait reçu l'ordre de retraite vers quatre heures de l'après-midi du 16 décembre et avait rapidement choisi trois itinéraires différents pour le retrait du 21e corps d'armée. Notre division fut cependant la dernière à quitter ses positions, il était environ huit heures du soir lorsque nous partîmes. Notre marche dura donc neuf heures. Le pays était une succession de vallées sinueuses et de pentes raides, et les berges dominaient souvent les routes bordées de chênes et de buissons. Il y avait plusieurs ruisseaux, quelques bois et bon nombre de petits bosquets. Les fermes étaient souvent rapprochées les unes des autres, et de temps à autre des tentatives étaient faites pour acheter de la nourriture et des boissons aux paysans, qui, en entendant notre approche, arrivaient parfois avec des lumières sur leurs seuils. Mais ils étaient très serrés et exigeaient des prix exorbitants. Un demi-franc était le prix le plus bas pour un morceau de pain. Compte tenu de l'état des bottes des hommes, la marche s'est très bien déroulée, mais un certain nombre d'hommes ont déserté à la faveur de la nuit. D'une manière générale, bien qu'il y ait eu une légère escarmouche à Cloyes et un engagement à Droué, comme je le raconterai tout à l'heure, la retraite ne fut pas beaucoup gênée par l'ennemi. En fait, comme l'ont montré les révélations des années plus récentes, Moltke était plus inquiet des forces de Bourbaki que de celles de Chanzy, et tant le prince Frédéric-Charles que le grand-duc de Mecklembourg avaient pour instruction de surveiller strictement l'évolution de la situation. mouvements du corps de Bourbaki. Néanmoins, quelques troupes du grand-duc, notamment un corps de cavalerie, tentèrent de nous couper la retraite. Cependant, lorsque, à la fin du 16, quelques-uns de nos hommes entrèrent en contact avec un détachement ennemi près de Cloyes, ils stoppèrent momentanément sa progression, et, comme je l'ai indiqué, nous parvînmes à atteindre Droué sans perte.

Ce matin du 17, le temps était encore très froid, un brouillard faisant suite à la pluie et au grésil des jours précédents. Cependant, un peu plus tard, la neige commença à tomber. A Droué, petite localité d'environ un millier d'habitants, avec un château en ruine et une ancienne église, nous déjeunâmes du mieux que nous pouvions. Vers neuf heures arriva l'ordre de marche, et une heure plus tard, alors qu'un grand nombre de nos hommes étaient déjà en route vers Saint Agil, notre prochaine halte, le général Gougeard monta à cheval et se prépara à repartir avec son état-major, immédiatement en avance de notre arrière-garde. Mais à ce moment précis, nous fûmes attaqués par les Allemands, dont nous ne soupçonnions pas la présence près de nous.

Elle était pourtant certainement connue de certains habitants de Droué, qui, terrifiés par tout ce qu'ils avaient appris de la dureté manifestée par les Allemands à l'égard des localités où ils rencontraient de la résistance, se répugnaient à en informer soit Gougeard, soit l'un de ses officiers. que l'ennemi était proche. L'artillerie dont nous devions protéger nos arrières était en ce moment sur la petite place de Droué. Il se composait d'une batterie de montagne sous le sous-lieutenant Gouesse de l'artillerie et de trois Gatling sous le sous-lieutenant De la Forte de la marine, sous le commandement en chef du lieutenant de marine Rodellec du Porzic. Pendant qu'on la mettait en position, le colonel Bernard, chef d'état-major de Gougeard, partait au galop pour arrêter la retraite de l'autre partie de notre colonne. La force ennemie était composée de détachements de cavalerie, d'artillerie et d'infanterie Landwehr. Avant que nos petits canons aient pu être braqués sur eux, les hommes de la Landwehr s'étaient déjà emparés de plusieurs maisons, granges et hangars éloignés, d'où ils s'efforçaient d'éliminer nos gutiners. Nos Mobilisés hésitèrent un moment à avancer, mais Gougeard se précipita parmi eux, fit appel à leur courage, puis les mena contre l'ennemi.

Pas plus de trois cents mètres séparaient le gros des forces en présence ; il y avait même quelques Allemands dans les maisons à moins de deux cents mètres. Nos hommes forcèrent enfin ces gaillards à décamper, tuant et blessant plusieurs d'entre eux ; tandis que, grâce à l'intervention prompte du colonel Bernard, un bataillon du 19e régiment de ligne et deux compagnies de la Légion étrangère, dont la retraite fut précipitamment arrêtée, menaçaient le flanc droit de l'ennemi. Un escadron de Second Lanciers dirigé par un jeune lieutenant vint également à notre aide, démontant et soutenant les Mobilizes de Gougeard avec les carabines qu'ils portaient. Se rendant compte que nous étions en force, l'ennemi finit par battre en retraite, mais seulement après de nombreux combats dans et autour des maisons périphériques de Droué.

Telle fut, brièvement, la première action dont j'ai jamais été témoin. Comme d'autres, j'ai été quelque temps sous le feu, me trouvant près des canons et aidant à emporter les artilleurs que les Allemands tiraient depuis les fenêtres des maisons dans lesquelles ils s'étaient installés. Nous avons ainsi perdu quatre ou cinq artilleurs, dont le premier officier, M. de Rodelleo du Porzic, qu'une balle a touché à la poitrine. Il est décédé dans un petit café où nous l'avions porté. Il était, je crois, le dernier de sa famille, deux de ses frères ayant déjà été tués au combat.

Nous avons perdu quatre ou cinq autres officiers dans ce même engagement, ainsi qu'un aumônier breton des Mobilisés. Nos pertes totales furent certainement plus importantes que ce que Gougeard déclara plus tard dans son rapport officiel, s'élevant en tués et blessés, je crois, entre 120 et 150 hommes. Bien que les officiers se soient généralement comportés extrêmement bien, certains d'entre eux même magnifiquement, il y eut quelques cas lamentables de lâcheté. Sur ordre de Gougeard, quatre furent placés en état d'arrestation et traduits en cour martiale à la fin de la retraite. Parmi eux, deux furent acquittés, un troisième fut fusillé et un quatrième fut condamné à deux ans de prison dans une forteresse. [Depuis la formation de « l'Armée de Bretagne » jusqu'à l'armistice, le nombre total d'exécutions fut de onze. Parmi eux, un officier (mentionné ci-dessus) pour lâcheté en présence de l'ennemi ; cinq hommes de la Légion étrangère pour assassinats de paysans ; un franc-titre pour vol à main armée, et quatre hommes (gardes de ligne et mobiles) pour désertion en présence de l'ennemi. Le nombre aurait été plus grand s'il avait été possible d'identifier et de punir les principaux coupables de la bousculade de La Tuilerie lors de la bataille du Mans.]

La poursuite de l'ennemi ayant été arrêtée, nous quittâmes finalement Droué, mais après avoir parcouru environ trois milles et atteint un village appelé Fontenelle, les Allemands revinrent. Il était alors environ deux heures de l'après-midi, et pendant environ deux heures, tandis que nous poursuivions notre retraite, l'ennemi maintint une canonnade continue, s'efforçant à plusieurs reprises de harceler nos arrières. Cependant, nous avons constamment répondu à leurs tirs et les avons constamment tenus à distance, ne perdant que quelques hommes avant la tombée du crépuscule, lorsque la poursuite a cessé. Nous avançâmes ensuite lentement, les routes étant dans un état lamentable, jusqu'à ce que, vers six heures et demie, nous atteignions le village de Saint Agil, où l'état-major s'installa au majestueux château Renaissance du comte de Saint-Maixent.

Le temps fut meilleur le 18 décembre, car, même s'il faisait extrêmement froid, la neige cessa de tomber. Mais nous avions encore une tâche formidable devant nous. Les routes, comme je l'ai dit, étaient misérables, et à Saint-Agil nous avons eu à lutter contre de terribles bourbiers, à travers lesquels il nous a été d'abord impossible de faire passer nos canons, nos fourgons de munitions et notre train de bagages. Il fallut couper et abattre les arbres, et former avec eux une sorte de lit sur lequel nos impedimenta pourraient circuler. Heure après heure s'écoulaient au milieu d'un travail incessant. Un wagon de munitions ne contenant que la moitié de son chargement nécessitait les efforts d'une douzaine de chevaux pour le tirer sur ce marécage, tandis que, quant aux canons, chacun des 12 exigeait encore plus de chevaux. Il était trois heures de l'après-midi du 18 lorsque le dernier coup de feu fut tiré. Trois affûts furent brisés au cours de ces efforts, mais nos hommes réussirent à sauver les morceaux. Vers la fin des opérations, les Allemands firent de nouveau leur apparition, mais furent tenus en respect par nos Gatlings et nos canons de montagne. Une demi-heure pourtant après notre départ de Saint Agil, ils entrèrent dans le village.

Bien misérables, à moitié affamés et endoloris, nous continuâmes, à travers le dégel soudain qui s'était installé, vers Vibraye, dont la forêt, pleine alors de sangliers et de cerfs, s'étendait sur notre gauche. Nous étions maintenant dans le département de la Sarthe, et, traversant la campagne en direction de la Huisne, nous atteignîmes enfin l'ancien petit *bourg* de Connerré, sur la grande route (à gauche du fleuve) vers Le Mans. Là, je pris congé de notre colonne et, après avoir acheté une chemise et des chaussettes, je courus à la gare, distante d'un mille et demi, espérant, d'après ce qu'on me disait, qu'il y aurait peut-être un moyen d'arriver au Mans. en train, au lieu d'accompagner nos hommes sur l'autoroute. A la gare de Connerré, je trouvai une très bonne auberge, où je pris aussitôt le meilleur repas que j'avais mangé depuis mon départ du Mans, seize jours auparavant. Je me suis ensuite lavé, j'ai enfilé ma nouvelle chemise et mes nouvelles chaussettes et je suis allé interroger le chef de gare. Après bien des ennuis, comme j'avais un permis signé par le colonel Bernard et que je portais un brassard d'ambulance, j'ai été autorisé à me rendre au Mans dans un fourgon ferroviaire. Il n'y avait pas de service régulier de trains, les seuls circulant maintenant aussi loin au nord étant utilisés à des fins militaires. J'arrivai au Mans quelques heures avant que notre colonne n'atteigne Yvré l'Evêque dans la nuit du 20 décembre et cherchai aussitôt un train qui me conduirait à Rennes, sinon jusqu'à Saint-Malo. Puis vint un autre long, lent et morne voyage dans une vilaine voiture de troisième classe aux sièges en bois. Il était entre dix et onze heures du matin lorsque nous arrivâmes à Rennes. J'avais encore vingt-cinq francs en poche, et sachant qu'il ne me coûterait pas plus du quart de cette somme pour me rendre à Saint-Malo, je résolus de m'offrir un bon *déjeuner* à l'Hôtel de France.

Il n'y avait personne, à part quelques serveurs, dans la longue salle à manger, mais les tables y étaient déjà dressées. Cependant, lorsque je m'assis à l'une d'elles, le maître d'hôtel vint déclarer que je ne pouvais pas être hébergé, les tables étant réservées à *ces messieurs* . Je demandais qui pouvaient être *ces messieurs* , lorsque quelques-uns d'entre eux entrèrent dans la salle d'une manière très fanfaronne. Tous étaient vêtus d'uniformes élégants et flambant neufs, avec de belles bottes et semblaient en rose en bon état. Ils appartenaient, je l'ai découvert, à un corps libre appelé les « Eclaireurs d'Ille-et-Vilaine », et leurs principales occupations étaient de s'amuser copieusement, puis de se promener dans la ville, lorgnant toutes les jolies filles qu'ils rencontraient. Le corps n'est jamais allé au front. Trois ou quatre semaines plus tard, lorsque je repassai par Rennes, cette seconde fois avec mon père, messieurs les éclaireurs exhibaient encore leurs uniformes immaculés et leurs bottes cirées, au milieu de toute la misère manifestée par les restes d'un *corps d'armée de Chanzy* .

Même si je n'étais qu'un petit garçon, mon sang a bouilli lorsqu'on m'a demandé de céder ma place à table pour ces jeunes idiots arrogants. Je suis allé me plaindre au *bureau de l'hôtel* , mais, confronté là-bas à la propriétaire plutôt qu'au propriétaire, je n'ai pas exprimé mes sentiments avec autant de force que j'aurais pu le faire. "Madame" m'informa gentiment que le premier *déjeuner* était entièrement réservé à Messieurs les Eclaireurs, mais que, si j'attendais le deuxième *déjeuner* à midi, je trouverais un logement suffisant. Cependant, je n'étais pas enclin à faire une telle chose. Je pensais à tous les hommes pauvres, affamés et grelottants que j'avais quittés moins de vingt-quatre heures auparavant, et dont j'avais plus d'une fois aidé certains à acheter du pain, du fromage et du vin au cours de nos longues et pénibles marches. En tout cas, ils avaient fait leur devoir du mieux qu'ils pouvaient, et j'étais profondément indigné contre ces jeunes gens fanfarons de Rennes, qui se contentaient de rester dans leur ville natale, exhibant leurs uniformes et s'amusant. Heureusement, de tels cas étaient très rares.

De retour à la gare, je me procurai quelque chose à manger à la buvette, où j'entendis bientôt quelqu'un essayer de faire comprendre à un serveur un ordre donné dans un français approximatif. Reconnaissant un compatriote, je suis intervenu et j'ai obtenu ce qu'il désirait. J'ai découvert qu'il allait comme moi à Saint Malo, alors nous avons fait le voyage ensemble. Il me raconta que, bien qu'il parlât très peu français, il était venu en France pour le compte d'une entreprise anglaise de fabrication de bottes afin d'obtenir un contrat de certaines autorités militaires. On en trouvait beaucoup en Bretagne, au Mans, à Tours et ailleurs, pendant la dernière période de la guerre. Un de mes oncles, Frederick Vizetelly, est venu, je m'en souviens, et a interviewé Freyeinet et d'autres au nom d'une entreprise anglaise d'armes légères. J'oublie s'il a obtenu un contrat ou non ; mais c'est un fait lamentable et incontestable que beaucoup d'armes et de bottes vendues par les fabricants anglais à la Défense nationale étaient extrêmement défectueuses. Certaines armes américaines étaient encore pires que les nôtres. Quant aux bottes, elles n'avaient souvent que de simples « semelles de composition », vite usées. J'ai vu, notamment après la bataille du Mans, des centaines, je crois pouvoir dire, sans exagération, des milliers, d'hommes dont les bottes n'étaient que des restes. Certains boitaient dans la neige avec seulement des haillons enroulés autour de leurs pieds ensanglantés. En revanche, quelques-unes de nos maisons ont sans doute fourni des bottes satisfaisantes, et cela a pu être le cas du voyageur que j'ai rencontré à Rennes.

Quelques jours après mon retour à Saint-Malo, mon cousin Montague Vizetelly y arriva avec une commission du *Daily News* pour rejoindre les forces de Chanzy au Mans. M. Robinson, m'a-t-on dit plus tard, avait posé quelques questions à mon sujet à mon frère Adrian, et, en apprenant combien j'étais jeune, il avait pensé que je ne serais peut-être pas à la hauteur si une bataille décisive entre le prince Frederick Charles et Chanzy devrait être combattu. Mon cousin, alors âgé de vingt-quatre ans, fut donc envoyé. À partir de ce moment-là, presque toutes mes lettres de guerre furent envoyées à la *Pall Mall Gazette* et, par hasard, l'une d'elles fut le premier récit de la grande bataille du Mans, du côté français, à paraître dans un journal anglais.

XI

AVANT LE MANS

La guerre dans diverses régions de France. Général Faidherbe. Bataille de Pont-Noyelles. Manque de fiabilité des nouvelles officielles françaises. Engagement de Nuits. Sortie du Bourget. Batailles de Bapaume et de Villersexel. Plan d'opérations de Chanzy. Affaire de Saint-Calais. État misérable. de certains soldats de Chanzy—Le Mans et ses associations historiques—le pays environnant—la carrière de Chanzy—les positions de ses forces—l'avancée du prince Frederick Charles—les premiers combats avant le Mans et son résultat.

Pendant que Chanzy se retirait au Mans et y réorganisait et renforçait son armée, diverses opérations se déroulaient dans d'autres régions de France. Après l'occupation allemande d'Amiens, Moltke ordonna à Manteuffel d'avancer sur Rouen, ce qu'il fit, envoyant ensuite une colonne à Dieppe ; le résultat fut que le 9 décembre, les Allemands atteignirent pour la première fois la côte. Depuis le 3 décembre, Faidherbe avait pris le commandement en chef de l'armée du Nord à Lille. C'était un général remarquablement intelligent, et il n'avait alors que cinquante-deux ans. Mais il avait passé onze ans au Sénégal, organisant et développant cette colonie, et sa santé avait été altérée par le climat tropical ouest-africain. Néanmoins, il ne montrait pas peu d'énergie et ne désespérait jamais, si minces que fussent les forces sous ses ordres et si exiguës que fussent ses positions. Dès qu'il eut réorganisé l'armée confiée à sa charge, il se dirigea vers Amiens et, les 23 et 24 décembre, une bataille eut lieu à Pont-Noyelles, dans les environs de cette ville. À certains égards, Faidherbe a pris l'avantage, mais son succès a été stérile et ses pertes ont été bien supérieures à celles des Allemands, s'élevant en effet à 2 300 hommes (sans compter de nombreux déserteurs), alors que celles de l'ennemi n'étaient que d'un million. mille. Cependant Gambetta télégraphia aux préfets qu'une grande victoire avait été remportée ; et je me souviens que lorsqu'un avis fut affiché à cet effet à la mairie de Saint Servan, tout le monde s'y mit en liesse.

La plupart de nos nouvelles de guerre, ou, du moins, les premières nouvelles d'un engagement important, nous parvenaient de la manière que j'ai indiquée, les citadins se rassemblant constamment devant les préfectures, les sous-préfectures et les bâtiments municipaux pour lire les nouvelles du jour. Parfois, c'était entièrement faux, d'autres fois, un léger succès des armes françaises se transformait en victoire, et un petit engagement devenait une bataille rangée. Les nouvelles dans les journaux français étaient généralement très tardives et souvent peu fiables, même si de temps en temps des télégrammes étaient publiés de Londres, donnant des informations aussi proches de la vérité que les nombreux correspondants de guerre anglais des deux côtés pouvaient le constater. Après la guerre, Français et Allemands m'ont avoué que parmi tous les renseignements publiés dans les journaux de l'époque, rien n'approchait en exactitude de ceux rapportés par nos correspondants britanniques. Je suis convaincu, d'après tout ce que j'ai entendu à Paris, à Berlin, à Vienne et ailleurs, pendant les deux ou trois années qui ont suivi la guerre, que la réputation de la presse britannique a été grandement rehaussée sur le continent par les nouvelles qu'elle a données pendant la guerre. la campagne franco-allemande. A maintes reprises au cours des années suivantes, j'ai entendu des étrangers demander : « Que disent les journaux de Londres ? » ou remarquez : « Si un journal anglais le dit, cela doit être vrai. Je ne veux pas sonner trop fort la trompette au nom de la profession à laquelle j'ai appartenu pendant de nombreuses années, mais ce que j'ai mentionné ici est strictement vrai ; et maintenant que mes jours de voyage sont terminés, je serais heureux de savoir que les étrangers tiennent toujours la presse britannique dans la même haute estime.

Mais, pour en revenir à mon récit, tandis que les événements que j'ai évoqués se déroulaient en Normandie et dans le nord de la France, Gambetta essayait en vain de persuader Bourbaki d'avancer dans la direction de Montargis. Il souhaitait également renforcer Garibaldi ; mais l'inimitié de nombreux officiers français envers le libérateur italien était si grande qu'ils ne voulurent pas servir avec lui. Le général von Werder couvrait alors le siège de Belfort et surveillait Langres. Le 18 décembre, il y a eu un engagement à Nuits entre certaines de ses forces et celles dirigées par le commandant français Cremer, qui a revendiqué la victoire, mais s'est ensuite retiré vers Beaune. Les Français pouvaient désormais réoccuper Dijon. Le 21, une nouvelle sortie est effectuée depuis Paris, cette fois au nord, en direction du Bourget et de Ville-Evrard. Ducrot reprend le commandement, 200 000 hommes sont réunis, mais 5 000 seulement sont engagés dans l'action. Les désertions furent nombreuses et pas moins de six officiers d'une seule brigade furent traduits en cour martiale et punis pour manque de courage. L'affaire semble avoir été arrangée pour calmer les éléments les plus téméraires de Paris, qui réclamaient sans cesse « une grande sortie torrentielle ». Dans ce cas, cependant, il y a eu simplement « beaucoup de bruit pour rien ». La vérité est que, depuis l'affaire de Champigny, Trochu et Ducrot avaient perdu toute confiance.

Les 2 et 3 janvier, les Français sous Faidherbe et les Allemands sous Goeben livrent bataille à Bapaume, au sud d'Arras. Les premiers étaient de loin les plus nombreux, étant même à trois contre un, et on attribue à Faidherbe la victoire. Mais, encore une fois, cette bataille fut stérile, car même si les Allemands se retirèrent, les Français trouvèrent tout aussi nécessaire de faire de même. Environ une semaine auparavant, le 16e corps d'armée français, avec lequel Bourbaki avait peu ou rien fait sur la Loire, avait été retiré de Vierzon et de Bourges pour rejoindre l'armée de l'Est, dont Bourbaki assumait désormais le commandement en chef. Le transport des troupes s'avéra une affaire très difficile, et il y eut un grand désordre et, encore une fois, de nombreuses désertions. Néanmoins, le 9 janvier, Bourbaki combat le Werder à Villersexel, aux environs de Vesoul, Montbéliard et Belfort. Dans cet engagement, il semble qu'il y ait eu de graves erreurs des deux côtés, et bien que Bourbaki prétende avoir réussi, ses pertes étaient numériquement le double de celles des Allemands.

Pendant ce temps Chanzy, au Mans, préconisait toutes sortes de projets sur Gambetta et Freyeinet. Il désirait d'abord recruter et renforcer ses forces, si éprouvées par leur difficile retraite ; et pour avoir le temps de le faire, il voulut que Bourbaki exécutât une puissante diversion en marchant dans la direction de Troyes. Mais Gambetta et Freyeinet en avaient décidé autrement. L'avance de Bourbaki devait se faire vers les Vosges, après quoi il devait se tourner vers l'ouest et marcher sur Paris avec 150 000 hommes. Chanzy fut informé de cette décision vers le 5 janvier (1871) et, le 6, il fit une dernière tentative pour modifier le plan du gouvernement afin que la marche de Bourbaki puisse être dirigée sur un point plus proche de Paris. En réponse, il fut informé qu'il était trop tard pour modifier les arrangements.

En ce qui concerne ses propres opérations, l'idée de Chanzy était de marcher vers la capitale lorsque ses forces seraient réorganisées. Ses bases devaient être la rivière Sarthe, la ville du Mans et la voie ferrée allant vers le nord jusqu'à Alençon. De là, il se proposait d'avancer jusqu'à un point de l'Eure entre Dreux et Chartres, puis de se diriger vers Paris par la route que les circonstances permettraient. Il disposait de 130 000 hommes près du Mans, proposait d'en prendre 120 000 avec 350 pièces de campagne ou mitrailleuses, et calculait qu'il lui faudrait peut-être une semaine, ou pour être précis huit jours, pour transporter cette force du Mans à Chartres, ce qui permettrait pour avoir combattu en chemin. En outre, pour faciliter ses mouvements, il voulait que Faidherbe, ainsi que Bourbaki, prennent vigoureusement l'offensive dès qu'il serait prêt. L'exécution du projet fut cependant contrecarrée en partie par les mouvements que le gouvernement ordonna à Bourbaki d'exécuter, et en partie par ce que l'on peut appeler le réveil soudain du prince Frederick Charles, qui, se sentant plus inquiet des mouvements de Bourbaki, avait jusqu'ici, dans une certaine mesure, il avait négligé les actions de Chanzy.

Le 22 décembre, le capitaine, devenu général, de Boisdeffre [il fut chef d'état-major français lors de la célèbre affaire Dreyfus, dans laquelle son nom fut fréquemment mentionné.] arriva au Mans, après avoir quitté Paris dans l'un des ballons, et donna à Chanzy certaines certitudes. messages que Trochu lui avait confiés. Il n'a rien apporté par écrit, car ce qu'il avait à communiquer était jugé trop grave pour être consigné sur papier. Pourtant, mon père et moi aurions pu communiquer à peu près les mêmes informations, qui n'étaient qu'un *secret de Polichinelle*. Il s'agissait de la date à laquelle la chute de Paris deviendrait inévitable. Nous — mon père et moi — avions répété à plusieurs reprises à Versailles et ailleurs que les réserves de nourriture de la capitale dureraient jusqu'aux derniers jours de janvier et que la ville (à moins qu'elle ne soit secourue entre-temps) devait alors se rendre. Des informations authentiques à cet effet étaient disponibles à Paris avant que nous le quittions en novembre. Bien entendu, le message de Trochu à Chanzy était officiel et pesait plus que les affirmations des journalistes. En effet, il faudrait négocier une capitulation le 20 janvier, pour laisser le temps au ravitaillement des deux millions d'habitants de la ville. En l'occurrence, la résistance s'est prolongée pendant environ une semaine. Cependant, les informations de Boisdeffre étaient suffisamment explicites pour montrer à Chanzy qu'il ne fallait pas perdre de temps pour sauver Paris.

Des cavaliers allemands - probablement les mêmes qui avaient poursuivi la colonne de Gougeard - se montrèrent à Saint-Calais, qui n'est qu'à une trentaine de milles au nord-est du Mans, dès le 18 décembre, mais se retirèrent bientôt et l'ennemi ne put plus avancer. dans cette direction a eu lieu pendant plusieurs jours. Chanzy formait deux colonnes volantes, l'une une division sous le général Jouffroy, et l'autre un corps de 4,000 hommes sous le général Rousseau, dans le but d'inquiéter l'ennemi et de le tenir à distance. Ces troupes, notamment celles de Jouffroy, qui se dirigent vers Montoire et Vendôme, ont eu plusieurs engagements petits mais non moins importants avec les Allemands. Le prince Frédéric Charles comprit en effet que les opérations de Jouffroy visaient à assurer la sécurité de l'armée principale de Chanzy pendant son recrutement et sa réorganisation, et décida alors de marcher sur Le Mans et d'attaquer Chanzy avant que ce dernier n'ait atteint son objectif.

Le jour de Noël, une force de cavalerie, d'artillerie et d'infanterie allemandes descendit sur Saint-Calais (alors ville d'environ 3 500 habitants), leva une somme de 17 000 francs, pilla plusieurs maisons et maltraita un certain nombre de citadins. Lorsque certains de ces derniers osèrent protester, soulignant entre autres choses qu'après divers petits combats dans les environs, plusieurs Allemands blessés avaient été amenés dans la ville et bien soignés là-bas, le commandant ennemi les traita de bande de lâches, et leur a jeté 2000 francs de sa récente contribution, pour les payer, dit-il, leurs soi-disant services. L'affaire fut rapportée à Chanzy, qui écrivit alors une lettre indignée au général allemand commandant à Vendôme. Il y fut transporté par un certain M. de Vézian, ingénieur civil attaché à l'état-major de Chanzy, qui rapporta la réponse suivante :

"Reçu une lettre du Général Chanzy. Un général prussien ne sachant pas écrire une lettre de tel genre, ne sait y faire une réponse par écrit.

"Au quartier général à Vendôme, 28 décembre 1870."

Signature (*illisible*).

Il était peut-être dommage que Chanzy ait jamais écrit sa lettre de protestation. Les généraux français étaient trop enclins à exprimer leurs sentiments par écrit pour oser cette guerre. Il fallait des actes et non des paroles.

Pendant ce temps, l'armée se recrutait lentement. Le 13 décembre, Gambetta avait publié, très tôt, un décret autorisant le cantonnement des hommes « pendant la campagne d'hiver ». Néanmoins, lorsque les troupes de Gougeard revinrent à Yvrée l'Evêque, elles reçurent l'ordre de dormir sous la toile, comme beaucoup d'autres divisions de l'armée. C'était une grave erreur. Dans ce climat rigoureux — l'hiver était l'un des plus froids du XIXe siècle — les souffrances des hommes étaient très grandes. Ils avaient également besoin de beaucoup de choses, de chaussures neuves, de linge, de capotes et d'autres vêtements, et il fallut beaucoup de retard pour pourvoir à leurs besoins les plus urgents. Il n'y avait donc pas lieu de s'étonner du nombre de désertions. Le commandant en chef fit de son mieux pour assurer la discipline parmi ses troupes découragées. Plusieurs hommes ont été abattus à titre d'exemple. Lorsque, peu avant la bataille du Mans, le 21e corps d'armée franchit la Huisne pour prendre position près de Montfort, plusieurs officiers furent sévèrement punis pour avoir circulé dans des ambulances et des wagons à bagages au lieu de marcher avec leurs hommes.

Le Mans n'est pas facilement défendu contre un ennemi avançant vers l'est, le nord-est et le sud-est. Une défense rapprochée est impossible en raison de la nature du pays. A l'époque où j'écris, la ville comptait environ 37 000 habitants. Très ancienne, déjà existante à l'époque des Romains, elle devint la capitale du Maine. Guillaume le Conquérant s'en empara, mais il fut arraché à son fils Robert par Hélie de La Flèche. Plus tard, Geoffroy, le Premier des Plantagenêt, y fut enterré, c'est d'ailleurs le lieu de naissance de son fils, notre Henri II. Quelques années plus tard, Philippe-Auguste l'enleva à Richard Cœur-de-Lion, qui le céda cependant à la veuve de Richard, la reine Bérengère. On dit à tort qu'une maison de la ville aurait été sa résidence, mais elle fonda sans doute l'abbaye de l'Epau, près d'Yvré l'Evêque, et y fut enterrée. C'est au Mans que naquit le roi Jean de France, qui se rendit au Prince Noir à Poitiers ; et dans la forêt voisine, le petit-fils de Jean, Charles VI, donna pour la première fois des signes de folie. À cinq reprises au cours des guerres anglo-françaises du temps d'Henri V et d'Henri VI, Le Mans fut assiégée par l'une ou l'autre des parties rivales. La ville souffre encore lors des guerres huguenotes, puis encore pendant la Révolution, lorsque les Vendéens s'en emparent, mais sont chassés par Marceau, quelque 5 000 d'entre eux étant fusillés à la baïonnette sur la place de l'Eperon.

Riche d'associations avec l'histoire de l'Angleterre comme avec celle de la France, Le Mans, malgré son accessibilité – car des lignes ferroviaires venant de cinq directions différentes s'y croisent – est rarement visité par nos touristes. Sa gloire est sa cathédrale, étrangement négligée par les nombreux auteurs anglais sur les cathédrales de France. Ici sont illustrés les styles architecturaux de cinq siècles successifs et, comme l'écrivait un jour Mérimée, en passant d'une partie de l'édifice à une autre, c'est comme si l'on passait d'une religion à une autre. Mais la caractéristique suprême de la cathédrale réside dans ses vitraux, qui comptent parmi les plus anciens du monde. Il y a de nombreuses années, alors qu'ils étaient dans un état plus parfait qu'aujourd'hui, Hucher en a donné des reproductions dans un rare volume in-folio. Ici aussi se trouve le tombeau de la reine Bérengère d'Angleterre, retiré de l'abbaye de l'Epau ; ici aussi se trouvait autrefois celle du grand-père de son mari, Geoffrey Plantagenêt. Mais celle-ci fut détruite par les huguenots, et il faut aller au musée pour voir tout ce qui en reste, c'est-à-dire l'inestimable *plaque d'émail* qui la surmontait autrefois, et qui représente Geoffroy saisissant son épée et son bouclier d'azur, le ce dernier portant une croix et des lions rampants – pas les lions léopards passant de ses descendants anglais. Beaucoup d'encre a coulé sur ce bouclier lors des querelles entre héraldistes.

A en juger par les projets récents du Mans, de nombreux changements y ont eu lieu depuis la guerre franco-allemande. Diverses nouvelles rues larges et droites ont remplacé certaines des anciennes rues sinueuses et pittoresques. Le Pont Napoléon semble désormais être devenu le Pont Gambetta, et la Place des Minimes s'appelle la Place de la République. Je remarque aussi une rue Thiers qui n'existait pas à l'époque où Le Mans m'était familier comme une ville du vieux monde. Dans ce récit, je dois bien sûr le considérer tel qu'il était à l'époque, et non tel qu'il est aujourd'hui.

La Sarthe, coulant du nord au sud, où elle est rejointe par son affluent la Huisne, venant du nord-est, divise encore la ville en deux sections inégales ; la plus grande, sur la partie la plus élevée de laquelle se dresse la cathédrale, étant celle de la rive gauche du fleuve. A l'époque où j'écris, la Sarthe était enjambée par trois ponts de pierre, un pont suspendu et un viaduc ferroviaire en granit et marbre, long d'environ 560 pieds. L'avancée allemande devait venir de l'est et du sud. A l'est se trouve une série de hauteurs au-dessous desquelles coulent les eaux de la Huisne. Les vues s'étendent sur une étendue d'altitude variable, les collines escarpées et les vallées profondes étant fréquentes. Il existe de nombreux cours d'eau. La Huisne, qui contribue à alimenter la Sarthe, est elle-même alimentée par de nombreux petits affluents. Les terrains les plus bas, à l'époque que je pense, étaient généralement des prairies, entrecoupées çà et là de rangées de peupliers, tandis que les terrains les plus élevés étaient employés à la culture des cultures. Chaque petit champ était délimité par des fossés, des talus et d'épaisses haies.

Le point culminant des hauteurs orientales se trouve à Yvré l'Evêque, autrefois couronné par un château Renaissance, où résida Henri de Navarre lorsqu'il réduisit Le Mans à la soumission. Au nord d'Yvré, en direction de Savigné, s'étend le haut plateau de Sargé, qui descend à l'ouest vers la rivière Sarthe et forme l'une des plus importantes défenses naturelles du Mans. Vers l'est, depuis Yvré, vous dominez d'abord la Huisne, traversée en divers points voisins par quatre ponts, mais dont une grande partie des prairies de sa vallée est coupée par de petits canaux d'eau destinés à l'irrigation, ce qui rend le terrain encore plus difficile pour l'irrigation. une force d'attaque à traverser. Deuxièmement, vous voyez un long plateau appelé Auvours, dont la possession doit nécessairement faciliter les opérations d'un ennemi. En suivant le tracé de la voie ferrée venant de la direction de Paris, on remarque plusieurs pinèdes, plantées sur d'anciennes landes. Toujours tourné vers l'est, le village de Champagné, où les coteaux sont constellés de vignes, tandis que la plaine est constituée de terres arables, parsemées de bosquets de châtaigniers. Au nord-est de Champagné se trouve Montfort, où Chanzy stationna d'abord le gros du 21e corps d'armée sous Jaurès, ceci (en laissant ses colonnes volantes d'un côté) étant la position la plus orientale de ses forces au moment où commença l'avancée allemande. La droite du 21e corps reposait ici sur la Huisne. Son extrême gauche s'étendait vers le nord en direction de la Sarthe, mais une division du 17e corps du général de Colomb gardait les voies ferrées d'Alençon (N.) et de Conlie (NW).

Face à la Huisne, les hauteurs d'Yvré et les plateaux de Sargé et d'Auvours, devant, pour la plupart, s'en tenir aux grandes routes, car, si mauvais que fût leur état à cette époque, ce n'était rien à côté de En raison de l'état des nombreuses ruelles étroites et souvent profondes, dont les hautes berges et les haies offraient en outre des occasions de tendre des embuscades, les Allemands auraient évidemment une tâche difficile à accomplir du côté est du Mans, même s'ils repoussaient la route. 21e Corps de Montfort. L'accès à la ville est cependant plus facile par le sud-est et le sud. On y trouve de nombreuses pinèdes, mais en se dirigeant vers Le Mans, après avoir passé Parigné-l'Evêque (SE) et Mulsanne (S.), le terrain est généralement beaucoup moins vallonné qu'à l'est. Il existe cependant certaines positions favorables à la défense. Il y a une hauteur à Changé, à mi-chemin entre la route de Saint Calais au Mans, *via* Yvré, et la route du Grand Lucé au Mans, *via* Parigné. En outre, sur une distance de huit milles, s'étend — ou s'étend au moment où je parle — une piste appelée Chemin des Bœufs, propre à des fins défensives, avec des hauteurs en au moins deux points : Le Tertre Rouge, au sud-est. du Mans, et La Tuilerie, au sud de la ville. La ligne du Chemin des Bœufs et la position de Changé furent d'abord confiées par Chanzy au 16e corps, dont le commandant Jauréguiberry avait son quartier général au faubourg sud de Pontlieue, point important offrant un accès direct au Mans par une pierre. pont sur la Huisne.

Lorsque je revins au Mans depuis Saint Servan, dans les premiers jours de janvier, les forces de Chanzy comptaient au total environ 130 000 hommes, mais une très grande partie d'entre eux étaient dispersés dans différentes directions, formant des colonnes détachées sous les ordres des généraux Barry, Curten, Rousseau et Jouffroy. Les troupes des deux premiers officiers avaient été prises au 16e corps (Jauréguiberry), celles de Rousseau étaient en réalité la première division du 21e corps (Jaurès), et celles de Jouffroy appartenaient au 17e, commandé par le général de Colomb. . [Les 16e et 17e comportaient chacune trois divisions, la 21e en comprenait quatre. Le corps allemand était généralement composé de deux divisions seulement, avec cependant des forces de cavalerie bien plus fortes que celles dont Chanzy disposait.] Il est curieux que, parmi les troupes allemandes qui s'opposèrent aux forces de ce dernier à ce stade de la guerre, il y avait une division commandée par un général von Colomb. Ces deux officiers étaient issus de la même ancienne famille française, mais von Colomb était issu d'une branche huguenote qui avait quitté la France lors de la révocation de l'édit de Nantes.

Les autres principaux coadjuteurs de Chanzy au Mans étaient Jaurès, dont j'ai déjà parlé, et le contre-amiral Jauréguiberry, qui, après le général en chef, était peut-être le plus habile de tous les commandants. D'origine basque et né en 1815, il s'était illustré comme officier de marine dans les expéditions de Crimée, de Chine et de Cochinchine ; et en prenant son service dans l'armée de la Défense nationale, il avait puissamment contribué à la victoire de d'Aurelle à Coulmiers. Il est devenu connu parmi les forces de la Loire comme l'homme qui était toujours le premier à attaquer et le dernier à battre en retraite. [Il avait l'air un peu plus âgé que son âge ne le justifiait, étant très chauve, avec juste une frange de cheveux blancs autour du crâne. Sa lèvre supérieure et son menton étaient rasés, mais il portait des moustaches blanches du type « côtelette de mouton ». Mince et assez grand, il possédait une force nerveuse et une énergie considérables. Au cours des années suivantes, il devint ministre de la Marine dans les cabinets Waddington, Second Freycinet et Duclerc.]

Après avoir évoqué les principaux subordonnés de Chanzy, il convient que je donne un bref aperçu de Chanzy lui-même. Fils d'officier du Premier Empire, il est né à Nouart dans l'Argonne, et de par sa connaissance personnelle de cette région, il est certain que ses services se seraient révélés précieux lors de la désastreuse marche sur Sedan, lorsque, comme Zola l'a justement dit, Comme le soulignait "La Débâcle", de nombreux commandants français ignoraient totalement la nature et les possibilités du pays dans lequel ils avançaient. Chanzy, cependant, comme beaucoup d'autres qui figuraient parmi les forces de la Loire, avait commencé sa vie dans la marine, s'étant engagé dans ce service à l'âge de seize ans. Mais, après une très brève expérience à flot, il entra à l'école militaire de Saint-Cyr, en sortit comme sous-lieutenant en 1843, alors qu'il avait vingt et unième année, fut nommé dans un régiment de zouaves, et envoyé en Algérie. Il servit cependant dans la campagne d'Italie de 1859, devint lieutenant-colonel d'un régiment de ligne et participa à ce titre à l'expédition syrienne de 1860-61. Plus tard, il fut dans les forces françaises en garnison à Rome, acquit le grade de colonel en 1864, retourna en Algérie et, en 1868, fut promu au grade de général de brigade.

Au début de la guerre franco-allemande, il postule au service actif, mais les autorités impériales ne veulent pas l'employer en France. Malgré les liens de sa famille avec le Premier Empire, il était, comme Trochu, considéré comme un orléaniste, et on ne souhaitait pas qu'un général orléaniste ait l'occasion de se distinguer dans la « marche sur Berlin » envisagée. Cependant, le maréchal MacMahon, en tant que gouverneur de l'Algérie, s'était fait une haute opinion des mérites de Chanzy, et après Sedan, inquiet comme il l'était pour son pays dans la situation difficile, le maréchal, alors prisonnier de guerre, trouva le moyen de conseiller le gouvernement national. La Défense va recourir aux services de Chanzy. Cette intervention patriotique, qui fit un honneur infini à MacMahon, valut à Chanzy une nomination à la tête du 16e corps d'armée, puis au commandement en chef de la deuxième armée de la Loire.

Lorsque je le vis pour la première fois à la fin de 1870, il était dans sa cinquante-huitième année, bien bâti et plus grand que la majorité des officiers français. Ses cheveux blonds et sa moustache blonde étaient devenus gris ; mais ses yeux bleus étaient restés brillants, et il y avait une expression de résolution tranquille sur son beau visage bien coupé, au nez aquilin et à la mâchoire énergique. Tel était physiquement le général que Moltke déclara par la suite avoir été le meilleur que la France ait opposé aux Allemands tout au long de la guerre. Je n'ai jamais vu Chanzy excité, ce qui contrastait grandement avec de nombreux commandants subordonnés. Jauréguiberry était parfois emporté par son sang basque, et Gougeard par son sang celtique. Ainsi en est-il de Jaurès qui, bien que né à Paris, avait, comme son neveu le leader socialiste, le sang du Midi dans les veines. Chanzy, cependant, appartenait à une race nordique plus calme et plus résolue.

Il était enclin à la religion, et je me souviens qu'outre les aumôniers accompagnant les bataillons bretons, il y avait un aumônier en chef attaché à l'état-major. Il s'agissait de l'abbé de Beuvron, membre d'une ancienne famille noble du centre de la France. Le chef d'état-major était le général-major Vuillemot ; le prévôt général était le colonel Mora, et les principaux aides de camp étaient les capitaines Marois et de Boisdeffre. Spécialement attaché au service du quartier général, il y avait une force d'élite assez nombreuse sous les ordres du général Bourdillon. Il comprenait un régiment de gendarmes à cheval et un de gendarmes à pied, quatre escadrons de chasseurs d'Afrique, de l'artillerie munie principalement de canons de montagne, une compagnie aéronautique des frères Tissandier et trois escadrons de cavalerie légère algérienne, du type Spahi. , qui, avec leurs burnous flottants et leurs petits chevaux arabes rapides, figuraient souvent en bonne place dans l'escorte de Chanzy. Un an ou deux après la guerre, j'ai engagé l'un de ces mêmes hommes – il s'appelait Saad – comme serviteur, et il s'est montré très dévoué et attentif ; mais il avait contracté les germes d' une maladie pulmonaire pendant ce cruel hiver de 1870-71, et au bout de quelques mois je dus le conduire à l'hôpital militaire du Val-de-Grâce à Paris, où il mourut d'une phtisie galopante.

Les forces allemandes opposées à Chanzy se composaient d'une partie de la soi-disant "Armée-Abtheilung" dirigée par le grand-duc de Mecklembourg et de la "Deuxième armée" dirigée par le prince Frédéric-Charles de Prusse, cette dernière comprenant les 3e, 9e, 10e, et 13e corps d'armée, et disposant d'une nombreuse cavalerie et de près de quatre cents canons. Le prince constata que les forces françaises étaient en partie extrêmement dispersées et résolut donc d'agir avant de pouvoir être concentrées. D'abord, les Allemands descendent sur Nogent-le-Rotrou, où était stationnée la colonne de Rousseau, lui infligent un revers et l'obligent (7 janvier) à se replier sur Connerré, à trente milles de Nogent et à moins de que seize du Mans. Le même jour, des sections des forces de Jouffroy sont vaincues à Epuisay et Poirier (à mi-chemin entre Le Mans et Vendôme), et contraintes également de battre en retraite. Les détachements français (sous Jouffroy, Curten et Barry) qui étaient stationnés le long de la ligne allant de Saint Calais à Montoire, et de là à Saint Amand et Château-Renault — un tronçon d'environ vingt-cinq milles — n'étaient pas assez forts pour s'opposer à l'avancée allemande, et certains d'entre eux courent le risque de voir leur retraite interrompue. Chanzy se rend compte du danger et envoie, le 8 janvier au matin, Jauréguiberry prendre le commandement de toutes les troupes réparties du sud au sud-est, entre Château-du-Loir et Château-Renault, et les amener au Mans.

Mais le 10e corps allemand avançait dans ces directions et, après un engagement avec les troupes de Barry à Ruillé, s'emparait de positions autour de La Chartre. Cela menaçait sérieusement la retraite de la colonne du général Curten, qui était toujours à Saint-Amand, et, de plus, c'était une menace supplémentaire pour Barry lui-même, puisque sa division était répartie sur un front de quatorze milles près de Château-du-Loir. Jauréguiberry, cependant, supplia Barry de continuer à garder le fleuve Loir, dans l'espoir que Curten puisse se retirer jusqu'à ce point.

Cependant, tandis que ces tentatives défensives se déroulaient au sud du Mans, les Allemands poussaient au nord-est et à l'est, le prince Frédéric Charles étant désireux d'entrer en contact avec les principales forces de Chanzy, quoi qu'il arrive. sur le Loir et à Saint Amand. Au nord-est, l'ennemi s'avança jusqu'à La Ferté Bernard ; à l'est, à Vancé, une brigade de cavalerie allemande repousse les cuirassiers français et algériens, et le prince Frédéric-Charles se dirige alors jusqu'à Saint-Calais, où il prépare une action décisive. Un corps d'armée fut envoyé sur la ligne de la Huisne, un autre eut ordre d'avancer sur Ardenay, un troisième sur Bouloire, tandis que le quatrième, laissant Barry sur son flanc gauche, devait marcher sur Parigné-l'Evêque. Ainsi, à l'exception d'une brigade d'infanterie et d'une brigade de cavalerie, détachées pour observer Curten isolé et le tenir en échec, la quasi-totalité de la deuxième armée allemande marcha contre les forces principales de Chanzy.

Chanzy, de son côté, ordonne désormais à Jaurès (21e corps) d'occuper fortement les positions d'Yvré, Auvours et Sargé ; tandis que Colomb (17e corps) reçut l'ordre d'envoyer la division du général Pâris vers Ardenay, réduisant ainsi le commandement actuel de Colomb à une division, la colonne de Jouffroy en ayant été auparavant détachée. Des deux côtés, chaque opération se heurtait à de grandes difficultés en raison du temps très rigoureux. Un dégel momentané avait été suivi d'un autre gel soudain, de telle sorte que les routes étaient recouvertes d'une couche de glace, ce qui les rendait extrêmement glissantes. Le 9 janvier, de violentes tempêtes de neige s'abattirent, aveuglant presque, et pourtant les hôtes rivaux ne renoncèrent pas une heure à leurs efforts respectifs. Parfois, quand je repense à ces jours, je me demande si beaucoup de ceux qui ont lu la retraite de Napoléon de Moscou ont pleinement compris ce que cela signifiait. Au milieu des tempêtes de neige du 9, une force de cavalerie allemande attaqua notre extrême gauche et la força à battre en retraite vers la ligne d'Alençon. La colonne de Rousseau étant dans une position dangereuse à Connerré, la division Colin du 21e corps fut envoyée en avant pour la soutenir en direction de Montfort, Gougeard avec ses Bretons avançant également pour soutenir Colin. Mais le 13e corps allemand attaque Rousseau qui, après deux combats, est chassé de Connerré et contraint de se retirer sur Montfort et Pont-de-Gennes à travers la Huisne, après avoir perdu en tués, blessés et portés disparus, quelque 800 de ses hommes, alors que l'ennemi en perdit à peine une centaine. Au même moment Gougeard fut attaqué et contraint de se replier sur Saint-Mars-la-Bruyère.

Mais l'événement principal de la journée fut la défaite des forces du général Paris à Ardenay par une partie du 3e corps allemand. Ces derniers avaient une supériorité numérique, mais les Français, dans leur état démoralisé, n'ont pratiquement pas combattu, de sorte que les Allemands ont fait environ 1 000 prisonniers. Le pire, cependant, était qu'en s'emparant d'Ardenay, l'ennemi creusait en quelque sorte un coin entre les forces françaises, gênant leur concentration. Pendant ce temps, le 9e corps allemand marche vers Bouloire, qui devient le quartier général du prince Frédéric Charles. Le 10e corps n'avait cependant pas encore pu avancer jusqu'à Parigné l'Evêque conformément aux ordres du Prince, bien qu'il ait repoussé Barry sur Jupilles et Grand Lucé. Le seul avantage obtenu par les Français ce jour-là fut que Curten réussit à se retirer de Château-Renault ; mais ce n'est que dans la nuit du 10, alors qu'il ne pouvait être d'aucune utilité à Chanzy, qu'il put atteindre Château-du-Loir, où, répondant aux appels pressants de Chanzy, Jauréguiberry avait réussi à rassembler un quelques milliers d'hommes pour renforcer les troupes défendant Le Mans.

Depuis quatre jours, des combats se déroulaient sur un point et sur un autre, du nord-est au sud de la ville, le résultat étant défavorable aux Français. Chanzy, il est vrai, était à ce moment critique en mauvaise santé. D'après un récit que j'ai entendu à l'époque, il avait eu une crise de dysenterie ; selon un autre, il souffrait d'un mal de gorge, combiné à de violentes douleurs névralgiques à la tête. Je ne pense cependant pas que sa mauvaise santé ait eu une incidence particulière sur la question, qui dépendait dans une large mesure de la manière dont ses plans et ses instructions étaient exécutés. La stratégie adoptée par les Allemands à Sedan et dans les batailles autour de Metz avait beaucoup impressionné les généraux qui commandaient les armées françaises pendant la seconde période de la guerre. On pourrait vraiment dire qu'ils vivaient dans la crainte perpétuelle d'être encerclés par l'ennemi. S'il y a eu un manque de concentration de la part de Chanzy, s'il a envoyé des colonnes volantes et réparti une partie considérable de son armée sur un vaste territoire, c'est précisément parce qu'il craignait un mouvement de retournement de la part des Allemands. ce qui pourrait conduire à le mettre en bouteille au Mans.

Les instructions antérieures que le prince Frédéric Charles a transmises à ses subordonnés semblent certainement indiquer qu'un mouvement tournant était projeté. Mais après les combats du 9 janvier, lorsque, comme je l'ai indiqué, le 3e corps d'armée allemand pénétra en coin dans les lignes françaises, le prince renonça à toute idée d'encercler les forces de Chanzy et résolut de lancer une vigoureuse attaque frontale avant qu'elles ne puissent le faire. être renforcé par l'une des colonnes encore éloignées. En prenant cette décision, le prince a peut-être été influencé par le résultat des récents combats, qui avaient suffisamment démontré la supériorité des troupes allemandes pour montrer que, dans ces circonstances, une attaque frontale présenterait bien moins de risques qu'une attaque frontale. s'il s'était trouvé face à un antagoniste vraiment vigoureux. Le capitaine Hozier, que j'avais vu auparavant à Versailles, était alors correspondant *du Times* auprès de l'armée du prince, et, passant en revue les combats par la suite, il exprima l'opinion que l'issue des opérations du prince n'était jamais un instant douteuse. Pourtant, sur tous les points sauf un, les Français ont présenté une assez bonne défense, comme je vais maintenant le montrer.

XII

LE MANS ET APRÈS

La véritable bataille du Mans commence (10 janvier) — Jouffroy et Pâris sont repoussés — Combat de Gougeard à Champagné — Les Bretons mobilisés de Conlie — La détermination de Chanzy — Ses ordres pour le 11 janvier — Il inspecte les lignes — Pâris chassé du plateau de Auvours - La vaillante reconquête du Plateau par Gougeard - Mon retour au Mans - La panique à la Tuilerie - Retraite inévitable - Retrait des Français - Entrée des Allemands - Combats de rue - Exactions allemandes - Ma fuite du Mans - Les Français Retraite. Engagements d'arrière-garde. Laval. Mon arrestation comme espion. Une aventure dramatique.

Un peu plus de neige est tombée le matin du 10 janvier, lorsque les combats décisifs devant Le Mans ont véritablement commencé. Le 9 au soir, le quartier général français était toujours sans nouvelles des généraux Curten, Barry et Jouffroy, et même les communications avec Jauréguiberry étaient d'un caractère intermittent. Néanmoins, Chanzy était décidé à livrer bataille, et avait envoyé l'ordre à Jauréguiberry d'envoyer Jouffroy vers Parigné-l'Evêque (SE) et Barry vers Ecommoy (S. du Mans). Mais les routes étaient en si mauvais état, et les troupes françaises si durement éprouvées et si mal approvisionnées, que plusieurs des instructions du commandant en chef ne purent être exécutées.

Jouffroy fit au moins de son mieux, et après une marche dure et fatigante depuis le Grand Lucé, une partie de sa division atteignit Parigné à temps pour se joindre à l'action qui s'y livrait. Mais cela se termina de manière désastreuse pour les Français, une de leurs brigades perdant jusqu'à 1 400 hommes et les Allemands faisant au total quelque 2 000 prisonniers. Les troupes de Jouffroy se replient alors sur Pontlieue, banlieue sud du Mans, dans un état lamentable, et prennent soin de placer la Huisne entre elles et les Allemands. Dans la même direction, la division parisienne démoralisée, déjà battue la veille à Ardenay, est chassée de Changé par le 3e corps allemand, qui ne fait pas moins de 5 000 prisonniers. Il avait désormais presque coupé les lignes françaises est et sud, menaçant toute communication directe entre le 21e et le 16e corps français. Elle se trouvait néanmoins dans une position dangereuse, ayant ses deux flancs exposés, l'un d'Yvré et d'Auvours, l'autre de Pontlieue et du Chemin des Bœufs, dont la dernière ligne était tenue par le 16e corps français.

Entre-temps, les Bretons de Gougeard s'étaient engagés à Champagné, un combat assez serré se déroulant dans les champs et sur les coteaux des vignes, suivi d'un combat de maison en maison dans les rues du village. Les Français furent enfin repoussés ; mais un peu plus tard, lorsque les Allemands se retirèrent de Champagné, ils réoccupèrent les lieux. Le résultat de la journée fut que, hormis le succès quelque peu hasardeux du 3e corps allemand, l'ennemi n'avait pas obtenu de grand avantage. Son 13e corps n'avait fait que peu de progrès, son 9e n'avait pas été mis en action et son 10e n'était pas encore plus près du Grand Lucé. Côté français, Barry avait enfin atteint Mulsanne, parcourant ainsi la route directe du sud vers Le Mans, Jauréguiberry étant plus bas à Ecommoy avec quelque 9 000 hommes de diverses armes et régiments, qu'il avait réussi à rassembler. Quant à la division Curten, ne pouvant atteindre les environs immédiats du Mans à temps pour les combats du 11, elle reçut l'ordre de marcher sur La Suze, au sud-ouest de la ville en péril. Au cours du 10, Chanzy fut en outre renforcé par l'arrivée bienvenue de plusieurs pièces de campagne supplémentaires et d'un grand nombre de chevaux. Il avait donné l'ordre de relever le camp de Conlie, mais au lieu des quarante ou cinquante mille hommes qu'on pensait autrefois que ce camp pourrait fournir, il n'en tira plus que quelque 9 000 hommes mal équipés, mal équipés. des Mobilisés bretons armés et presque inexpérimentés. [En revanche, comme je l'ai raconté précédemment, le camp avait déjà fourni le gros des hommes appartenant à la division Gougeard.] Ils étaient répartis en six bataillons, dont l'un venait de Saint-Malo, les autres de Rennes et de Redon, et étaient commandés par un général nommé Lalande. Ils ne se sont pas révélés être un ajout de force ; ils devinrent au contraire source de faiblesse et de désastre, car c'est leur comportement qui finira par sceller le sort de la Deuxième Armée de la Loire.

Mais Chanzy, quels que soient ses maux, était personnellement plein d'énergie et de détermination. Il savait d'ailleurs que deux nouveaux corps d'armée (le 19e et le 25e) se préparaient pour le renforcer, et il était toujours résolu à livrer bataille et à tenir encore quatre ou cinq jours, lorsqu'il comptait contraindre le prince Frédéric. Charles se retire. Puis, avec son armée renforcée, il espérait marcher de nouveau vers Paris. Curieusement, c'est précisément ce jour critique du 10 janvier que Gambetta envoya à Trochu une dépêche par pigeonnier lui annonçant que le 20 au plus tard, Chanzy et Bourbaki se dirigeraient vers la capitale, ayant entre eux plus de 400 000 hommes.

Mais si le moral de Chanzy ne lui faisait pas défaut, celui de ses hommes était en effet au plus bas. Des commandants subordonnés lui ont répété à plusieurs reprises cette information ; néanmoins (il y avait quelque chose de napoléonien dans son caractère), il ne renoncera pas à son projet, mais donna des instructions selon lesquelles il devait y avoir une défense résolue des lignes le 11, ainsi qu'un effort déterminé pour regagner toutes les positions perdues. En même temps, les déclarations des généraux de division concernant le faible *moral* de certaines troupes ne restèrent pas ignorées, car un ordre très significatif fut émis, à savoir que la cavalerie serait rangée à l'arrière de l'infanterie partout où cela pourrait être possible. semblent souhaitables. La déduction était évidente.

Trois divisions et les Bretons Mobilisés de Lalande devaient tenir les lignes sud-est depuis Arnage le long de la piste dite du Chemin des Boeufs, et faire la jonction, le mieux possible, avec les divisions Pâris et Gougeard, à qui incombait la garde du territoire. plateau d'Auvours et les rives de la Huisne. Le reste du 21e corps (auquel appartenait la division Gougeard) devait défendre l'espace entre l'Huisne et la Sarthe. La force fragmentaire de Colomb, outre la division Pâris, devait encore couvrir Le Mans vers le nord-est. Les hommes de Barry, à leur arrivée prévue, devaient servir de réserves autour de Pontlieue.

La matinée du 11 janvier était lumineuse. La neige avait cessé de tomber, mais elle gisait sur le sol de quelques centimètres d'épaisseur. Afin de faciliter le passage des troupes, et particulièrement des wagons militaires, à travers la ville, le maire du Mans ordonna aux habitants de déblayer le plus possible cette neige ; mais il restait naturellement tranquille dans toute la campagne. On avait peu vu Chanzy les deux jours précédents, mais ce matin-là, il monta à cheval et longea les lignes depuis la position élevée connue sous le nom de Le Tertre Rouge jusqu'à la position également élevée d'Yvré. Je l'y vis, enveloppé dans un long manteau ample dont la capuche était rabattue sur son képi. Près de lui se trouvait sa pittoresque escorte de spahis algériens, et pendant qu'il causait avec quelques officiers, je sortis un petit carnet de croquis que j'avais sur moi et essayai de tracer les contours du groupe. Un aide de camp qui m'a remarqué est aussitôt venu s'enquérir de ce que je faisais et j'ai donc dû montrer le permis que, de retour au front, j'avais obtenu du chef d'état-major. Cela s'est avéré tout à fait en ordre et j'ai continué mon travail. Mais quelques minutes plus tard, le général, après avoir donné ses ordres, reprenait ses rênes pour partir. Alors qu'il me dépassait lentement, il me lança juste un petit regard aigu et, avec un léger soupçon de sourire, il remarqua : "Je regarderai ça une autre fois." L'aide de camp lui avait préalablement fait part de mon intention.

Ce jour-là, le 3e corps allemand reprend l'offensive et chasse une nouvelle fois Gougeard de Champagné. Alors le 9e corps ennemi, qui, le 10 janvier, n'avait rien fait ou peu et était donc tout à fait frais, entra en action et lança une attaque résolue sur le plateau d'Auvours. Il y a eu un combat assez long, visible depuis Yvré. Mais les Allemands étaient trop forts pour les hommes de Pâris, qui finirent par se disperser et se dirigèrent pêle-mêle vers le pont d'Yvré dans une terrible confusion. La fuite est souvent contagieuse, et Gougeard, replié de Champagné en assez bon ordre, craint que ses hommes n'imitent leurs camarades. Il pointa donc deux pièces de campagne sur les fuyards et arrêta ainsi leur débandade.

Après s'être établis à l'extrémité du plateau, les Allemands avancèrent avec beaucoup de prudence, cherchant constamment à se cacher derrière les différentes haies. Le général de Colomb, au commandement duquel appartenait la division en fuite de Pâris, insista cependant pour que la position soit reprise. Gougeard rassembla alors une force très diverse, qui comprenait de l'infanterie régulière, des mobiles, des mobilisés et quelques Volontaires de l'Ouest de Charette, autrefois connus dans le Borne sous le nom de Zouaves pontificaux. Se plaçant à la tête de ces hommes, il fit un vigoureux effort pour exécuter les ordres de Colomb. Les Français avançaient presque à la charge, les Allemands les attendaient derrière les haies, d'où déversait une grêle de plomb. Le cheval de Gougeard fut atteint sous lui, deux balles traversèrent son manteau et une autre, ou, comme certains disaient, un éclat d'obus, lui arracha son képi. Il continua néanmoins à diriger ses hommes et, dans la lumière déclinante, les Allemands, après des rencontres répétées, furent repoussés au bord du plateau.

On me l'a dit plus tard, car à ce moment-là j'étais déjà en route pour Le Mans, que je souhaitais atteindre avant qu'il ne fasse absolument nuit. En revenant de la ville de bon matin, j'avais emporté quelques provisions dans mes poches, mais elles avaient été bientôt consommées, et j'avais trouvé impossible de me procurer quoi que ce soit à Yvré, bien qu'une partie du vin local, très indifférent, soit vendue. procurable. J'avais donc très faim en revenant sur mes pas dans la neige vers la petite hôtellerie de la rue du Gué de Maulny, où j'avais trouvé un logement. C'était une marche d'environ quatre ou cinq milles, mais le froid me poussait à avancer et, malgré la neige, je fis le voyage assez rapidement, de telle sorte qu'un peu plus d'une heure plus tard, j'étais assis dans une pièce chaude. devant une soupe fumante, répondant à toutes sortes de questions sur ce que j'avais vu dans la journée, et notamment si *les nôtres* avaient remporté une victoire. Je ne pus que répondre que les « Prussiens » avaient pris Auvours, mais que les combats continuaient, puisque Gougeard était allé reconquérir la position. En effet, pour le moment, c'était là toute l'étendue de mes informations. Le propriétaire avait l'air plutôt maussade et sa fille un peu inquiète, et le premier, secouant la tête, s'écria : « Voyez-vous, Monsieur l'Anglais, nous n'avons pas de chance — pas de chance du tout ! Je ne sais pas à quoi ça tient, mais c'est comme ca. Et, tenez, cela ne me surprendrait pas de voir ces sales Prussiens dans la ville d'ici à demain!" ["Nous n'avons pas de chance, pas de chance du tout. Je ne sais pas pourquoi, mais voilà. Et, savez-vous, cela ne m'étonnerait pas de voir ces sales Prussiens dans la ville d'ici demain. "] Malheureusement pour Le Mans et pour la France également, ses pressentiments se sont avérés exacts. A ce moment précis, en effet, un grand désastre se produisait.

Jauréguiberry avait atteint la banlieue sud de Pontlieue vers neuf heures du matin après une marche nocturne depuis Ecommoy. Il avait divisé ses forces diverses de 9 000 hommes en trois brigades. Comme ils ne semblaient pas aptes à une action immédiate, ils furent enrôlés dans les réserves, de sorte que leur arrivée ne fut d'aucune utilité particulière ce jour-là. Vers onze heures, le 3e corps allemand, venant de la direction de Changé, attaqua les lignes de Jouffroy le long de la partie la plus au nord du soi-disant Chemin des Bœufs et, bien que les hommes de Jouffroy combattirent assez bien, ils ne purent empêcher leurs ennemis de capturer la position du Tertre Rouge. Pourtant, l'ennemi n'obtint aucun succès décisif dans cette direction ; aucun résultat notable n'a été obtenu non plus par le 13e corps allemand qui formait l'extrême droite des forces attaquantes. Mais le prince Frédéric Charles avait envoyé des ordres à Voigts Rhetz, qui était au Grand Lucé : [Une brigade de cavalerie entretenait les communications entre lui et le 3e corps d'armée.] avancez avec le 10e corps sur Mulsanne, que les Français avaient évacué ; et en arrivant à Mulsanne, le même général reçut l'ordre de venir en appui au 3e corps, engagé avec les forces de Jouffroy. Les hommes de Voigts Rhetz étaient extrêmement fatigués ; néanmoins la 20e division d'infanterie, commandée par le général Kraatz-Koschlau, se dirigea vers le chemin des Bœufs, en suivant la route directe de Tours au Mans.

Il y avait ici une position élevée connue sous le nom de La Tuilerie, autrement dit la tuilerie, qui avait été fortifiée expressément pour empêcher les Allemands de faire irruption sur Le Mans depuis le sud direct. Des terrassements pour les canons avaient été réalisés, des tranchées avaient été creusées, les pins, si abondants au sud du Mans, avaient été utilisés pour d'autres travaux de blindage, ainsi que pour abriter les forces de défense. Malheureusement, au moment de l'avancée allemande, cette force de défense était composée de Mobilisés Bretons mal équipés, mal armés et presque sans entraînement, [il y avait parmi eux quelques vieux soldats.] qui, comme je l'ai déjà raconté, avaient arrivé la veille du camp de Conlie sous le commandement du général Lalande. Il est vrai qu'à proximité de ces hommes était stationnée une brigade d'infanterie du 6e corps d'armée, chargée de les soutenir et de les soutenir. Ils avaient sans aucun doute besoin d'être aidés, car la grande majorité n'avait jamais été en action auparavant. De plus, outre la brigade d'infanterie, il y avait deux batteries d'artillerie ; mais je crains que, pour la plupart, les artilleurs ne valaient guère mieux que des recrues. Des déclarations exagérées ont été faites sur la qualité des armes à feu dont ont été dotées les Mobilisés. Beaucoup d'armes se sont ensuite révélées très sales, voire rouillées, mais c'était le résultat d'une négligence à laquelle leurs officiers auraient dû remédier. Il est vrai cependant que ces armes étaient pour la plupart de simples fusils à percussion. Encore une fois, il a été dit que les hommes n'avaient pas de munitions, mais cette affirmation était certainement inexacte. En revanche, ces Mobilisés avaient sans doute très froid et très faim — comme moi-même ce jour-là — aucune ration ne leur ayant été servie jusque tard dans l'après-midi, c'est-à-dire peu avant qu'ils ne soient attaqués, moment auquel, en effet, , ils préparaient effectivement le repas qu'ils attendaient depuis si longtemps.

La nuit hivernale approchait lorsque Kraatz-Kosohlau se trouva avec sa division devant la position de La Tuilerie. Il pouvait voir qu'elle était fortifiée et, avant de tenter une nouvelle avancée, il tira quelques obus. Les Mobilisés furent aussitôt pris de panique. Ils ne firent aucune tentative de défense ; Malgré leur faim, ils abandonnèrent même leurs casseroles et s'enfuirent vers Pontlieue, qui formait comme une longue avenue bordée d'usines, d'usines textiles, de blanchissages, etc. En vain leurs officiers essayèrent-ils d'arrêter les fuyards, les frappant même du plat de leur épée, en vain Lalande et son état-major cherchèrent-ils à les intercepter au rond-point de Pontlieue. Rien ne pouvait les inciter à s'arrêter. Ils jetèrent leurs armes pour courir plus vite. A La Tuilerie, pas un coup de fusil n'a été tiré sur les Allemands. Même la brigade d'infanterie se replie, sans tenter de combattre.

Tout cela s'est produit à un moment où tout le monde pensait que la journée de combat était terminée. Mais Jauréguiberry apparaît et ordonne à l'un de ses subordonnés, le général Lebouëdeo, de reprendre la position perdue. Lebouëdeo a tenté de le faire avec 1000 hommes fatigués, qui avaient été en action pendant la journée, et a échoué. Une seconde tentative s'est avérée tout aussi vaine. Aucun effort ne fut apparemment fait pour obtenir l'aide de Barry, qui était à Arnage avec 5 000 fantassins et deux brigades de cavalerie, et qui aurait pu tomber sur le flanc gauche du corps allemand. La Tuilerie était perdue, et avec elle Le Mans aussi.

Je sirotais tranquillement un café et lisais les journaux locaux — trois ou quatre paraissaient au Mans à l'époque — lorsque j'ai entendu parler de cette bousculade désastreuse. Certains hommes avaient atteint la ville, propageant la contagion de la peur à leur arrivée. Tout fatigué que j'étais, je me dirigeai aussitôt vers l'avenue de Fontlieue, où l'excitation était générale. Les gendarmes se précipitaient çà et là, arrêtant souvent les fuyards, ramassant parfois des armes et des douilles jetées au loin. Les armes et équipements abandonnés étaient si nombreux que des charrettes furent rassemblées. De temps en temps, une estafette galopait vers ou depuis la ville. Les civils que l'on rencontrait avaient des airs consternés. Il était évident, en effet, pour tous ceux qui connaissaient l'importance de la position de La Tuilerie, que sa prise par les Allemands mettait Le Mans en péril. Les deux tentatives de reprise échouèrent, Jauréguiberry demanda la retraite immédiate. Cela fut rendu encore plus impératif par d'autres événements de la nuit et du petit matin, car, inspirés par leur prise de La Tuilerie, les Allemands firent de nouveaux efforts dans d'autres directions, de sorte que Barry dut quitter Arnage, tandis que Jouffroy perdait la plupart de ses forces. positions près du chemin des Boeufs, et le plateau d'Auvours dut de nouveau être évacué.

Le 12 janvier à 8 heures du matin, Chanzy, après avoir suggéré une nouvelle tentative de reprise de La Tuilerie, empêchée par la démoralisation des troupes, fut contraint d'accepter à contrecœur les propositions de retraite de Jauréguiberry. En même temps, il souhaite que la retraite s'effectue lentement et méthodiquement et fait savoir à Gambetta son intention de se retirer en direction d'Alénéon (Orne) et de Pré-en-Pail (Mayenne). Cela signifiait pénétrer en Normandie, et Gambetta fit remarquer qu'une telle route laisserait toute la Bretagne ouverte à l'ennemi et lui permettrait de descendre sans opposition jusqu'à l'embouchure de la Loire. Chanzy reçut donc l'ordre de se retirer sur Laval, et il le fit ; mais comme il avait déjà donné des ordres pour l'autre route, une grande confusion s'ensuivit, les nouveaux ordres ne parvenant aux commandants subordonnés que dans la soirée du 12.

Du 6 au 12 janvier, les Français avaient perdu 6 000 hommes tués et blessés. Les Allemands avaient fait 20 000 prisonniers et capturé dix-sept canons et une grande quantité de matériel militaire. En outre, il y avait un nombre incalculable de Mobiles et de Mobilisés dissous. Si le prince Frédéric Charles avait su à l'époque dans quel état déplorable l'armée de Chanzy était réduite, il aurait probablement agi avec plus de vigueur qu'il ne l'a fait. Il est vrai que ses propres hommes (comme l'a admis Von Hoenig) étaient, en général, dans un état de grande fatigue après les six jours de combat, et aussi souvent dans de mauvaises conditions en ce qui concerne les vêtements, les bottes et l'équipement. [Même lorsque l'armistice est arrivé, j'ai vu de nombreux soldats allemands porter des sabots français.] De telles choses ne peuvent pas durer éternellement, et il n'y avait eu que peu ou pas d'occasions de renouveler quoi que ce soit depuis la deuxième bataille d'Orléans début décembre. Cependant, lors des combats qui ont précédé Le Mans, les pertes allemandes en tués et blessés n'étaient que de 3 400, dont 200 officiers, que les Français éliminaient aussi souvent que possible.

Le 12 au matin, tout était confusion à Pontlieue. Canons, chariots, cavaliers, fantassins s'y rassemblaient, bloquant à moitié le pont qui relie ce faubourg au Mans. Une petite force dirigée par le général de Roquebrune s'efforçait vaillamment de freiner les Allemands sur une partie du Chemin des Bœufs, afin de couvrir la retraite. Un cordon de gendarmes avait été dressé à la gare pour éviter qu'elle ne soit envahie par tous les fuyards. Quelques centaines de blessés furent cependant autorisés à accéder, afin qu'ils puissent, si possible, s'enfuir dans l'un des nombreux trains qui partaient le plus rapidement possible. Ce service était dirigé par un fonctionnaire nommé Piquet, qui agissait avec la plus grande énergie et la plus grande perspicacité. Sur les cinq lignes ferroviaires réunies au Mans, deux seulement étaient disponibles, celle allant à Rennes *via* Laval et celle allant à Angers. Je trouve, d'un rapport rédigé par M. Piquet un peu plus tard, qu'il a réussi à faire partir vingt-cinq trains, certains tirés par deux et trois locomotives. Ils compprenaient environ 1 000 fourgonnettes, camions et autocars ; soit 558 fourgons chargés de provisions (en partie pour le soulagement de Paris) ; 134 fourgons et camions chargés de *matériel* et de provisions d'artillerie, 70 fourgons de munitions, 150 fourgons et camions vides et 176 voitures de passagers. Cependant, après avoir pris possession de la gare, les Allemands y trouvèrent encore environ 200 fourgons et wagons, ainsi qu'au moins une douzaine de locomotives. Le dernier train est parti à 14 h 45. Je suis moi-même parti (comme je vais le raconter tout à l'heure) peu après deux heures, alors que la gare était déjà bombardée.

Le général de Roquebrune ayant enfin été contraint de se retirer du voisinage du chemin des Boeufs, les Allemands arrivèrent sur la longue avenue de Pontlieue. Ici, ils furent accueillis par la plupart des corps de gendarmes, qui, comme je l'ai raconté précédemment, étaient attachés à l'état-major du général Bourdillon. Ces hommes, qui avaient avec eux deux Gatling, se comportèrent avec un courage désespéré afin de retarder l'entrée des Allemands dans la ville. Une centaine d'entre eux, dont quelques officiers, ont été tués au cours de cette courageuse défense. Il fut cependant impossible de faire sauter le pont. L'opération avait été retardée le plus longtemps possible pour faciliter la retraite des Français, et lorsque les gendarmes eux-mêmes se retirèrent, il ne resta plus assez de temps pour la mettre à exécution.

Les premiers Allemands à entrer dans la ville appartenaient à la 38e brigade d'infanterie et à une partie d'une force de cavalerie dirigée par le général von Schmidt. Après avoir traversé le pont de Pontlieue, ils se divisèrent en trois colonnes. L'un d'eux remonta la rue du Quartier de Cavalerie en direction de la place des Jacobins et de la cathédrale. Le second se dirigea également vers la ville haute, marchant cependant par la rue Basse, qui conduisait à la place des Halles, où étaient situés les principaux hôtels et cafés. Pendant ce temps, la troisième colonne tournait à gauche et se hâtait vers la gare. Mais, à leur grand étonnement, leur progression fut freinée à plusieurs reprises. Il y avait encore un certain nombre de soldats français dans la ville, parmi lesquels des gardes mobiles, des gendarmes, des franc-tireurs et un groupe de fusiliers de la marine. La colonne allemande qui commençait à remonter la rue Basse reçut des tirs répétés, sur quoi son commandant arrêta ses hommes et, en guise de punition, fit incendier sept maisons avant de tenter d'avancer plus loin. Néanmoins, la résistance se prolonge en divers points, sur la place des Jacobins par exemple, puis encore sur la place des Halles. Près de cette dernière place se trouve ou était une petite rue appelée rue Dumas, dans laquelle les Français enlevèrent une douzaine ou une vingtaine d'Allemands, ce qui exaspéra tellement leur commandant qu'il envoya chercher quelques pièces de campagne et menaça de balayer toute la place. ville avec des projectiles.

Pendant ce temps, nombre de Français restés au Mans procédaient peu à peu à leur fuite. De nombreux wagons d'artillerie et de commissariat réussirent à s'enfuir, et un notable local, M. Eugène Caillaux, père de M. Joseph Caillaux qui fut Premier ministre français pendant la seconde moitié de 1911, et qui est aujourd'hui (déc. 1913) ministre de Les Finances réussirent à faire sortir de la ville plusieurs charrettes pleines de fusils, que quelques troupes françaises avaient jetées. Cependant, les combats de rue ne pouvaient pas se prolonger indéfiniment. Elle cessa lorsqu'une centaine d'Allemands et un plus grand nombre de Français, militaires et civils, furent tués. Les Allemands se vengent en pillant les maisons de la rue Dumas et plusieurs de la place des Halles, tout en y épargnant l'Hôtel de France, puisque leur commandant Voigts Rhetz le réserve pour son propre logement. Tandis que les bombardements d'une partie de la ville basse se poursuivaient, la gare et la caserne dite Caserne de la Mission étant particulièrement touchées, des raids étaient menés contre les ambulances françaises, dans l'une d'entre elles, boulevard Négrier, un patient était barbareusement transporté. baïonnette dans son lit, sous prétexte qu'il était franc-tireur, alors qu'il appartenait en réalité à la garde mobile. A l'ambulance de l'École Normale, les sœurs et le clergé ont été, selon leurs déclarations sous serment, gravement maltraités. Les malades, dont certains souffraient de la variole, furent chassés de leurs lits, nécessaires, disait-on, pour les blessés allemands. Tout le vin qu'on pouvait trouver fut bu, l'argent fut volé et il y eut une destruction vindicative de tous côtés.

Le maire [Le préfet, M. Le Chevalier, avait suivi l'armée dans sa retraite, estimant de son devoir de veiller sur la partie non envahie du département de la Sartha.] du Mans, M. Richard, et ses deux *adjoints*, Des députés traversèrent la ville avec une serviette en guise de drapeau de trêve, et sur la place de la Mission ils trouvèrent enfin Voigts Rhetz entouré de son état-major. Le général informa aussitôt le maire que, par suite de la résistance de la ville, elle devrait payer dans les vingt-quatre heures une contribution de guerre de quatre millions de francs (£ 160,000) et que les habitants devraient loger. et nourrir les forces allemandes tant qu'elles y restent. Tous les appels lancés contre ces dures conditions furent ignorés pendant près de quinze jours. Lorsque le maire et l'évêque du Mans sollicitèrent des audiences auprès du prince Frédéric Charles, le célèbre comte Harry von Arnim, qui, curieusement, devint par la suite ambassadeur d'Allemagne en France, mais se mêla à Bismarck et mourut en exil, leur dit : que s'ils voulaient seulement rendre leur humble devoir au prince, il les recevrait gracieusement, mais qu'il refusait d'écouter aucune représentation de la part de la ville.

Une première somme de 20 000 £ et quelques autres plus modestes furent enfin réunies dans cette ville de 37 000 habitants, et enfin, le 23 janvier, le prélèvement total fut réduit, à titre de faveur spéciale, à 80 000 £. Certaines réquisitions allemandes devaient également être déduites de 20 000 £ de ce montant ; mais ils représentaient en réalité environ le double de ce chiffre. Il fallut lever un emprunt public au milieu d'exactions continuelles, qui duraient même après la signature des préliminaires de paix, les Allemands considérant Le Mans comme une vache laitière dont on ne pouvait pas trop tirer.

Les inquiétudes du temps auraient pu suffire à rendre malade le maire, mais en réalité, il attrapa la variole, et sa place dut être remplacée par un député, qui, avec le conseil municipal, auquel plusieurs locaux les notables étaient accolés, faisaient tout ce qui était possible pour satisfaire l'avidité des Allemands. La variole, je dois le dire, était très répandue au Mans, et certaines ambulances étaient spécialement réservées aux soldats qui avaient contracté cette maladie. Au total, environ 21 000 hommes (Français et Allemands), souffrant de blessures ou de maladies de toutes sortes, ont été soignés dans les ambulances de la ville du 1er novembre au 15 avril.

Quelques milliers d'Allemands étaient cantonnés chez les habitants, qu'ils pillaient fréquemment en toute impunité, toutes plaintes adressées au gouverneur allemand, un officier nommé Von Heiduck, étant ignorées. Cet individu a ordonné à tous les habitants de renoncer à toutes les armes qu'ils possédaient, sous peine de mort. Une autre proclamation ordonnait la même punition à quiconque apporterait la moindre aide à l'armée française ou tenterait de gêner les forces allemandes. De plus, les rédacteurs, imprimeurs et directeurs de trois journaux locaux furent sommairement arrêtés et détenus pour des articles contre les Allemands qu'ils avaient écrits, imprimés ou publiés *avant* la défaite de Chanzy.

Le 13 janvier, qui tombait par hasard un vendredi, le prince Frédéric Charles faisait son entrée triomphale au Mans, les musiques des régiments allemands jouant tous leurs airs patriotiques les plus populaires le long de la route qu'empruntait Son Altesse Royale pour rejoindre la Préfecture : un ancien couvent du XVIIIe siècle — où il comptait s'installer. Le lendemain, le maire reçut la lettre suivante :

"Monsieur le Maire,

« Je vous prie d'envoyer à la Préfecture, avant cinq heures et demie cet après-midi, 24 cuillères, 24 fourchettes et 36 couteaux, car ils ont été envoyés juste en quantité suffisante pour le nombre de personnes à table, et il n'y a aucun moyen de les envoyer. changement des couverts. Pour le dîner vous prévoirez 20 bouteilles de Bordeaux, 30 bouteilles de Champagne, deux bouteilles de Madère et 2 bouteilles de liqueurs, qui doivent être à la Préfecture à six heures précises. Le vin préalablement envoyé n'étant pas bon. , ni le Bordeaux ni le Champagne, il faut en envoyer de meilleurs, sinon je serai obligé d'infliger une amende à la ville.

(Signé) "Von Kanitz."

Cette communication fut suivie presque immédiatement après par une autre, émanant du même officier, qui était un des aides de camp du prince. Il y déclarait (employant invariablement, disons, un français exécrable) que le *café-au-lait* devait être servi à la Préfecture à 8 heures du matin ; le *déjeuner* à midi ; et le dîner à 19h30. A dix heures du matin, le Maire devait envoyer 40 bouteilles de Bordeaux, 40 bouteilles de Champagne, 6 bouteilles de Madère et 3 bouteilles de liqueurs. Il devait également fournir des garçons pour servir à table et des femmes de cuisine et d'arrière-cuisine. Et Kanitz de conclure en disant : « Si la moindre chose échoue, une amende considérable (*sic*) sera infligée à la ville. »

Le 15 janvier, ordre fut envoyé au maire de fournir immédiatement, pour les besoins du prince, 25 kilogrammes de jambon ; 13 kilos. de saucisses; 13 kilos. des langues; 5 douzaines d'œufs; légumes de toutes sortes, notamment oignons; 15 kilos. de gruyère; 5 kilos. de parmesan; 15 kilos. du meilleur veau; 20 volailles; 6 dindes ; 12 canards ; 5 kilos. de sucre en poudre. [Toutes les commandes et réquisitions allemandes sont conservées dans les archives municipales du Mans.] Aucun vin n'a jamais été assez bon pour le prince Frédéric Charles et son état-major. Les plaintes adressées à la mairie étaient incessantes. De plus, l'approvisionnement en Champagne, loin d'être important dans un endroit comme Le Mans, s'est épuisé, et alors sont venues toutes sortes de menaces. Les conseillers municipaux durent tâtonner pour tenter de découvrir quelques bouteilles ici et là chez les particuliers, afin de subvenir aux besoins de l'Etat-Major Princier. Les légumes manquaient aussi, mais on demandait incessamment des épinards, des choux-fleurs, des artichauts et même des fruits pour les tartes du prince. Un jour, Kanitz se rendit à la maison où le malheureux maire était couché et lui dit qu'il devait se lever et fournir des légumes, car aucun n'avait été envoyé pour la table du prince. Le maire protesta que tout le pays était couvert de neige et qu'il était pratiquement impossible de satisfaire des demandes aussi incessantes ; mais, comme il le raconta plus tard, tout malade et inquiet qu'il fût, il ne put s'empêcher de rire lorsqu'on lui demanda de fournir plusieurs livres de truffes. Des truffes au Mans, oui ! A cette époque aussi ! L'idée était assez ridicule.

Il fallait non seulement satisfaire les demandes de l'état-major du prince Frédéric Charles, mais aussi celles de Voigts Rhetz et de tous les officiers logés à l'Hôtel de France, à l'Hôtel du Dauphin, à l'Hôtel de la Boule d'Or et autres hôtelleries. . Ces messieurs aimaient beaucoup donner des dîners, et « mon hôte » était constamment appelé à fournir toutes sortes de gourmandises à bref délai. Les caves de l'Hôtel de France étaient bues à sec. Les simples soldats exigeaient aussi le meilleur de tout dans les maisons où ils étaient cantonnés ; et parfois ils y faisaient des farces extraordinaires. Une demi-douzaine d'entre eux, logés dans un cabaret de la rue Dumas, je crois, abordèrent un tonneau d'eau-de-vie, en versèrent le contenu dans une cuve et se lavèrent les pieds avec cette liqueur spiritueuse. Il se peut qu'un « bain à l'eau-de-vie » soit une bonne chose pour les pieds endoloris ; et cela pourrait expliquer l'incident. Mais quand j'y pense, je me souviens toujours de la manière dont, au temps du Second Empire, le dépensier duc de Gramont-Caderousse entra dans le pays. Un après-midi, le Café Anglais de Paris, réclama une soupière en argent, y fit verser deux ou trois bouteilles de champagne, puis fit laver ses pieds à l'impénitente Madeleine des Boulevards qu'il avait amenée avec lui. vin. Depuis cet après-midi jusqu'à la disparition du Café Anglais, aucune soupière en argent n'y fut jamais utilisée.

J'ai donné les détails qui précèdent concernant l'occupation allemande du Mans - ils proviennent principalement de documents officiels - simplement pour montrer au lecteur à quoi on pourrait s'attendre si, par exemple, une force allemande débarquait à Hull ou à Grimsby et se frayait un chemin avec succès. à, disons, York, Leeds ou Nottingham. Les incidents survenus au Mans n'étaient nullement particuliers à cette ville. De nombreux cas similaires se sont produits dans les régions envahies de France. Je ne souhaite certainement pas imputer personnellement la gourmandise au prince Frederick Charles. Mais pendant les années qui suivirent la guerre franco-allemande, j'effectuai trois séjours assez longs à Berlin, m'installant dans de bons hôtels, où des officiers, parfois des généraux, déjeunaient et dînaient souvent. Et leurs appétits m'étonnaient souvent, tandis que leurs manières à table étaient répugnantes. À cette époque, la plupart des officiers allemands étaient barbus, et j'ai remarqué qu'entre les cours, au déjeuner et au dîner, ils avaient l'habitude de sortir des lunettes et des peignes de poche, et de se peigner la barbe ainsi que les cheveux de leurs hommes. têtes-au-dessus de la table. Quant à leur manière de manger et au bruit qu'ils faisaient en le faisant, moins on en disait, mieux c'était. En ce qui concerne les mœurs, j'ai toujours pensé que les Français de 1870-71 avaient, à certains égards, tout à fait le droit de qualifier leurs ennemis de « barbares » ; mais c'était il y a quarante-trois ans, et à mesure que le temps fait des merveilles, les manières de l'élément militaire allemand se sont peut-être améliorées.

En parlant de l'aspect général du Mans, j'ai signalé que la ville a aujourd'hui une place de la République, un pont Gambetta, une rue Thiers et une statue de Chanzy ; mais pendant la guerre et longtemps après, elle détesta la République (revenant invariablement des députés bonapartistes ou orléanistes), se moqua de Gambetta et dénonça vivement le commandant de l'armée de la Loire. Son grief contre Chanzy était qu'il en avait fait son quartier général et livré bataille dans son voisinage immédiat. Le conflit s'étant terminé de manière désastreuse pour les armes françaises, les citadins déplorèrent qu'il ait jamais eu lieu. Pourquoi Chanzy avait-il amené son armée là-bas ? » ont-ils demandé avec indignation. Il aurait très bien pu aller ailleurs. Ce sentiment Manceau contre le général était si fort, sentiment inspiré par les souffrances que les habitants éprouvaient alors, notamment à la suite des exactions allemandes, que quinze ans plus tard, lorsque la statue du général (pour laquelle il y avait eu une souscription nationale)) fut érigé dans la ville, le mécontentement y fut très grand, et le monument fut soumis aux indignités les plus honteuses. [A Nouart, sa ville natale, il y a une autre statue de Chanzy, qui le représente pointant vers l'est. Sur le piédestal se trouve l'inscription ; « Les généraux qui veulent obtenir le bâton de maréchal de France doivent le chercher outre-Rhin » — paroles qu'il prononça dans un de ses discours après la guerre.] Mais tout cela est passé. Aujourd'hui, à Auvours comme à Pontlieue, il y a des monuments à ceux qui sont tombés en combattant pour la France autour du Mans, et sans doute la ville, en devenant plus républicaine, est devenue aussi plus patriotique.

Avant de raconter comment je me suis échappé du Mans le jour où la retraite a été ordonnée, il y a quelques autres points sur lesquels je voudrais aborder brièvement. Il est assez bien connu que j'ai fait la traduction anglaise du grand roman d'Émile Zola, "La Débâcle", et bon nombre de mes lecteurs actuels ont peut-être lu cet ouvrage soit dans l'original français, soit dans la version préparée par moi. Or, j'ai toujours pensé que certains des personnages introduits par Zola dans son récit étaient quelque peu exceptionnels. Je doute qu'il y ait eu beaucoup de dégénérés absolument névrotiques comme « Maurice » dans l'armée française à une quelconque époque de la guerre. Je n'ai certainement jamais rencontré un tel personnage. Encore une fois, la psychologie du « Red Badge of Courage » de Stephen Crane, publié quelques années après « La Débâcle », et accueilli avec acclamation par des critiques dont la plupart n'avaient jamais été de leur vie sous le feu des critiques, me semble également d'une caractère exceptionnel. Je préfère de loin la psychologie de l'épisode de Waterloo dans la Chartreuse de Parme de Stendhal, car elle est d'application plus générale. "L'insigne rouge du courage", nous ont dit les critiques, montrait exactement ce qu'un soldat ressentait et pensait au milieu de la guerre. Mais contrairement à Stendhal, son auteur n'a jamais « servi ». Zola non plus ; et je pense que beaucoup des tableaux que les romanciers nous ont donnés des émotions d'un soldat au combat ne s'appliquent qu'à des cas exceptionnels, et sont même alors quelque peu exagérés.

Dans l'action, il n'y a pas de temps pour réfléchir. Les heures les plus éprouvantes pour un homme de nature sensible, à quelque degré que ce soit, sont celles passées en service de nuit comme sentinelle ou comme membre d'un petit groupe dans un avant-poste isolé. Des pensées de foyer, de bonheur et de ceux que l'on aime peuvent alors surgir. Il y a un petit point à propos de ce sujet que je dois mentionner. Chaque fois que des lettres étaient retrouvées sur les corps d'hommes tombés pendant la guerre franco-allemande, il s'agissait, si cet homme était français, le plus souvent de lettres de sa mère, et, s'il était allemand, de lettres de sa bien-aimée. De nombreuses lettres de ce type ont été imprimées au cours de la guerre. C'est un fait notoire que le culte d'un Français pour sa mère est un trait du caractère national, et qu'une Française place presque toujours son enfant avant son mari.

Mais ce qui m'a particulièrement frappé pendant la guerre franco-allemande, c'est que les inquiétudes et les souffrances mentales des officiers français étaient bien plus vives que celles des hommes. Beaucoup de ces officiers étaient mariés, certains avaient de jeunes enfants et, pendant les heures silencieuses d'une garde nocturne solitaire, leurs pensées se tournaient souvent vers leurs proches. Je me souviens bien qu'un officier s'était presque déchaîné à ce sujet, une nuit près d'Yvré-l'Evêque. La raison de tout cela est évidente. Plus l'intelligence d'un homme est élevée, plus son sens des responsabilités et la force de ses attachements sont grands. Mais dans l'action, ces dernières sont mises de côté ; ils ne s'imposent qu'aux moments comme je l'ai dit, ou bien au moment de la mort.

Il y a eu sans aucun doute de nombreux exemples de lâcheté au cours de la guerre, mais on pourrait dire beaucoup de choses pour défendre nombre d'hommes qui ici et là ont abandonné leurs positions. Au cours des derniers mois, leurs souffrances furent souvent terribles. Au mieux, ils n'étaient souvent que partiellement formés. Il y avait peu de cohésion dans de nombreux bataillons. Il y avait un grand manque de sous-officiers efficaces. Au lieu d'enrôler des soldats réguliers des *dépôts* dans des régiments spéciaux, comme on le faisait souvent, il aurait peut-être mieux valu les répartir entre les Mobiles et les Mobilisés, qu'ils auraient stabilisés. A en juger par tout ce que j'ai vu à cette époque, je considère qu'il est essentiel que toute force territoriale contienne toujours un certain nombre de soldats entraînés et ayant déjà été en action. Et toute force de ce type devrait toujours bénéficier du soutien de troupes régulières et d'une artillerie efficace. J'ai raconté comment certains Bretons Mobilisés abandonnèrent La Tuilerie. Ils s'enfuirent avant que les réguliers ou l'artillerie puissent les soutenir ; mais c'étaient peut-être les levées les plus brutales de toutes les forces de Chanzy. D'autres Bretons Mobilisés, sur d'autres points, se sont très bien battus pour les hommes de leur classe. Par exemple, aucun reproche ne pouvait être adressé aux bataillons de Saint-Brieuo, Brest, Quimper, Lorient et Nantes. Ils étaient mieux entraînés que les hommes stationnés à La Tuilerie, et il faut du temps pour bien former un Breton. Cela fait, il fait un bon soldat.

En respectant mes propres sentiments pendant cette guerre, je peux dire que le plus important était la curiosité. Pour être journaliste, il faut être curieux. C'est une *condition sine qua non* de son métier. D'ailleurs, j'étais très jeune ; Je n'avais aucune responsabilité; J'étais peut-être amoureux, ou je pensais l'être, mais j'étais seul et mon principal désir était d'en voir le plus possible. J'avoue volontiers que, lorsque la colonne de Gougeard fut brusquement attaquée à Droué, j'éprouvais une certaine appréhension à l'idée de me trouver sous le feu ; mais la fermeté peut s'avérer aussi contagieuse que la peur, et lorsque Gougeard rassembla ses hommes et s'avança pour repousser les Allemands, l'intérêt et une sorte d'excitation s'emparèrent de moi. De plus, comme j'étais, au moins nominalement, attaché au service d'ambulance, il y avait un devoir à accomplir, et cela ne laissait aucune possibilité de réflexion. Les images des ambulances à Sedan ou à proximité sont parmi les plus frappantes contenues dans "La Débâcle", et, à en juger par ce que j'ai vu ailleurs, Zola n'a rien exagéré. L'ambulance est le côté vraiment horrible de la guerre. Voir des hommes morts à terre n'est pour ainsi dire rien. On s'y habitue. Mais les voir amputés et les voir couchés souffrant, souvent de façon aiguë, de blessures effroyables ou de maladies horribles – dysenterie, typhus, variole – voilà ce qui met à rude épreuve les nerfs de tous, sauf des médecins et des spécialistes. infirmières. A plusieurs reprises, j'ai aidé à porter des blessés, sans ressentir aucune émotion ; mais plus d'une fois j'étais presque bouleversé par la vue de toutes ces souffrances dans quelque ambulance.

Lorsque, le matin du 12 janvier, j'appris qu'une retraite générale avait été ordonnée, j'hésitai sur la marche à suivre. Je ne m'attendais pas alors aux combats de rue et à la violence des Allemands qui en résulteraient. Mais mon instinct de journaliste me disait que si je restais dans la ville jusqu'après l'entrée des Allemands, il me serait alors très difficile de m'enfuir et de communiquer avec mes gens. En même temps, je ne pensais pas que l'entrée allemande était aussi imminente qu'elle s'est avérée être le cas ; et j'ai passé un temps considérable dans les rues à observer tout le tumulte qui y régnait. De temps en temps, un bataillon tristement diminué passait en assez bon ordre. Mais de nombreux hommes licenciés se précipitaient çà et là, confus. Çà et là, une rue était bloquée par des fourgons et des chariots de l'armée, dont les conducteurs attendaient les ordres, ne sachant quelle direction prendre. Officiers et estafettes galopaient de toutes parts. Puis un certain nombre de blessés furent transportés dans des charrettes, sur des civières et sur des camions vers la gare. D'autres, la tête bandée ou les bras en écharpe, marchaient péniblement dans la même direction. A l'extérieur de la gare, il y avait un fort cordon de gendarmes qui s'efforçaient de résister à toute la pression d'une grande foule d'hommes débandés qui voulaient entrer et sortir dans les trains. A un moment où, après toute une lutte, quelques blessés furent transportés à travers la foule et le cordon, les soldats démobilisés les suivirent, et beaucoup d'entre eux se frayèrent un chemin jusqu'au poste malgré tous les efforts des gendarmes. La *mêlée* était si désespérée que je n'essayai pas de la suivre, mais, après l'avoir observée quelque temps, je revins sur mes pas vers mon logement. Tout était brouhaha et confusion dans la petite auberge, et je n'arrivais qu'avec difficulté à y trouver quelque chose à manger. Un peu plus tard, je parvins pourtant à dire au propriétaire — il s'appelait Dubuisson — que j'avais l'intention de suivre l'armée et, si possible, de m'assurer une place dans l'un des trains qui partaient fréquemment. Après avoir mis quelques objets de première nécessité dans mes poches, je le priai de prendre en charge mon sac jusqu'à un jour futur, et le bon vieillard me donna alors quelques conseils sur la façon dont je pourrais me rendre à la gare, en faisant un petit détour. au-delà, et escalader une palissade.

Nous nous sommes présenté nos condoléances et nous nous sommes serré la main. Je suis ensuite sorti. La canonnade, qui durait depuis plusieurs heures, était devenue plus violente. Plusieurs obus étaient tombés sur ou à proximité de la Caserne de la Mission dans la matinée. Maintenant, d'autres tombaient près de la gare. Je continuai cependant mon chemin, tournai à droite en quittant la rue du Gué-de-Maulny, arrivai devant des palissades et m'engageai sur la voie ferrée. En le contournant, j'ai tourné à gauche et je suis revenu vers la gare. J'ai croisé un ou deux trains qui attendaient. Mais ils étaient composés de camions et de fourgons fermés. J'aurais peut -être pu grimper sur l'un des premiers, mais c'était une journée très froide ; et quant à ces derniers, je ne pouvais évidemment pas espérer entrer dans l'un d'eux. J'ai donc continué vers la gare, et bientôt, sans laisser ni entrave, j'ai atteint l'un des quais.

Le Mans étant un carrefour important, sa gare était très grande, à certains égards assez monumentale. La partie principale était couverte de verre et évoquait Charing Cross. Je ne me souviens pas exactement du nombre de lignes de métaux qui le traversaient, mais je pense qu'il devait y en avoir quatre ou cinq. Il y avait deux trains qui attendaient là, dont l'un, composé en grande partie de voitures de voyageurs, était rempli de soldats. J'ai essayé de monter dans une voiture, mais j'ai été farouchement repoussé. Alors, en me dirigeant vers l'arrière de ce train, j'ai traversé jusqu'à un autre quai, où se trouvait le deuxième train. Celui-ci était composé d'autocars de passagers et de fourgonnettes. Je me suis précipité dans l'un de ces derniers, qui était ouvert. Il y avait un certain nombre de caisses d'emballage à l'intérieur, mais il y avait au moins de la place pour plusieurs personnes. Deux cheminots et deux ou trois soldats étaient déjà là. L'un des premiers m'a aidé à monter. J'avais, soit dit, une apparence semi-militaire, car mon habit gris à frise était froissé, et d'ailleurs, ce qui était le plus important, je portais le brassard à croix rouge qui m'avait été offert à l'époque. l'époque où je suivais la chronique de Gougeard.

Presque immédiatement après, le train rempli de soldats s'est enfui. La canonnade était maintenant très forte et la verrière au-dessus de nous vibrait constamment. Quelques minutes s'écoulèrent pendant que nous échangeions nos impressions. Alors, tout à coup, un fonctionnaire du chemin de fer — c'était peut-être M. Piquet lui-même — se précipita sur le quai en direction de la locomotive en criant : « Dépêchez ! Dépêchez ! Sauvez-vous ! Au même instant, on aperçut un artilleur égaré qui se précipitait vers nous ; mais tout à coup il y eut un terrible fracas de verre, un obus transperça le toit et explosa, et le malchanceux artilleur tomba sur la plate-forme, visiblement grièvement blessé. Mais nous étions déjà en mouvement, et la ligne étant chère, nous traversâmes assez rapidement le viaduc qui enjambait la Sarthe. Cela nous a mis hors de portée de l'ennemi, et nous avons alors ralenti.

Un ou deux autres trains s'enfuirent après le nôtre, le dernier, je crois, fut vainement assailli par quelques uhlans avant d'avoir traversé le viaduc. Ce dernier aurait alors dû sauter, mais cette tentative s'est révélée inefficace. Nous avancions très lentement à cause des nombreux trains devant nous. De temps en temps aussi, il y avait un arrêt fatiguant. Il faisait un froid glacial et c'était en vain que nous frappions le tatouage avec nos pieds dans l'espoir de les réchauffer ainsi. Les hommes qui m'accompagnaient avaient aussi désespérément faim et s'en plaignaient si amèrement et si fréquemment, que je ne pus finalement m'empêcher de produire un peu de pain et de viande que j'avais trouvé au Mans et de les partager avec eux. Mais cela signifiait simplement une bouchée pour chacun de nous. Cependant, en nous arrêtant enfin à la gare de Conlie, à seize ou dix-sept milles du Mans, nous sommes tous sortis en toute hâte du train, nous sommes précipités dans une petite auberge et nous sommes presque battus comme des bêtes sauvages pour des restes de nourriture. Puis nous repartîmes, toujours très lentement, nous arrêtant encore et encore, parfois pendant une heure d'affilée, jusqu'à ce que, à moitié engourdis par le froid, las de taper du pied et toujours affamés, nous atteignions la petite ville de Sillé. -le-Guillaume, qui n'est qu'à huit ou neuf milles de Conlie.

A Sillé, j'obtins une petite chambre aux allures de mansarde dans l'hôtel bondé de la Croix d'Or, une hôtellerie de troisième ordre, déjà envahie par des officiers, des soldats, des fonctionnaires des chemins de fer et d'autres qui avaient quitté Le Mans avant que j'aie réussi. faire cela. Mon apparence relativement jeune m'a cependant valu les bonnes faveurs de la plantureuse hôtesse qui, après avoir déclaré à plusieurs reprises aux autres candidats qu'elle n'avait plus un coin dans toute la maison, m'a pris à part et m'a dit à voix basse : « Écoute, Je vais vous mettre dans un petit *placard* à l'étage. Je vous montrerai le chemin tout à l'heure. Mais ne le dites à personne. Et elle ajouta avec compassion : " *Mon pauvre garçon* , tu as l'air gelé. Va dans la cuisine. Il y a un bon feu là-bas, et tu trouveras à manger. "

A vrai dire, le garde-manger était presque vide, mais j'y pris un peu de fromage, du pain et du vin très indifférent, qui pourtant, dans mon état d'alors, me semblait être du nectar. Je me suis servi d'un bol, je me souviens, et j'y ai versé environ une pinte de vin, afin d'y tremper mon pain, qui était rassis et dur. En grillant mes pieds au feu pendant que je me régalais de cette *soupe-au-vin improvisée* , je me suis vite senti à nouveau chaud et inspiré. Les difficultés sont faciles à vivre quand on n'a que dix-sept ans et qu'on est agité par une ambition précoce. Le monde entier se trouvait alors devant moi, comme mon huître, à ouvrir soit par l'épée, soit par la plume.

Plus tard, à la lueur d'une seule bougie allumée dans une gouttière, dans le petit *cabinet* du haut, j'écrivis, du mieux que je pus, un récit des récents combats et de la perte du Mans ; et le lendemain matin, de bonne heure, je persuadai un cheminot qui se rendait à Rennes d'y déposer mon paquet, afin qu'il puisse être acheminé en Angleterre *via* Saint-Malo. L'article parut dans la *Pall Mall Gazette* , remplissant une page de ce journal, et quelles qu'aient pu être ses imperfections, il s'agissait sans aucun doute du premier récit détaillé de la bataille du Mans, du côté français, à paraître dans la presse anglaise. Il se trouve en effet que les autres correspondants des forces françaises, dont mon cousin Montague Vizetelly du *Daily News* , s'attardent au Mans jusqu'à ce qu'il soit trop tard pour quitter la ville, les Allemands ayant effectué leur entrée.

Les détachements allemands se lancent bientôt à la poursuite de l'armée de la Loire en retraite. Chanzy, comme indiqué précédemment, modifia ses plans, conformément aux vues de Gambetta, dans la soirée du 12 janvier. Les nouveaux ordres étaient que le 16e corps d'armée se replierait sur Laval par Chassillé et Saint Jean-sur-Erve, que le Le 17, après avoir dépassé Conlie, descendrait à Sainte Suzanne, et que le 21 se dirigerait de Conlie à Sillé-le-Guillaume. Il y eut plusieurs engagements d'arrière-garde pendant la retraite. Le 13 déjà, avant que le 21e corps puisse modifier sa ligne de marche initiale, il dut combattre à Ballon, au nord du Mans. Le lendemain, un de ses détachements, composé de 9 000 Mobilisés de la Mayenne, fut attaqué à Beaumont-sur-Sarthe, et se replia précipitamment, laissant 1 400 hommes aux mains des Allemands, qui de leur côté n'en perdirent que *neuf* ! Les soldats français qui se retirèrent par Conlie y pillèrent en partie les magasins abandonnés. Un bataillon de mobiles, en passant par là, se munit de pantalons, d'habits, de bottes et de couvertures neufs, en plus d'emporter une quantité de pain, de porc salé, de sucre et d'autres provisions. Ces choses furent au moins sauvées des Allemands, qui en arrivant au camp abandonné y trouvèrent une quantité de *matériel militaire* , cinq millions de cartouches, 1 500 caisses de biscuits et extraits de viande, 180 barils de porc salé, une vingtaine de sacs de riz. , et 140 punches de cognac.

Le 14 janvier, le 21e corps de Jaurès atteint Sillé-le-Guillaume et y est attaqué par l'avant-garde du 13e corps allemand du grand-duc de Mecklembourg. Les Français opposent cependant une bonne résistance et les Allemands se replient sur Conlie. J'avais moi-même réussi à quitter Sillé la veille après-midi, mais l'étendue de la ligne était telle que notre train ne pouvait aller plus loin que Voutré, village d'environ un millier d'âmes. Les voyages en chemin de fer me paraissant impossibles, je convainquis un fermier de me conduire jusqu'à Sainte-Suzanne, d'où j'espérais traverser la campagne en direction de Laval. Sainte Suzanne est une petite ville ancienne et pittoresque qui possédait encore à cette époque un rempart et les ruines d'un ancien château féodal. J'y dînai et dormis dans une auberge, et on me dit le matin (14 janvier) qu'il valait mieux me diriger vers le sud, vers Saint Jean-sur-Erve, où je prendrais la route directe de Laval, et pourrais-je aussi pouvoir se procurer un moyen de transport. Je ne connaissais pas alors exactement les ordres de retraite. J'espérais me débarrasser de toutes les troupes et de tous les chariots qui encombraient les routes, mais en cela j'étais voué à une déception, car à Saint-Jean je les retrouvai.

Ce jour-là, une partie de l'arrière-garde du 16e corps (Jauréguiberry), soit un détachement de 1 100 hommes avec un escadron de cavalerie du général Le Bouëdec, avait été chassée de Chassillé par la cavalerie allemande du général von Schmidt. Cela avait accéléré la retraite française, qui se poursuivait dans la plus grande confusion, tous les hommes se précipitant vers Saint-Jean, où, après avoir transporté le gros de ses forces sur les hauteurs de l'autre côté de l'Erve, qui coupe ici la route, Jauréguiberry résolut de tenter d'arrêter la poursuite de l'ennemi. Bien que l'état de la plupart des hommes soit lamentable, de vigoureux préparatifs défensifs furent faits dans la nuit du 14 et tôt le matin du lendemain. Dans les basses terres, près du village et de la rivière, des arbres ont été abattus et des routes ont été barricadées ; tandis que sur les pentes, les batteries étaient disposées derrière des haies dans lesquelles étaient creusées des embrasures. Les forces ennemies étaient, je crois, principalement composées de cavalerie et d'artillerie. Ce dernier nous tirait déjà dessus lorsque Jauréguiberry chevauchait sur nos lignes. Un obus explosa près de lui et quelques éclats du projectile frappèrent son cheval au cou, lui infligeant une horrible blessure béante. La pauvre bête, cependant, ne tomba pas immédiatement, mais galopa frénétiquement sur plus d'une vingtaine de mètres, puis se cabra brusquement, et après cela elle tomba toute en tas sur la neige. Cependant l'amiral, qui était bon cavalier, se dégagea promptement et se tourna pour prendre une autre monture, lorsqu'il s'aperçut que le colonel Béraud, son chef d'état-major, qui chevauchait derrière lui, avait été blessé par le même obus, et était tombé de son cheval. J'ai vu le colonel être transporté dans une ferme voisine, et on m'a dit ensuite qu'il y était mort.

L'engagement n'eut pas de résultat très décisif, mais Schmidt se replia sur la route reliant Sainte Suzanne à Thorigné-en-Charnie, tandis que nous nous retirions vers Soulge-le-Bruant, à peu près à mi-chemin entre Saint Jean et Laval. Cependant, pendant le combat, alors que le duel d'artillerie se déroulait, une bonne moitié des hommes de Jauréguiberry s'étaient enfuis sans attendre les ordres. Je crois que dans la nuit du 15 janvier, il n'aurait pas pu rassembler plus de 7 000 hommes pour l'action. Pourtant, seulement deux jours auparavant, il en avait eu près de trois fois plus avec lui.

Néanmoins, de nombreux arguments pourraient être avancés en faveur des hommes. Le temps était encore très froid, la neige tombait partout, on ne pouvait se procurer que peu ou pas de nourriture, le commissariat s'abstenait de réquisitionner du bétail dans les fermes, car dans tous les départements de la Mayenne et de l'Ille-et-Vilaine la peste bovine faisait rage. Affamés, émaciés, évanouis, toussant sans cesse, parfois atteints de la variole, les hommes boitaient ou marchaient péniblement, désespérés. Leurs bottes étaient souvent dans un état des plus misérables ; certains portaient des sabots, d'autres, comme je l'ai déjà dit, n'avaient que des haillons autour de leurs pauvres pieds gelés. Et les routes étaient obstruées par des fusils, des camionnettes, des chariots, des véhicules de toutes sortes. Parfois un essieu était cassé, parfois un cheval était tombé mort sur la neige, en tout cas tel ou tel véhicule s'était arrêté et empêchait les autres de poursuivre leur route. Je me souviens avoir vu des hommes affamés couper des steaks dans les flancs des bêtes mortes, tantôt dévorer la chair du cheval crue, tantôt l'emmener dans quelque chaumière, où les paysans avares, qui refusaient de se séparer d'un morceau de nourriture, devaient au moins laisser ces les hommes froids et affamés se réchauffent devant un feu et font griller leur chair de cheval devant lui. Au cours d'un arrêt, trois soldats renversèrent un paysan parce qu'il jurait qu'il ne pourrait même pas leur donner une pincée de sel. Cela fait, ils fouillèrent ses placards et mangèrent tout ce qu'ils trouvèrent.

L'expérience m'avait donné une leçon. J'avais rempli mes poches de jambon, de pain, d'œufs durs et d'autres choses, avant de quitter Sainte Suzanne. J'avais également obtenu un repas à Saint-Jean et y ai acheté de l'eau-de-vie, et j'ai mangé et bu avec parcimonie et subrepticement pendant que j'avançais, rattrapant l'un après l'autre un groupe de soldats fatigués. Toutefois, la distance entre Saint Jean et Laval n'est pas très grande. A en juger par la carte, il s'agit d'une distance d'environ vingt-cinq milles au maximum. De plus, je n'ai parcouru que la moitié de la distance. Les troupes allaient si lentement que j'arrivai à Soulge-le-Bruant bien avant elles, et là j'y engageai un homme à me conduire à Laval. J'y étais l'après-midi du 16 janvier, et comme à partir de ce moment les trains circulaient toujours vers l'ouest, j'arrivai à Saint Servan le lendemain. Je me glissai ainsi jusqu'au but, justifiant ainsi le surnom de L'Anguille, l'Anguille, que m'avaient donné certains de mes jeunes amis français.

Un jour ou deux auparavant, mon père était revenu d'Angleterre et je l'avais trouvé avec ma belle-mère. Il s'intéressa beaucoup à mon histoire et parla d'aller lui-même à Laval. D'autres développements importants pourraient bientôt survenir, les Allemands pourraient avancer vers la nouvelle base de Chanzy et je sentais que je devais, moi aussi, repartir. La vie que je menais fait ou gâte physiquement un homme. Personnellement, je crois que cela m'a fait beaucoup de bien. En tout cas, il fut convenu que mon père et moi irions ensemble à Laval. Nous sommes partis quelques jours plus tard et avons réussi à voyager en train jusqu'à Rennes. Mais de là jusqu'à Laval, la ligne était désormais très bloquée, et nous avons donc loué un véhicule fermé, une affaire délabrée, tiré par deux canassons bretons décharnés. Les routes principales, étant encore encombrées de troupes, d'artillerie, de wagons à bagages et d'autres obstacles, étaient souvent impraticables, et nous avons donc emprunté des chemins détournés, au milieu desquels notre chauffeur s'est perdu, de telle sorte que la nuit nous avons dû chercher un endroit. refuge au célèbre Château des Bochers, immortalisé par Mme. de Sévigné, et regorge de précieux portraits d'elle-même, de sa propre famille et de celle de son mari, ainsi que d'une quantité de beaux meubles datant de son époque.

Il nous fallut, je crois, en tout deux jours pour arriver à Laval, où, après avoir trouvé un logement dans l'un des hôtels, nous partîmes à la recherche de nouvelles, n'en ayant eu aucune depuis le début de notre voyage. Apercevant un magasin de journaux, nous y sommes entrés et mon père a insisté pour acheter un exemplaire de pratiquement tous les journaux qui y étaient en vente. Malheureusement pour nous, cela a paru très suspect à un garde national local qui se trouvait dans le magasin et lorsque nous sommes sortis, il nous a suivis. Mon père venait alors de commencer à me parler en anglais, et au son d'une langue étrangère, les soupçons de l'homme s'accrurent. Alors il s'est approché et a demandé à savoir qui et quoi nous étions. Je lui ai répondu que nous étions anglais et que j'avais été préalablement autorisé à accompagner l'armée en tant que correspondant de journal. Mes déclarations furent cependant accueillies avec incrédulité par cet individu suspect, qui, après une ou deux enquêtes complémentaires, nous demanda de l'accompagner jusqu'à un poste de garde situé près d'un des ponts jetés sur la Mayenne.

Nous nous y rendîmes, suivis de plusieurs personnes rassemblées pendant nos pourparlers, et nous nous trouvâmes devant un lieutenant de gendarmerie, accusé d'être des espions allemands. Notre dénonciateur a été très positif sur ce point. N'avions-nous pas acheté au moins une douzaine de journaux ? Pourquoi une douzaine, alors que les gens sensés se seraient contentés d'une seule ? Des achats aussi importants doivent sûrement avoir été motivés par quelque sinistre motif. D'ailleurs, il nous avait entendu converser en allemand. Anglais, en effet ! Non non! Il était certain que nous avions parlé allemand et était également certain de notre culpabilité.

Le lieutenant avait l'air grave et mes explications ne le satisfaisaient pas tout à fait. La situation était d'autant plus délicate que, bien que mon père possédait un passeport britannique, j'avais laissé, d'une manière ou d'une autre, mon précieux permis militaire à Saint Servan. De plus, mon père emportait avec lui des documents qui auraient pu être considérés comme incriminants. , sauf-conduits signés par divers généraux allemands, qui avaient été utilisés conjointement par nous lors de notre passage à travers les lignes allemandes après notre sortie de Paris en novembre. Quant à mon permis de correspondant, signé quelque temps auparavant par le chef d'état-major, je n'avais pu le retrouver en examinant mes papiers en route vers Laval, mais je m'étais consolé en pensant que je pourrais le faire remplacer au quartier général. [Le brassard de la croix rouge qui m'avait maintes fois été si utile, me permettant d'aller et venir sans trop de gêne, se trouvait à notre hôtel, dans un sac que nous avions emporté avec nous.] Aurais-je pu le montrer au lieutenant, il aurait pu ordonner notre libération. En l'occurrence, il décida de nous envoyer chez le Grand Prévôt. Cet ordre ne me dérangea pas beaucoup, car je me souvenais de l'officier en question, ou du moins je pensais l'être, et j'étais convaincu que tout serait rapidement réglé.

Nous partîmes sous la direction d'un brigadier, autrement dit caporal, de gendarmes et de quatre hommes, suivis de près par notre dénonciateur. Mon père me fit aussitôt remarquer que le brigadier et l'un des hommes portaient des médailles d'argent à l'effigie de la reine Victoria, alors je dis au premier : « Vous étiez en Crimée. Vous portez la médaille de notre reine.

"Oui", a-t-il répondu, "j'ai acquis cela à l'Alma."

"Et ton camarade ?"

"Il a gagné le sien au Tohernaya."

"J'ose dire que vous auriez été heureux si les Français et les Anglais avaient combattu côte à côte dans cette guerre ?" J'ai ajouté. "Peut-être qu'ils auraient dû le faire."

" *Parbleu !* Les Anglais nous devaient bien un *bon coup de main* , au lieu duquel ils ne nous ont vendu que des chevaux en panne et de mauvaises bottes. "

J'ai reconnu qu'il y avait eu des cas de ce genre. Quelques mots supplémentaires s'écoulèrent et je crois que le brigadier fut convaincu de notre nationalité anglaise. Mais comme son ordre était de nous conduire chez le prévôt, nous devions y aller. Une foule toujours plus nombreuse a suivi. Des commerçants et d'autres personnes se présentaient à leurs portes et à leurs fenêtres et les mots : « Ce sont des espions, des espions allemands ! » retentissait à plusieurs reprises, excitant la foule et la rendant de plus en plus hostile. Nous suivions un moment un quai aux parapets de granit, au-dessous duquel coulait la Mayenne chargée de glaces dérivantes. Mais tout à coup j'aperçus sur notre gauche une grande place où s'exerçaient une centaine d'hommes de la garde nationale de Laval. Ils nous virent apparaître avec notre escorte, ils virent la foule qui nous suivait, et ils entendirent les cris : « Espions

! espions allemands ! Aussitôt, avec ce mépris de la discipline si caractéristique de l'époque chez les Français, ils rompirent les rangs et coururent vers nous.

Nous n'avons pu faire que quelques pas supplémentaires. En vain les gendarmes essayèrent-ils de se frayer un chemin à travers la foule excitée. Nous étions entourés d'hommes en colère, renfrognés et vociférants. Les imprécations éclatèrent, les poings furent serrés, les bras agités, les fusils secoués, les gardes nationales indisciplinées étant les plus empressées de nous dénoncer et de nous menacer. "A bas les espions !" ils ont crié. "A bas les cochons allemands ! Donnez-les-nous ! Abattons-les !"

Une ruée très menaçante s'ensuivit et je fus presque emporté par terre. Mais un instant plus tard, je me trouvai contre le parapet du quai, avec mon père à mes côtés et la rivière glacée à l'arrière. Devant nous se tenaient le brigadier et ses quatre hommes qui nous protégeaient des citoyens de Laval en colère.

"Rapportez-les-nous ! Nous réglerons leur affaire", crie un garde national surexcité. "Vous savez que ce sont des espions, brigadier."

"Je sais que j'ai mes ordres", grogne le vétéran. "Je les emmène chez le prévôt. C'est à lui de décider."

"C'est trop de cérémonie", fut la réplique. « Allons leur tirer dessus ! »

"Mais ils ne valent pas une cartouche !" » a crié un autre homme. "Jetez-les dans la rivière !"

Ce cri menaçant fut repris. "Oui, oui, à la rivière avec eux !" Puis vint une nouvelle ruée, si violente que notre cas semblait désespéré.

Mais le brigadier et ses hommes avaient réussi à armer leurs baïonnettes pendant le bref pourparler, et lorsque la foule fut confrontée à cinq lames d'acier scintillant, son empressement sauvage s'apaisa. D'ailleurs, le vieux brigadier s'est comporté magnifiquement. "Retenir!" s'écria-t-il. "J'ai mes ordres. Vous devrez m'installer avant de faire mes prisonniers !"

A ce moment-là, j'ai croisé le regard d'un garde national qui nous brandissait le poing et je lui ai dit : « Vous vous trompez complètement. Nous ne sommes pas des Allemands, mais des Anglais !

"Oui, oui, *Anglais, Anglais* !" s'est exclamé mon père.

Pendant que quelques hommes dans la foule répétaient cette affirmation avec plus ou moins d'incrédulité, un individu à barbe noire, que je peux encore, à cet instant même, imaginer, tant l'affaire m'a fortement impressionné, grimpa sur le parapet près de nous et a crié : « Vous dites que vous êtes Anglais ? Connaissez-vous Londres ? Connaissez-vous Regent Street ? Connaissez-vous Soho ?

"Oui oui!" nous avons répondu rapidement.

"Vous connaissez la place Lei-ces-terre ? Comment s'appelle le music-hall là-bas ?"

"Eh bien, l'Alhambra !" L'« Empire », permettez-moi d'ajouter, n'existait pas à cette époque.

L'homme semblait satisfait. "Je pense qu'ils sont Anglais", dit-il à ses amis. Mais quelqu'un d'autre s'est exclamé : "Je n'y crois pas. L'un d'eux porte un chapeau allemand."

Or, il se trouvait que mon père était revenu de Londres portant un chapeau de feutre d'une forme alors assez à la mode là-bas, et qui, assez curieusement, était appelé le « Prince héritier », du nom de l'héritier du trône de Prusse, c'est-à-dire le mari de notre princesse royale, plus tard l'empereur Frédéric. La garde nationale, qui parlait un peu anglais, voulut inspecter ce chapeau incriminant, alors mon père l'enleva, et un des gendarmes, l'ayant mis sur sa baïonnette, le passa à l'homme du parapet. Lorsque ce dernier eut lu « Christy, London » sur la doublure, il témoigna une fois de plus en notre faveur.

Mais d'autres camarades voulurent aussi examiner le couvre-chef suspect, et il passa de main en main avant d'être restitué à mon père dans un état plus ou moins endommagé. Même alors, bon nombre d'hommes n'étaient pas satisfaits du respect de notre nationalité, mais lors de cet incident du chapeau – qui me semble risible aujourd'hui, bien que tout paraisse très laid quand cela se produisait – il avait eu le temps pour que les passions colériques des hommes se calment, dans une mesure considérable en tout cas ; et après cet intermède sérieux-comique, ils étaient beaucoup moins empressés de nous infliger la loi sommaire de Lynch. De nouveaux pourparlers s'ensuivirent, et finalement les gendarmes, qui se tenaient toujours debout, les baïonnettes croisées devant nous, furent autorisés, par décision du peuple souverain, à nous conduire chez le prévôt. Nous y sommes donc allés au milieu d'un parfait cortège de gardes et de civils vigilants.

Dès notre comparution devant le prévôt, je compris que nos ennuis n'étaient pas encore terminés. Certains changements s'étaient produits au cours de la retraite, et ou bien l'officier que je me souvenais avoir vu au Mans (c'est-à-dire le colonel Mora) avait été remplacé par un autre, ou bien celui devant lequel nous comparutions n'était pas le prévôt général. mais seulement le prévôt du 18e corps. En tout cas, il m'était complètement inconnu. Après avoir entendu, d'une part, les déclarations du brigadier et de la garde nationale qui nous avaient dénoncés et qui nous avaient toujours tenus près de nous, et, d'autre part, les explications fournies par mon père et moi-même, il me dit : « Si vous aviez un permis d'état-major pour suivre l'armée, il faut que quelqu'un au quartier général puisse vous identifier."

«Je pense que cela pourrait être fait», répondis-je, «par le major-général Feilding, qui, comme vous devez le savoir, accompagne l'armée au nom du gouvernement britannique. Personnellement, je suis connu de plusieurs officiers du 21e corps d'armée. Gougeard et son chef d'état-major, par exemple, et aussi à certains aides de camp de l'état-major.

"Eh bien, faites-vous identifier et obtenez un sauf-conduit en bonne et due forme", dit le prévôt. "Brigadier, vous devez emmener ces hommes au quartier général. S'ils y sont identifiés, vous les laisserez partir. Sinon, emmenez-les au château (la prison) et faites-moi votre rapport."

Nous repartîmes tous, escaladant cette fois les rues vallonnées et mal pavées du vieux Laval, au-dessus desquelles le grand château féodal de la ville dressait son donjon sombre et rond ; et bientôt nous arrivâmes au collège local, ancien couvent des Ursulines, où Chanzy avait fixé son quartier général.

Dans l'une des grandes salles de classe se trouvaient plusieurs officiers, dont l'un m'a immédiatement reconnu. Il a ri en entendant notre histoire. « J'ai moi-même été arrêté l'autre jour, dit-il, parce qu'on m'a entendu parler en anglais à votre général Feilding. Et pourtant j'étais en uniforme, comme je le suis maintenant.

Les gendarmes furent promptement renvoyés, non sans que mon père ait glissé quelque chose entre les mains du vieux brigadier pour lui et ses camarades. Leur fermeté nous avait sauvés, car lorsque les passions d'une foule sont enflammées par le zèle patriotique, le pire peut arriver aux objets de sa colère.

Un sauf-conduit en bonne et due forme (que je possède encore) fut préparé par un aide de camp de service, et pendant qu'il le rédigeait, un officier âgé mais aux yeux brillants entra et s'approcha d'un grand poêle circulaire pour se réchauffer. . Trois petites étoiles brillaient encore faiblement sur sa casquette décolorée, et six rangées de étroits galons d'or terni ornaient les manches de son dolman un peu défraîchi. C'était Chanzy lui-même.

Il remarqua notre présence et notre cas lui fut expliqué. Me regardant attentivement, il me dit : « Je crois vous avoir déjà vu. Vous êtes le jeune correspondant anglais qui a été autorisé à faire quelques croquis à Yvré-l'Evêque, n'est-ce pas ?

"Oui, *mon général*", répondis-je en saluant. " Vous m'avez donné la permission par l'intermédiaire, je crois, de monsieur le commandant de Boisdeffre. "

Il hocha agréablement la tête alors que nous nous retirions, puis retomba dans une attitude réfléchie.

Nous sommes partis, traversant le vieux Laval et vers la ville nouvelle, mon père portant le sauf-conduit à la main. Les gendarmes ont dû déjà dire que nous allions « bien », car nous ne rencontrons plus que des visages agréables. Néanmoins, nous avons remis le sauf-conduit à un groupe de gardes nationaux pour qu'il l'inspecte, afin que leur esprit soit tout à fait tranquille. Cela s'est passé à l'extérieur de l'hôpital, où à ce moment-là je n'imaginais pas qu'un jeune Anglais, volontaire au sixième bataillon des gardes mobiles des Côtes-du-Nord (21e corps d'armée), gisait invalidé par un rhume qu'il avait contracté. lors d'une ascension dans notre ballon militaire avec Gaston Tissandier. Depuis lors, ce jeune Anglais est devenu célèbre sous le nom de feld-maréchal vicomte Kitchener de Khartoum.

Mais les gardes nationaux ont insisté pour nous transporter, mon père et moi, au café principal de Laval. Ils n'accepteraient aucun refus. À la manière typiquement française, ils étaient tous impatients de faire amende honorable pour leur impulsivité patriotique déplacée cet après-midi-là, lorsqu'ils avaient menacé, d'abord, de nous tirer dessus, puis de nous noyer. Au lieu de cela, ils nous ont maintenant inondés de punch *à la française* , et comme le café s'est rapidement rempli d'autres gens qui ont tous rejoint notre groupe, il s'en est suivi une scène qui suggérait presque qu'une glorieuse victoire avait enfin été remportée par la France envahie et malheureuse. .

XIII

LA FIN AMÈRE

Battues pour les déserteurs. — Fin des opérations contre Chanzy. — Les batailles de Faidherbe. — Les prétendues victoires et la retraite de Bourbaki. — La position à Paris. — La terrible mortalité. — L'état de l'armée de Paris. Le désastre de Bourbaki. La guerre aurait-elle pu se prolonger ? Les ressources de la France. La lassitude générale. Je rentre à Paris. Les élections pour une Assemblée nationale. Les négociations. L'état de Paris. Les conséquences de la guerre.

Nous restâmes encore quelques jours à Laval, et n'y fûmes plus gênés. Intérêt douloureux attaché à un spectacle dont nous avons été témoins plus d'une fois. C'était celui des nombreux cortèges de déserteurs que la gendarmerie à cheval de l'état-major emmenait fréquemment dans la ville. Toute la région a été parcourue à la recherche de fugueurs, dont beaucoup ont été trouvés dans les villages et dans les fermes isolées. Ils avaient généralement abandonné leur uniforme et enfilé des chemisiers, mais les paysans les trahissaient fréquemment, d'autant plus qu'ils avaient rarement, voire jamais, d'argent à dépenser en pots-de-vin. Hormis ces *battues* et les mesures de toutes sortes que Chanzy prit pour réorganiser son armée, il ne se passa rien d'immédiat à Laval. Gambetta s'y était rendu, puis était parti pour Lille afin de s'assurer de l'état de l'armée du Nord de Faidherbe. La poursuite allemande des forces de Chanzy cessa pratiquement à Saint Jean-sur-Erve. Il y a eu encore une petite escarmouche à Sainte Mélaine, mais c'est tout. [Je dois ajouter que le 17 janvier, les Allemands du Mecklembourg prirent possession d'Alengon (objectif initial de Chanty) après une résistance inefficace des troupes du commandant Lipowski, secondé dans ses efforts par le jeune M. Antonin Dubost, alors préfet du Orne, et récemment président du Sénat français.] En conséquence, mon père et moi retournâmes à Saint Servan et, après avoir préparé conjointement quelques articles sur la retraite de Chanzy et les circonstances actuelles, les envoyâmes à Londres pour la *Pall Mall Gazette* .

La guerre touchait maintenant à sa fin. J'ai jusqu'à présent laissé sous silence plusieurs événements importants, ne voulant pas interrompre mon récit des combats du Mans et de la retraite qui a suivi. Il me semble cependant que je devrais maintenant jeter un coup d'œil sur la situation dans d'autres régions de France. Je viens de raconter qu'après avoir rendu visite à Chanzy à Laval (19 janvier), Gambetta se rendit à Lille pour conférer avec Faidherbe. Voyons donc ce qu'avait fait ce dernier général. Il n'était plus opposé à Manteuffel, qui avait été envoyé dans l'est de la France dans l'espoir qu'il traiterait mieux que le Werder l'armée de Bourbaki, qui y était toujours en campagne. Le successeur de Manteuffel dans le nord fut le général von Goeben, avec lequel, le 18 janvier, Faidherbe livra un engagement à Vermand, suivi le lendemain de la bataille de Saint-Quentin, qui dura sept heures dans le dégel et le brouillard. Bien que cela ait été revendiqué comme une victoire française, ce n'en était pas une. Les Allemands, il est vrai, perdirent 2 500 hommes, mais les Français tués et blessés s'élevaient à 3 500, et il y avait des milliers d'hommes portés disparus, les Allemands faisant environ 5 000 prisonniers, tandis que d'autres troupes se dissolvaient à peu près comme les hommes de Chanzy pendant sa retraite. D'un point de vue stratégique, l'action de Saint-Quentin fut indécise.

Tourné vers l'est de la France, Bourbaki a mené deux engagements indécis près de Villersexel, au sud-est de Vesoul, les 9 et 10 janvier, et a revendiqué la victoire à ces occasions. Le 13 janvier eut lieu un nouvel engagement à Arcey, qu'il revendiquait également comme un succès, félicité par Gambetta. Le temps était le plus rigoureux dans la région où il effectuait ses opérations, et les souffrances de ses hommes étaient tout aussi grandes, sinon plus grandes, que celles des troupes de Chanzy. Il y avait des nuits où les hommes se couchaient pour ne plus se réveiller. Les 15, 16 et 17 janvier se succèdent les combats sur la Lisaine, connus collectivement sous le nom de bataille d'Héricourt. Ces actions aboutissent à la retraite de Bourbaki vers le sud, vers Besançon, où nous le laisserons pour le moment, afin de considérer la position de Paris à ce stade.

Depuis le début de l'année, le jour de la capitulation de la capitale approchait à grands pas. Paris tomba en fait parce que ses réserves de nourriture étaient pratiquement épuisées. Le 18 janvier, il devint nécessaire de rationner le pain, désormais un composé sombre et collant, qui comprenait des ingrédients tels que du son, de l'amidon, du riz, de l'orge, des vermicelles et de la farine de pois. Environ dix onces ont été allouées à chaque adulte, les enfants de moins de cinq ans recevant la moitié de cette quantité. Mais la facture sanitaire de la ville a également contribué à la capitulation. En novembre, il y a eu 7 444 décès parmi la population non combattante, contre 3 863 en novembre 1869. Le bilan des morts en décembre s'élève à 10 665, contre 4 214 en décembre de l'année précédente. En janvier, entre soixante et soixante-dix personnes mouraient chaque jour de la variole. Les bronchites et les pneumonies font un nombre toujours croissant de victimes. Du 14 janvier au 21 janvier, la mortalité s'est élevée à pas moins de 4 465 ; depuis cette dernière date jusqu'au 28 janvier, jour de la capitulation, les chiffres furent de 4 671, alors qu'en temps normal ils n'avaient jamais dépassé 1 000 par semaine.

Parmi les troupes, la situation allait de mal en pis. Des milliers d'hommes se trouvaient dans les hôpitaux et des milliers d'autres ont réussi à déserter et à se cacher dans la ville. Sur 100 705 juges de lignes, il y avait, au 1er janvier, pas moins de 23 938 absents ; tandis que 23 565 unités étaient absentes de la Garde mobile, qui, sur le papier, était au nombre de 111 999. En bref, un homme sur cinq était soit un malade, soit un déserteur. Quant au bombardement allemand, il eut un effet moral mais très peu matériel. Outre les dégâts causés aux bâtiments, elle a tué (comme je l'ai déjà dit) une centaine de personnes et en a blessé environ deux cents.

Le gouvernement avait désormais peu ou pas confiance dans l'utilité de nouvelles sorties. Néanmoins, comme les journaux extrémistes le réclamaient toujours, il fut finalement décidé d'attaquer les positions allemandes de l'autre côté de la Seine, à l'ouest de la ville. Cette sortie, communément appelée celle de Buzenval, eut lieu le 10 janvier, au lendemain de la proclamation du roi Guillaume de Prusse empereur d'Allemagne dans la « Galerie des Glaces » de Louis XIV à Versailles. [La décision d'élever le roi à la dignité impériale avait été prise le 1er janvier.] Sans doute, la sortie de Buzenval fut conçue principalement pour donner à la Garde nationale l'occasion et la satisfaction toujours demandées d'être conduites contre les Allemands. Trochu, qui assuma le commandement en chef, s'établissant au fort du Mont Valérien, divisa ses forces en trois colonnes, dirigées par les généraux Vinoy, Bellemare et Ducrot. La première (l'aile gauche) comptait 22 000 hommes, dont 8 000 gardes nationaux ; la seconde (la colonne centrale) 34 500 hommes, dont 16 000 gardes ; et la troisième (l'aile droite) 33 500 hommes, parmi lesquels pas moins de 18 000 gardes. L'effectif total était donc d'environ 90 000 hommes, la garde nationale représentant environ un tiers de ce nombre. Chaque colonne était accompagnée de dix batteries, représentant pour l'ensemble de la force 180 canons. Le front français, cependant, s'étendait sur une distance de près de quatre milles, et la force réelle de l'armée s'en trouvait diminuée. Il y eut des combats assez désespérés à Saint Cloud, Montretout et Longboyau, mais les Français furent repoussés après avoir perdu 4 000 hommes, pour la plupart des gardes nationaux, alors que les pertes allemandes ne s'élevaient qu'à environ 600 hommes.

L'affaire provoqua la consternation à Paris, d'autant que plusieurs hommes éminents étaient tombés dans les rangs de la Garde nationale. Dans la nuit du 21 janvier, des extrémistes ont pénétré de force dans la prison de Mazas et ont délivré certains de leurs amis qui y étaient enfermés depuis le soulèvement du 31 octobre. Le lendemain 22 janvier, il y a eu une manifestation et une bagarre. sur la place de l'Hôtel de Ville, des coups de feu ont été échangés faisant des morts et des blessés. Le gouvernement a cependant pris le dessus et a riposté en fermant les clubs révolutionnaires et en supprimant certains journaux extrémistes. Mais quatre heures plus tard, Trochu démissionna de son poste de gouverneur militaire de Paris (auquel il fut remplacé par le général Vinoy), ne conservant que la présidence du gouvernement. Un autre incident important s'était produit le soir même après l'insurrection : Jules Favre, le ministre des Affaires étrangères, avait alors adressé une lettre au prince de Bismarck.

La première idée du gouvernement avait été simplement de se rendre, c'est-à-dire d'ouvrir les portes de la ville et de laisser entrer les Allemands à leurs risques et périls. Il ne souhaitait ni négocier ni signer de capitulation. Jules Favre l'a indiqué à un moment donné, écrivant à Bismarck, et la solution proposée aurait certainement pu placer les Allemands – avec les yeux du monde fixés sur eux – dans une position difficile. Mais Favre n'était pas à la hauteur du grand homme d'État prussien. Des négociations formelles furent bientôt ouvertes, et Bismarck arrangea tellement les affaires que, comme Gambetta s'en plaignit par la suite et à juste titre, la convention signée par Favre s'appliquait bien plus à la France dans son ensemble qu'à Paris lui-même. En ce qui concerne la ville, les principales conditions étaient qu'une indemnité de guerre de 8 000 000 £ soit payée ; que les forts autour de la ville seraient occupés par les Allemands ; que la garnison – ligne, garde mobile et contingent naval (au total environ 180 000 hommes) – deviendrait prisonnière de guerre ; et que l'armement (1 500 canons de forteresse et 400 pièces de campagne) devait être rendu, ainsi que les grandes réserves de munitions. En revanche, une force de 12 000 hommes fut laissée au gouvernement français pour le « service de police » dans la ville, et les gardes nationales furent, à la demande urgente mais insensée de Favre, autorisées à conserver leurs armes. De plus, la ville devait être approvisionnée. En ce qui concerne la France en général, des dispositions furent prises pour un armistice d'une durée de vingt et un jours, afin de permettre l'élection d'une Assemblée nationale pour traiter de la paix. Dans ces arrangements, Favre et Vinoy (le nouveau gouverneur de Paris) furent devancés par Bismarck et Moltke. Ils ignoraient en grande partie la situation réelle des provinces et consentirent à des conditions très désavantageuses en ce qui concerne les lignes que les Allemands et les Français devraient occuper respectivement pendant la période d'armistice. De plus, s'il fut convenu que les hostilités cesseraient sur la plupart des points, aucune stipulation de ce genre ne fut faite concernant l'est de la France, où Bourbaki et Garibaldi étaient en campagne.

Ces derniers avaient remporté quelques légers succès près de Dijon les 21 et 23 janvier, mais le 1er février, soit deux jours après la signature de l'armistice, les Garibaldiens furent de nouveau chassés de la capitale bourguignonne. Mais cela n'était rien en comparaison de ce qui arriva à la malheureuse armée de Bourbaki. Manteuffel l'ayant contraint à se retirer de Besançon à Pontarlier, il fut ensuite contraint de se retirer en Suisse [Avant que cela n'arrive, Bourbaki attenta à sa vie.] (territoire neutre, où il fut nécessairement désarmé par les autorités suisses) pour échapper à l'une ou l'autre capture. ou l'anéantissement par les Allemands. Ces derniers firent quelque 6 000 prisonniers, avant que les autres hommes (au nombre d'environ 80 000) ne parviennent à franchir la frontière suisse. Une partie de l'armée fut cependant sauvée par le général Billot. Quant à la situation ailleurs, Longwy, dois-je le mentionner, s'est rendu trois jours avant la capitulation de Paris ; mais Belfort prolongea sa résistance jusqu'au 13 février, date à laquelle toutes les autres hostilités eurent cessé. Sa garnison, si vaillamment commandée par le colonel Denfert-Bochereau, reçut les honneurs de la guerre.

Comme je l'ai écrit dans mon livre « La France républicaine », le pays était généralement las de cette longue lutte ; et seuls Gambetta, Freycinet et quelques militaires, comme Chanzy et Faidherbe, étaient favorables à sa prolongation. Depuis la déclaration de guerre du 15 juillet jusqu'à la capitulation de Paris et l'armistice du 28 janvier, la lutte avait duré vingt-huit semaines. Sept de ces semaines avaient suffi pour renverser le Second Empire ; mais ce n'est qu'après vingt et une semaines que la IIIe République déposa les armes. Quelles qu'aient pu être les bévues de la Défense nationale, elle a au moins sauvé l'honneur de la France,

On peut douter que la situation aurait pu être rétablie si la guerre avait été prolongée, même si le pays possédait encore de nombreuses ressources. Dans « La France républicaine », j'ai donné une série de chiffres qui montraient que plus de 600 000 hommes auraient pu être mis en action presque immédiatement, et que 260 000 autres auraient pu être fournis ensuite. Le 8 février, alors que Chanzy avait largement réorganisé son armée, lui seul avait sous ses ordres 4 952 officiers et 227 361 hommes, avec 430 canons. Cet historien militaire français prudent et distingué, M. Pierre Lehautcourt, place cependant les autres ressources de la France à un chiffre encore plus élevé que moi. Il souligne également, à juste titre, que, bien qu'une si grande partie de la France ait été envahie, le territoire non envahi était plus étendu et habité par vingt-cinq millions de personnes. Il estime l'artillerie totale disponible du côté français à 1 232 canons, chacun avec une capacité moyenne de 242 projectiles. De plus, 443 canons attendaient des projectiles. Il nous apprend que les usines françaises d'artillerie produisaient à cette époque en moyenne 25 000 chassepots par mois et livraient chaque jour deux millions de cartouches ; tandis que d'autres réserves importantes d'armes et de munitions arrivaient constamment de l'étranger. D'un autre côté, il y avait certainement une pénurie de chevaux, dont la mortalité dans cette guerre, comme dans toutes les autres, fut très grande. Chanzy n'en disposa que de 20 000 et le service de remontée ne put en fournir que 12 000 supplémentaires. Cependant, d'autres animaux auraient sans doute pu être trouvés dans diverses régions de France ou achetés à l'étranger.

Mais les ressources matérielles, aussi grandes soient-elles, ne servent à rien quand une nation a pratiquement perdu courage. En dépit de tous les efforts des commandants, l'insubordination était monnaie courante parmi les troupes en campagne. Il y avait eu tant de défaites, tant de retraites, qu'ils avaient perdu toute confiance dans leurs généraux. Durant la période de l'armistice, les désertions étaient encore nombreuses. J'ajouterai que si à l'expiration de l'armistice la lutte avait repris, le plan de Chanzy — qui reçut l'approbation d'un conseil militaire et gouvernemental secret tenu à Paris, où il se rendit au début de février — était de placer le général de Colomb au poste de commandement. chef d'une force forte pour la défense de la Bretagne, tandis que lui, Chanzy, traverserait avec sa propre armée la Loire et défendrait le sud de la France.

Dès que la nouvelle arriva qu'un armistice avait été signé et que Paris était à nouveau ouverte, mon père s'arrangea pour y retourner, accompagné de moi et de mon jeune frère, Arthur Vizetelly. Nous emportâmes avec nous, je m'en souviens, une quantité abondante de volaille et d'autres produits comestibles pour les distribuer aux amis qui avaient souffert du manque de provisions pendant les derniers jours du siège. Les élections pour la nouvelle Assemblée nationale venaient de se terminer, la quasi-totalité des quarante-trois députés élus pour Paris étant républicains, même si dans le reste de la France les candidats légitimistes et orléanistes remportèrent généralement succès. Je me souviens que juste avant de quitter Saint Servan, un de nos commerçants, royaliste enthousiaste, me dit : « Nous aurons un roi sur le trône lorsque vous reviendrez nous voir cet été. À ce moment-là, il semblait certainement que tel serait le cas. Quant à l'Empire, on ne pouvait que le considérer comme mort. Il n'y avait, je crois, que cinq membres bonapartistes reconnus dans l'ensemble de la nouvelle Assemblée nationale, et la plupart venaient de Corse. Ainsi, c'est par un vote quasi unanime que l'Assemblée déclara Napoléon III et sa dynastie responsables de « l'invasion, de la ruine et du démembrement de la France ».

L'Assemblée ayant nommé Thiers au poste de « chef du pouvoir exécutif », des négociations de paix s'engagent entre lui et Bismarck. Elles débutent le 22 février, Thiers étant secondé par Jules Favre, qui conserve le poste de ministre des Affaires étrangères, notamment parce que personne d'autre ne veut le prendre et apposer sa signature sur un traité forcément désastreux pour le pays. On se souviendra des principales conditions de ce traité. L'Allemagne devait annexer l'Alsace-Lorraine, recevoir une indemnité de guerre de deux cents millions de livres sterling (avec intérêts en plus) et obtenir de la France le traitement commercial de la « nation la plus favorisée ». Les préliminaires furent signés le 26 février et acceptés par l'Assemblée nationale le 1er mars, mais le traité de Francfort lui-même ne fut signé et ratifié que le mois de mai suivant.

Paris offrit un triste spectacle pendant les semaines qui suivirent l'armistice. Il n'y avait pas de travail pour les milliers d'artisans devenus gardes nationaux pendant le siège. Leur allocation en tant que telle fut prolongée afin qu'ils puissent au moins avoir quelques moyens de subsistance. Mais l'agitation était générale. A côté de la haine universelle contre les Allemands, qui s'affichait de toutes parts, se manifestant même dans les affiches placées dans les vitrines indiquant qu'aucun Allemand n'était obligé de s'y présenter, on observait un sentiment très amer à l'égard du nouveau Gouvernement. Thiers avait été orléaniste toute sa vie et, dans la classe ouvrière parisienne, le sentiment général était que l'Assemblée nationale donnerait un roi à la France. Ce sentiment tendit à provoquer l'insurrection sanglante de la Commune qui suivit ; mais, comme je l'ai écrit dans « La France républicaine », c'est précisément la Commune qui a donné une chance aux royalistes français. Elle leur mettait une arme entre les mains et leur permettait de dire : « Vous voyez, par cette insurrection, par tous ces terribles excès, ce qu'implique une République. L'ordre, la quiétude, le travail fécond ne sont possibles que sous une monarchie. Cependant, comme nous le savons, les efforts des royalistes furent vaincus, en partie par l'obstination de leur candidat, le comte de Chambord, et en partie par la bonne conduite des républicains en général, conseillés à la fois par Thiers et par Gambetta.

Le 1er mars, le jour même où l'Assemblée nationale ratifiait les préliminaires de paix à Bordeaux, les Allemands faisaient leur entrée triomphale dans Paris. Quatre ou cinq jours auparavant, mon père m'avait envoyé en mission spéciale à Bordeaux, et c'est alors qu'après de longues années, je revis Garibaldi, qui avait été élu député français, mais qui démissionna à la suite de la conditions de paix onéreuses. D'autres, notamment Gambetta, ont fait exactement la même chose, en protestant contre le soi-disant « Traité du Diable ». Cependant, j'étais de retour à Paris à temps pour assister à l'entrée allemande dans la ville. Mon père, mon frère Arthur et moi étions ensemble sur les Champs Elysées à cette occasion historique. J'ai raconté ailleurs comment un certain nombre de femmes des boulevards de Paris furent fouettées dans les bosquets des Champs Elysées par de jeunes voyous qui, comme on pouvait s'y attendre, étaient mécontents des ouvertures éhontées faites par ces femmes aux soldats allemands. Il y a eu cependant quelques erreurs malheureuses ce jour-là, comme par exemple lorsqu'on a tenté de maltraiter une dame âgée qui se contentait de parler aux Allemands dans l'espoir d'obtenir des renseignements sur son fils, alors encore prisonnier de guerre. Je me souviens également qu'Archibald Forbes a été renversé et frappé à coups de pied pour avoir rendu le salut au prince héritier de Saxe. Certains des correspondants anglais qui se sont précipités sur les lieux ont emmené Forbes dans un petit hôtel du faubourg Saint-Honoré, car il avait été réellement blessé par cet assaut sauvage, ce qui ne l'a pas empêché de rédiger un récit graphique de ce dont il a été témoin. ce jour mémorable.

L'entrée allemande était, dans l'ensemble, assez imposante en tant que démonstration militaire ; mais la mise en scène était très mauvaise, et on ne pouvait imaginer que l'entrée de Napoléon à Berlin y ait ressemblé en quoi que ce soit. On ne peut pas non plus dire qu'elle ait égalé l'entrée des souverains alliés à Paris en 1814. Les princes allemands dans des charrettes tirées par des poneys n'ajoutaient rien à la dignité du spectacle. De plus, le prince héritier de Saxe et le prince héritier d'Allemagne (l'empereur Frédéric) y assistèrent pratiquement *incognito* . Quant à l'empereur Guillaume, ses conseillers le dissuadèrent d'entrer dans la ville de peur qu'il n'y ait des troubles. Je crois aussi que ni Bismarck ni Moltke n'étaient présents, bien que, comme l'Empereur, ils aient tous deux assisté à la revue préliminaire des troupes au bois de Boulogne. L'occupation allemande se limite au quartier des Champs-Élysées et, le premier jour, les Parisiens s'abstiennent généralement de s'y rendre ; mais le lendemain, lorsque la nouvelle que les préliminaires de paix avaient été acceptés à Bordeaux parvint à la capitale, ils affluèrent en masse pour contempler *nos amis les ennemis* et apprécièrent beaucoup, je crois, la musique entraînante jouée par les musiques régimentaires allemandes. "La musique a des charmes", comme nous le savons tous. Le départ des troupes allemandes, le soir suivant, fut d'un caractère bien plus spectaculaire que ne l'avait été leur entrée. Comme pendant que leurs orchestres jouaient, pendant qu'ils chantaient eux-mêmes en chœur le "Wacht am Rhein", ils remontaient les Champs Elysées pour rentrer à Versailles, ceux de leurs camarades encore cantonnés dans les maisons arrivaient aux balcons avec autant de monde. bougies allumées autant qu'ils pouvaient en porter. D'ailleurs, des feux de bivouac brûlaient vivement çà et là, et toute cette scène animée, avec ses jeux d'ombre et de lumière sous le ciel sombre de mars, restait longtemps dans les mémoires.

La guerre franco-allemande est terminée et une nouvelle ère commence pour l'Europe. Le rapport de force a été largement transféré. La France avait de nouveau cessé d'être l'État continental prédominant. Elle avait atteint ce poste pendant un certain temps sous Louis XIV, et plus tard, de manière plus visible, sous Napoléon Ier. Mais dans ces deux cas, l'ambition voûtée avait dépassé ses limites. Les objectifs de Napoléon III étaient moins ambitieux. Les idées d'agrandissement qu'il entretenait étaient largement subordonnées à son désir de consolider le *régime* qu'il avait relancé et d'assurer la continuité de sa dynastie. Mais le principe même de la nationalité, qu'il exposa plus d'une fois et qu'il défendit dans le cas de l'Italie, amena sa ruine. Il donna à l'Italie la Vénétie, mais lui refusa Rome et l'aliéna ainsi. De plus, la consolidation de l'Allemagne – de son propre point de vue nationaliste – est devenue une menace pour les intérêts français. Il fut donc hissé principalement par son propre *pétard* , et la France paya le prix de ses erreurs.

La guerre franco-allemande était terminée, je l'ai dit, mais il y eut des conséquences terribles : le soulèvement de la Commune, dont j'ai décrit certains des traits introductifs dans « La France républicaine ». Il n'existe qu'une assez bonne histoire de cette formidable insurrection en langue anglaise : celle écrite il y a quelques années par M. Thomas March. Il s'agit cependant d'une histoire du point de vue officiel et elle est par conséquent unilatérale et inexacte à certains égards. Là encore, la version anglaise de l'Histoire de la Commune élaborée par l'un de ses partisans, Lissagaray, pèche dans l'autre sens. Un compte rendu impartial du soulèvement reste à rédiger. Si je suis épargné, j'aurai peut-être le privilège d'y contribuer en préparant un ouvrage à peu près sur les mêmes lignes que ceux de ce présent volume. Non seulement je possède la plus grande partie de la littérature sur le sujet, y compris de nombreux journaux de l'époque, mais, pendant toute la durée de l'insurrection, j'étais à Paris ou en banlieue.

J'ai croqué les cadavres des généraux Clément Thomas et Lecomte quelques heures seulement après leur assassinat. J'ai vu tomber la colonne Vendôme pendant que les visiteurs américains à Paris chantaient « Hail, Columbia ! dans les hôtels de la rue de la Paix. J'étais sous le feu des tirs dans la même rue lorsqu'une manifestation s'y déroulait. Muni de passeports des deux côtés, je suis entré et sorti de la ville et j'ai été témoin des combats à Asnières et ailleurs. J'ai assisté aux clubs organisés dans les églises, où les femmes péroraient souvent depuis les chaires. J'ai vu la maison de Thiers être démolie ; et quand la fin arriva et que les troupes de Versailles firent leur entrée dans la ville, je me trouvai à plusieurs reprises dans des combats de rue avec mon bon ami, le capitaine Bingham. Je me souviens avoir dessiné l'attaque de l'Elysée depuis un balcon de notre maison, et avoir retrouvé ce balcon sur le trottoir quelques heures plus tard alors qu'il avait été emporté par un obus d'une batterie communarde à Montmartre. Enfin, j'ai vu Paris brûler. Je regardais les gerbes de flammes qui s'élevaient au-dessus des Tuileries. J'ai vu toute la façade du ministère des Finances tomber dans la rue de Rivoli. J'ai vu le carrefour de la Croix Rouge, aujourd'hui disparu, prendre feu. J'ai aidé à transporter de l'eau pour éteindre l'incendie du Palais de Justice. J'ai été poussé avec une baïonnette lorsque, après avoir travaillé de cette manière pendant quelques heures, j'ai tenté de me soustraire à mon devoir à un autre incendie que j'ai rencontré au cours de mes expéditions. Toute cette période de ma vie me revient à l'esprit avec autant d'éclat que Paris elle-même brillait sous les étoiles émerveillées de ces douces nuits de mai.

Mon père et mon frère Arthur ont également vécu des aventures remarquables. Il y eut une occasion où ils persuadèrent un cocher parisien aventureux de les conduire d'incendie en incendie, et cela alors que les combats de rues étaient encore en cours. De temps en temps, tandis qu'ils avançaient, des hommes et des femmes sortaient en courant des maisons dans lesquelles des combattants blessés avaient été emmenés, s'imaginant qu'ils devaient appartenir au corps médical, car personne d'autre n'était susceptible de se déplacer de cette façon dans Paris. un tel moment. Ces braves gens ont oublié les journalistes. Le service de la Presse comporte des obligations auxquelles il ne faut pas se soustraire. Le journalisme est devenu non seulement la chronique du moment, mais le fondement de l'histoire. Et maintenant, je ne sais plus si je dois dire adieu ou *au revoir* à mes lecteurs. Que je tente jamais un récit détaillé de la Commune de Paris doit dépendre d'une variété de circonstances. Après quarante-trois ans « au moulin », j'ai tendance à me sentir fatigué, et chez moi la santé n'est plus ce qu'elle était. Néanmoins, mes projets doivent dépendre principalement de l'accueil réservé à ce présent volume.